[illegible] d. 17. VI. 34

Mein lieber Junge [illegible]

nun bin ich wieder in meinem [illegible]

könnte alles so schön sein, [illegible]

eine Woche allein [illegible]

Sommeraufenthalt doch möglich ist, [illegible]

[illegible] mit der [illegible]

Ich schreibe in der Veranda bei weit geöffneten Fenstern

im Liegestuhl weil ein leiser Gewitterregen [illegible]

draußen blüht Flieder und die Weißdornhecken [illegible]

lilien u. wilde Rosen. Es ist unsagbar schön [illegible]

aber ich kann diesmal dessen nicht richtig froh [illegible]

[illegible]

[illegible]

Ich habe hier sehr wegen Erinnerungen [illegible]

[illegible] zu werden. Denn ich glaube bestimmt

[illegible] Onkel Ludwig [illegible]

Sommer hier auch [illegible]

[illegible]

[illegible]

[illegible]

[illegible]

nicht bekommen. Auf alle Fälle habe ich mir das [illegible]

noch bis zum 15. Sept. 34 gesichert. [illegible]

[illegible]

[illegible]

[illegible]

[illegible]

[illegible]

[illegible]

[illegible]

[illegible]

[illegible] aus Breslau [illegible]

[illegible]

[illegible]

[illegible]

Nesthäkchen kommt ins KZ

Marianne Brentzel

Nesthäkchen kommt ins KZ

Eine Annäherung an Else Ury 1877-1943

edition ebersbach

eFeF

Die Deutsche Bibliothek - CIP Einheitsaufnahme

Brentzel, Marianne:
Nesthäkchen kommt ins KZ : Annäherung an Else Ury; 1877 - 1943 / Marianne Brentzel. Mit Fotos, Briefen und mit einer Bibliographie der Werke Else Urys von Barbara Asper. -
1. Aufl.. - Zürich ; Dortmund: Ed. Ebersbach im eFeF-Verl., 1992
ISBN 3-905493-36-5

1. Auflage 1992

Umschlaggestaltung: Zembsch' Werkstatt, München
Satz: ComPlot, Dortmund
Druck: Clausen & Bosse, Leck

»In den Jugendjahren eines jeden deutschen Juden gibt es einen schmerzlichen Augenblick, an den er sich zeitlebens erinnert: wenn er sich zum ersten mal voll bewußt wird, daß er als Bürger zweiter Klasse in die Welt getreten ist, und daß keine Tüchtigkeit und kein Verdienst ihn aus dieser Lage befreien kann.«

Walther Rathenau

Für Christina

Inhalt

Vorwort....................9

Prolog....................13
Annäherung....................17
Jahre der Kindheit, 1877 - 1889....................29
Jahre der Jugend, 1890 - 1899....................53
Jahre des Schreibens, 1900 - 1918....................75
Jahre des Erfolgs, 1918 - 1933....................117
Jahre der Erniedrigung, 1933 - 1943....................145
Epilog....................198

Zeittafel....................204
Briefe und Dokumente....................209
Bibliographie der Werke Else Urys von Barbara Asper....................245
Benutzte Literatur....................250

Vorwort

»Mädchenbücher, besonders aber Backfischromane, sind der Schandfleck der deutschen Literatur ... «, so heißt es seit über hundert Jahren bei den deutschen Kinderbuchexperten.

Else Ury, deren Leben im Mittelpunkt dieses Buches steht, schrieb Mädchenbücher und Backfischgeschichten und hatte damit enormen Erfolg. Fast sieben Millionen Auflage hat ihre Nesthäkchen-Serie inzwischen. Die ZDF-Verfilmung *Nesthäkchen* geht in die dritte Wiederholung, 55 Prozent aller erwachsenen Frauen nennen Nesthäkchen unter den bekanntesten Mädchenbüchern an erster Stelle. In den zwanziger Jahren dieses Jahrhunderts abonnierten Zehntausende »Das Kränzchen«, eine Illustrierte Mädchen-Zeitung, in der Else Urys beliebte Bücher in Fortsetzungsgeschichten erschienen. Sie bekam kofferweise Post von Kindern und Erwachsenen und beantwortete sie in einer eigenen Rubrik: »Für meine Nesthäkchen-Kinder«. »Die Ury«, wie man sie meist bezeichnete, war eine geachtete und berühmte Person des öffentlichen Lebens. Ihre Verlage, Meidingers Jugendschriften Verlag, Union Deutsche Verlagsgesellschaft und der Globus-Verlag, verdienten sich an den Auflagen eine goldene Nase, und der Hoch-Verlag entschließt sich 1992 zu einer Neuauflage der Nesthäkchen-Serie, insbesondere für die fünf neuen Bundesländer.

Seit dem Beginn dieses Jahrhunderts schrieb Else Ury, noch bevor die zehn Bände der Nesthäkchen-Serie 1925 fertig waren, Märchen- und Geschichtenbücher, Erzählungen und

Kriegsromane für Kinder, deren Auflagen in die Hun-derttausende gingen. Die Titel ihrer Bücher erscheinen uns heute altbacken und kindertümelnd und lassen bereits den pädagogischen Zeigefinger der bürgerlichen Tugendhaftigkeit ahnen. Da gibt es *Huschelchen* und *Baumeisters Rangen, Goldblondchen* sowie *Kommerzienrats Olly, Das Ratstöchterchen von Rothenburg, Lotte Naseweis, Hänschen Tunichtgut* und *Lieb Heimatland.* Doch Else Ury, die höhere Tochter aus Berlin, traf offensichtlich in die tiefen Schichten der deutschen Kinderseelen. Sie befriedigte ein Bedürfnis nach Identifikation mit dem bürgerlichen Milieu. Auch die erwachsenen Frauen des Mittelstandes lasen gern die humorvollen Geschichten der Ury und bangten mit ihren kleinen Heldinnen und Helden, die bei Else Ury stets zum Guten bekehrt werden, auch wenn sie anfangs die herrschenden bürgerlichen Tugenden: Sauberkeit, Pünktlichkeit, Pflichterfüllung, Gehorsam, Ehrlichkeit und Fleiß sträflich mißachten. Ein ungebändigter Optimismus durchzog ihre Bücher, ein Lebensgefühl, das wir heute meist abfällig »heile Welt-Idylle« nennen; den Erfolg dieser Kinderbuchserien können wir nur staunend registrieren.

Im europäischen Ausland kamen ihre Erzählungen von der glücklichen deutschen Familie nicht an. Einzig in Holland erschienen einige Übersetzungen aus der Nesthäkchen-Serie. Was kann der Grund gewesen sein? Ob die Geschichten wohl zu deutsch, zu typisch im Familienglück des deutschen Reiches angesiedelt waren, daß weder in Frankreich noch in England, Belgien oder Italien je Interesse an dieser Erfolgsschriftstellerin entstand?

Else Ury, einst der allseits bekannte Name einer der erfolgreichsten Jugendbuchautorinnen Deutschlands, ist aus den Lexika und Enzyklopädien fast gänzlich verschwunden. Was überdauert - der seriösen Kinder-Literaturgeschichte zum Trotz - ist Nesthäkchen.

Dem Leben dieser Frau, damals gefeiert und heute gänzlich vergessen, will ich in dieser Biographie auf die Spur kommen.

Else Ury, geboren am 1. November 1877, gestorben im Januar 1943 in Auschwitz. Am 12. Januar 1993 ist der - angenommene - 50. Todestag von Else Ury. Ihrem Angedenken ist das Buch gewidmet.

Prolog

Von Zuhaus nach irgendwo. Von Moabit nach Berlin-Mitte. Allein, zu Fuß. Ihre Füße stecken in abgetragenen, geflickten Schuhen. Nicht in warmen Stiefeln.

Stiefel - das Gesicht dieser Zeit. Die großen, harten Tretstiefel sind Mode. Die Freundin hat am frühen Morgen warme Socken zurechtgelegt. Lange, warme Unterröcke, das wollene Schwarze gegen die Kälte. Der dünne Mantel ist verschlissen. Schwarzer Hut auf grauem Haar. Die Handtasche mit den Papieren hat sie fest an sich gepreßt. Links, dort wo der Stern aufgenäht ist, mit winzig kleinen, ordentlichen Stichen. Der Herzschlag geht mal rasend, mal schleppend, kontrapunktisch gegen das aufgenähte Zeichen. Der Himmel ist grau und schneeverhangen. Kein Bomberwetter. Die Augen sind auf die Füße gerichtet, immer auf die Füße. Schuhwerk als Erkennungsmerkmal: abgetragen, geflickt - sie kann weiterlaufen. Heil, blankgeputzt, trittbereit - sie muß ausweichen, in die Gosse treten. Die Augen suchen Gefahr, die Gedanken gehen andere Wege.

Der erste Gang in die Heidereuter Gasse damals. Premiere in der Synagoge. Stolz war sie auf die neuen Lackschuhe, die Eltern neben sich. Blick auf die Schuhe als Ratespiel. Wer steckte hinter den geputzten, feinen? Welches Gesicht gehörte zu diesen ausgetretenen? Die Mutter, Wildlederschnürstiefel mit Pelzbesatz. Der Vater, riesige, schwarze Lederstiefel mit breiten Sohlen, unter denen der Staub des Straßenpflasters knirschte. Aufregung, ängstliche Vorfreude. Das Kind hüpfte und schritt aus, trippelte und machte große Schritte. Es wollte mit den Eltern Schritt halten, bald ein großes Mädchen sein. »Mach Platz, Jude!« Der Schneematsch quillt in die Schuhe, sie steht im Rinnstein. Hat nicht aufgepaßt. Die Erinnerung ist einen Augenblick stärker gewesen. Sie muß auf die Signale achten! Aufpassen! Weiter. Immer weitergehen.

Damals fuhren sie mit der Kutsche. Von der Kantstraße bis zum Alexanderplatz. Dann der Fußweg zur Synagoge. War er weit? Für fünfjährige Füße sicherlich. Die Eltern hatten sie angefaßt. Schützende Hände. Vom Vater die warme, große Hand, die ihre kleine ganz einpackte. Von der Mutter der mollige Fellhandschuh, in den sie ihre kältegeröteten Wangen ab und zu schmiegte.

Achtung! Stiefel! Sprung zur Seite. Sie rutscht ab, duckt sich. Weiter. Weitergehen gegen die Kälte, gegen das Grauen der nahen Zukunft. Sie tastet die Straße mit den Augen ab. Die Kolonne der Stiefel hat sie nicht bemerkt, ist seitlich abgebogen. Weiter!

Gelöste, feierliche Stimmung in der Heidereuter Gasse damals. Mit der Mutter ging sie durch den Torbogen, tauchte in die Dunkelheit des Vorraumes ein, stieg zur Frauenempore hinauf. Eine Welt voller fremdartiger Gerüche und wunderbares Licht umgaben sie. Einsamkeit und Todesangst umgeben sie. Da sind keine schützenden Hände mehr. Greifhände, denen alles erlaubt ist. Sie, die Jüdin, in die Gosse stoßen, auf das Straßenpflaster schmeißen, sie, die alte Jüdin, blutig schlagen, töten.

Weiter. Nur nicht daran denken. Weiter. Dem Ziel entgegen. Große Hamburger Straße. Ziel? Nicht über das Ziel nachdenken. Weit zurückdenken. Synagoge. Vater. Mutter. Licht. Duft. Sprechender Singsang. Frauen, die sie herzten und streichelten, ihr Süßigkeiten zusteckten, bereitwillig Platz machten, um sie an die Balustrade zu lassen. Den Vater wollte sie sehen unter den betenden Männern und Knaben, die weiße Mäntel und silberschimmernde Tücher umgelegt hatten. Und dann war da der rhythmische Wechselgesang, der alte, bärtige Mann, der mit dem riesigen Thora-Zeiger über eine große Rolle fuhr. Schön war es damals.

»Aufgepaßt! Judenpack! Hier gehen anständige Deutsche!« Ein eiliger Wollmantel drängt an ihr vorbei. »Loofen se ruhig weiter. Keene Panik.« Eine Frauenstimme hat das gerufen. Keine Gefahr. Weiter. Sie muß ankommen. Ausruhen. Die Füße wärmen. Wo? In der Großen Hamburger Straße? Im Altersheim? Sie weiß es besser. Alle wissen es. Jüdisches Altersheim - nur noch ein Spottwort für diese Adresse. Ein Tarnname. De-por-ta-tions-sam-mel-stelle. Die Worte sind unaussprechbar geworden. Nicht daran denken. Einen Moment lang verweilen. Parkbänke - für Juden verboten! Wälder - für Juden verboten! Die öffentlichen Verkehrsmittel - für Juden verboten! Ein Plätzchen hinter den Sträuchern wird für eine kurze Rast erlaubt sein. Ein eiliger Schluck aus der Thermoskanne, ein Stück vom Kuchen, den die Freundin zum Abschied gebacken hat. Sie nestelt unter den Röcken. Es muß sein. In die Hocke gehen, die Tropfen färben den Schnee gelb. Die Kälte sticht in die nackte Haut. Schnell die Kleider richten, das Bündel umschnallen. Das Bündel mit den vorgeschriebenen Stückzahlen: zwei Unterhosen, drei Paar Socken, zwei Hemden ... Seit Tagen kann sie die Liste auswendig. Sie hat die Listen ausgefüllt und unterschrieben: »Else Sara Ury«. »Weitergehen! Herrschaften! Weitergehen!« Eine Amtsstimme auf der Straße. Eine Menschenansammlung ganz in ihrer Nähe - Gefahr! Signal zum Ausweichen. Durch die Gasse entkommen. Die Stimmen hinter sich lassen. »Volksgenossen, weitergehen ...« Das geht sie nichts an. Sie ist keine »Volksgenossin«. Sie hetzt weiter. Ihre Augen suchen den Bürgersteig ab. Die Oranienburger Straße ist erreicht. Der Schnee ist dreckig-grau. Weiß wie Schnee - das war in den Märchen, als sie ein Kind war, im Grunewald, im Riesengebirge. Welten entfernt.

Zurückdenken. Die Veranda im Haus Nesthäkchen, blühender Weißdorn, im Liegestuhl, schreiben, frei atmen, die herrlich frische Luft nach den kurzen Gewittern. Weiter zurück: Ostseestrand, die kleinen frechen Jungen, die davonlaufen, braun oder blond - Kindersorgen. Ihre Tränen und die Arme des Fräuleins, sie schützend und liebkosend. Die Erinnerung füllt sie für eine kurze Zeit aus. Dann fällt die nahe Zukunft sie wieder an. Sie muß auf den Weg achten, die Oranienburger geradeaus gehen, direkt an der geschändeten Neuen Synagoge vorbei, dann die scharfe Linkskurve. Dort liegt das Gebäude. Große Hamburger Straße Nummer 26. Ein Davidstern ist auf die Tür geschmiert. Jüdische Ordner mit weißen Armbinden stehen Posten vor der Tür. Sie ist angekommen.

Von Zuhaus nach irgendwo ist sie gegangen. Else Ury, geboren am 1. November 1877. Es ist der 6. Januar 1943.

Annäherung

»Zeitzeichen. Stichtag heute: 12. 1. 1943. Todestag der Jugendbuch-Schriftstellerin Else Ury.« Ich sitze im Auto auf dem Weg zur Arbeit und höre WDR 2. Der Name Ury ist mir vertraut wie der Geschmack von Grießbrei aus meiner Kindheit. Nesthäkchen. Ich höre die Stimmen aus dem Radio, ich sehe die stolze Serie von neun Bänden in meinem Bücherschrank vor mir. Eine Altmännerstimme sagt: »Mir wurde in Amsterdam ein letzter Brief meines Vaters übergeben und da wurde berichtet, daß meine Tante am 6. Januar 1943 von der Gestapo verhaftet worden war. Wir wußten aber aus Dokumenten später, daß sie am 12. Januar nach Auschwitz deportiert wurde, also sie war anscheinend sechs Tage im Sammellager in Nord-Berlin, bevor sie in die Viehwagen nach Auschwitz kam.« Ich fahre den Wagen an den Straßenrand. Kein Wort will ich verpassen. Das Gehörte ist mir neu, erschüttert und verwirrt mich. Der Name Else Ury war fest in meinem Gedächtnis haften geblieben, über dreißig Jahre lang, unbelastet und geschichtslos. Else Ury - eine Jüdin? Else Ury - Opfer des Völkermordes in Auschwitz? Daß die Vergangenheit uns immer wieder einholt, wußte ich bereits, aber so konkret hatte ich es selten erfahren.

Noch einmal las ich sämtliche Nesthäkchen-Bände, die in den Antiquariaten zu stolzen Preisen gehandelt werden, nahm Kontakt mit dem Hoch-Verlag auf, der mir *Nesthäkchen und der Weltkrieg*, das wegen des Verbots nach 1945 besonders rar und teuer ist, als Kopie besorgte.

65 Jahre eines bewegten Lebens durch drei entscheidende historische Etappen der deutschen Geschichte sind eine Herausforderung an eine Biographin. Die wenigen Daten und Fakten über Else Ury können die Fülle einer Kindheit und

Jugend im Kaiserreich, einer Erfolgsschriftstellerin in der Weimarer Republik, einer verfemten Jüdin in Nazi-Deutschland nicht darstellbar machen. Widersprüche taten sich auf.

Else Ury war stets die Propagandistin der glücklichen Ehe und Familie. Keine Heldin, die nicht in ihrer Ehe glücklich wird. Else Ury aber blieb ledig. Keines ihrer Bücher läßt ahnen, daß Else Ury Jüdin war und in Auschwitz ermordet wurde. In die heile Welt ihrer Bücher paßt kein Mord aus Rassenwahn, keine Deportation, kein KZ. Ihr Name ist fast gänzlich vergessen - aber ihre Nesthäkchen-Serie ist bekannt wie kaum eine Kinderbuchserie in Deutschland. In den Lexika der Kinder- und Jugendbuchautoren ist ihr Name entweder gar nicht verzeichnet, oder es finden sich nur knappe, oft falsche Hinweise. Selbst Malte Dahrendorf, der Fachmann für Mädchenliteratur, zitiert immer nur sich selbst und schleppt die Ury lieblos durch die bemühten Analysen, in denen Emanzipation und Problembewußtsein, nicht aber Spaß gefragt ist, und nur einige wenige eher langweilige, gänzlich unbekannte, aber »gute« Mädchenbücher Gnade vor den kritischen Augen des Experten finden. Die fast sieben Millionen Leserinnen der Nesthäkchenbände finden keine Gnade, und Else Ury ist ihm keine Recherche wert. Auch seine Ury-Bibliographie enthält viele Fehler. Die Kinderbuchspezialistin Irene Graebsch hatte 1942 ausdrücklich vor Else Ury gewarnt - aus rassischen Gründen. Das hinderte sie aber nicht, 1951 als Irene Dyhrenfurt-Graebsch erneut alle Urteile über Else Ury weiter zu transportieren, nur eben den verdächtigen Satz von den rassischen Gründen wegzulassen. Noch heute ist ihre »grund«legende Arbeit zum Kinder- und Jugendbuch in der nunmehr zehnten Auflage unter dem Namen »Dyhrenfurth« in allen Bibliotheken zu finden. Die großen Enzyklopädien wie Brockhaus und Meyer sagen kein Wort zu Else Ury. Andere Trivialliteratinnen oder Kinderbuchautorinnen der Zeit sind benannt und gewürdigt. Warum fehlt Else Ury?

Es gibt seit einigen Jahren einen kleinen Kreis von interessierten Frauen, die sich intensiver mit Else Ury befassen. Eva Meyer schrieb eine Diplomarbeit zum Gesellschaftsbild in Urys Mädchenbüchern, Christa Rotzoll bekannte in einem Aufsatz: »Zu Nesthäkchen stehe ich« und Sylvia Rogge, Historikerin in Berlin, veröffentlichte die Deportationsunterlagen in der Gedenkstätte des 20. Juli und beschrieb in der jüdischen Monatszeitschrift »Tribüne« das Verhältnis der jüdischen Nesthäkchen-Autorin zu Deutschland. Der Schulfunk brachte schon 1982 eine Sendung, in der an die jüdische Patriotin erinnert wurde. Angelika Grunenberg recherchierte die oben genannte Sendung von »Zeitzeichen« für den Westdeutschen Rundfunk. Barbara Asper veröffentlicht in diesem Buch erstmals eine sorgfältig recherchierte Bibliographie. Eher oberflächlich nimmt sich dagegen der Feuilletonist Dietmar Grieser in seinem Buch *Die kleinen Helden* mit einem Aufsatz »Tante Else« der Autorin an.

Das ist alles, was über die Ury nach langem Suchen zu finden ist. Viele Details aus ihrem Leben erfahre ich von ihrem Neffen Ernest K. Heyman in London. Er wurde 1918 geboren und mußte Deutschland 1936 verlassen. Mehrere Wochen im Jahr war er bei seiner Tante zu Besuch. Im »Haus Nesthäkchen« im Riesengebirge verbrachte er als Kind seine Ferien. Else Ury hat ihn 1938 in London besuchen können. Da sahen sie sich zum letzten Mal. Seine Eltern, seine Schwester, sein kleiner Neffe, seine Tante, sie alle sind von den Nazis in den Vernichtungslagern ermordet worden. Er ist der Alleinerbe des Ury-Nachlasses. Ernest K. Heyman ist mir die ganze Zeit über ein verständnisvoller und einfühlsamer Informant gewesen, hat mit Geduld meine beharrlichen Fragen beantwortet, mir Bilder und persönliche Briefe, Buch- und Kontakthinweise gegeben und selbstlos meine Arbeit unterstützt. Ihm an erster Stelle bin ich zu großem Dank verpflichtet!

Doch kann er die vielfältigen Fragen zu Else Urys Leben beantworten? Woher soll er wissen, warum seine Tante nicht heiratete? Wie ihre Kindheit und Jugend verlief und was sie später von den Nazis dachte? Was wissen wir schon von unseren Tanten? Er kann Zusammenhänge erahnen, sich ein Bild machen, endgültige Antworten wird es nicht geben.

Also stehe ich vor 65 Jahren Leben mit einem dürren Gerüst von Fakten, sechs Briefen aus den Jahren 1938 bis 1940, einigen Bildern aus dem Familienalbum, der Deportationsakte, verschiedenen Kontoauszügen und den vielfach unklaren bibliographischen Angaben über 39 Bücher, die sie schrieb. Auf dem Computer-Findex für öffentlich ausleihbare Bücher in Nordrhein-Westfalen gibt es kein Buch von Else Ury. Mühsam müssen die Bände zusammengesucht, in der Staatsbibliothek in Ostberlin in Eile durchgesehen werden. Selbst dort, in der Kinder- und Jugendbuch-Präsenz-Bibliothek, sind nicht alle vorhanden. Ich muß mir selbst ein Bild machen. Es wird mein ganz persönliches Bild von dieser Frau sein. Ich will vorstellbar machen, wie die Ury gelebt haben könnte. Genau sein, um der Phantasie Raum geben zu können. Vieles wird daher Fiktion sein.

1877. Berlin. Ich versuche mir vorzustellen, wie Else Ury als Kind einer jüdischen Familie gelebt haben mag. Walther Rathenau spricht in seinen Lebenserinnerungen davon, daß jedes jüdische Kind früher oder später durch ein schmerzliches Erlebnis darauf gestoßen wird, daß es anders ist als andere Kinder, einen Makel mit sich trägt, den es durch keine Leistung und kein Wohlverhalten aus der Welt schaffen kann. Diese bittere Erfahrung, die ein jüdischer Autor auch den »Verlust der Harmlosigkeit« nennt, wird Else Ury ebenfalls gemacht haben. Wie wird sie diesen schmerzlichen Augenblick, in dem sie sich bewußt wurde, daß sie anders sein sollte als andere Kinder, erlebt haben?

Ich arbeite mich durch Lehrbücher der Geschichte, lese Gesellschaftsromane der Zeit, autobiographische Erinnerungen von Jüdinnen und Christinnen, Kinderbücher und die Geschichte der Frauenbewegung, insbesondere des jüdischen Frauenbundes. Ich durchforsche Moderückschauen und Schulordnungen Berlins. Ich wälze historische Stadtführer und die Verkehrsgeschichte Berlins, die Verfassung des Deutschen Reiches und die spezielle Geschichte der Juden in Deutschland. Ich laufe in Berlin die Straßen ab, in denen sie gewohnt hat, suche die Synagoge Heidereuter Gasse in Ostberlin und lande auf einem Parkplatz, der keinerlei Hinweis auf ein von den Nazis zerstörtes Gotteshaus zeigt.

Ganz allmählich wird das Kind und junge Mädchen Else Ury für mich sichtbar. Ich stelle sie mir als ein Mädchen in liberaler, bildungsbürgerlicher Familienatmosphäre vor, in der das Wort Jude nicht zum Alltagssprachgebrauch gehörte. Die Nesthäkchen-Bücher werden interessant nicht nur nach dem, was sie sagen, sondern vor allem in dem, was sie verschweigen. Sie verdecken eher die Brüche und Verletzungen, die jedem Kinderleben eigen sind. Sie schweigen sich aus über die Pubertät als der, wie Freud damals erkannte, »bedeutsamsten, aber auch schmerzhaftesten Leistung« jedes jungen Mädchens. Ich versuche, mich ihr in fiktiven Interviews, Szenen des Alltags und Tagebuchaufzeichnungen zu nähern. Dabei bekommt ihr Leben immer schärfere Konturen. Meine Bedenken, ich müßte in dem dürren Gerüst der Daten und Fakten hängen bleiben, verringern sich. Ich werde mutiger und vertiefe mich in historisches Material, um auch die schweigsamste Zeit ihres Lebens, die der Judenverfolgung, irgendwann gestalten zu können.

Herr Heyman weiß aus der Familiengeschichte, daß die Tante um 1900 mit dem Schreiben von Artikeln in der Wochenendbeilage der Vossischen Zeitung begann. Aber es gibt dort keine Ury-Artikel aus dieser Zeit. Ich muß Klarheit kriegen und entdecke in autobiographischen Berichten von Jüdinnen, daß gerade Väter jüdischer Tradition es als Verletzung ihrer Ehre ansahen, wenn die Töchter öffentlich mit ihrem Namen auftraten und ihren Lebensunterhalt selbst verdienten. Diese innere Konstellation der jüdischen Familien überzeugt mich, auch bei Else Ury anfangs von einem Pseudonym auszugehen. Erst mit der Veröffentlichung ihrer ersten Bücher könnte sich dieser Zustand geändert haben. Die Scham des Vaters wandelt sich in Stolz auf die erfolgreiche Tochter. So könnte es gewesen sein.

Die Jahre des ersten Weltkrieges, insbesondere aber die Kriegsbegeisterung der Frauen erfordern eine andere Arbeitsweise, um der kaisertreuen, kriegsbegeisterten Ury gerecht werden zu können. Ich lese Gertrud Bäumer und Helene Lange, Alice Salomon und Minna Cauer. Analysen, Augenzeugenberichte und Kritiken, die Kriegsgedichte von Gerhart Hauptmann, Richard Dehmel, Zeitromane von Ernst Jünger, Zeitungen aus Berlin, Erklärungen der Religionsgemeinschaften einschließlich der jüdischen, zum Krieg. Wollte ich die Ury in dieser Zeit sichtbar machen, mußte ich aus der allgemeinen Situation ihr spezielles Bezugssystem herausfinden. Nicht von einem besserwisserischen Thron der neunziger Jahre unseres Jahrhunderts aus konnte ich Else Ury verstehen, durfte ihr nicht mein eigenes Verständnis vom Krieg überstülpen oder sie daran messen.

Für die Weimarer Zeit waren ihre Bücher selbst wichtige Hinweise für das Urysche Verständnis des Lebens. Eine Demokratin wurde sie nicht, als in Deutschland die erste Republik entstand. Aber sie liebte das Moderne, wenn es sich um Erfindungen und Entdeckungen aus Technik und Wissenschaft handelte. Wie lebte eine erfolgreiche, national gesinnte Schriftstellerin in diesen Jahren der Inflation, der politischen Wirren, der Weltwirtschaftskrise? Auf dem Hintergrund der objektiven Daten mußte ihr persönliches Leben sichtbar werden.

Die schwierigste Herausforderung stand mir noch bevor: eine Jüdin unter der Terrorherrschaft der Naziregierung bis zu ihrem Tod schreibend zu begleiten. Durfte ich als Deutsche mit christlich- liberaler Tradition dieses Kapitel überhaupt schreiben? Welche literarischen Möglichkeiten konnte ich mir anmaßen als Frau, die in dem Jahr geboren wurde, als Else Ury ermordet wurde? Wo begann die Gefahr, den Völkermord zu ästhetisieren, zu literarisieren und damit zu banalisieren? Ich fand mich von vielen Zweifeln, Verbotsschildern und inneren Widerständen umstellt und gelähmt. Intensive Debatten mit Freundinnen und die Ermutigungen von jüdischen Freunden der älteren Generation halfen mir, nicht aufzugeben.

Noch gibt es keine ausführliche Sozialgeschichte der Juden in Deutschland. Wir kennen viele Berichte und sorgfältige Analysen der Vernichtungspolitik der Nazis, bis ins kleinste Detail sind die Geschichten der Opfer geschrieben. Aber über die Strukturen der jüdischen Gemeinden, der Familien und Restfamilien nach den Ausreisewellen, über das Verhältnis der politisch wachen zu den konservativen Juden, der traditionell gläubigen zu den bisher assimilierten, glaubenslosen Juden ist noch wenig bekannt. Auch über die von der Gestapo kontrollierte und erzwungene Zuarbeit des Zentralvereins der Juden in Deutschland zum Völkermord ist wenig gesichertes Material vorhanden. Nur aus autobiographischen Berichten, die viel später im Exil geschrieben wurden, läßt sich einiges herauszulesen. Frau Dr. Monika Richarz hat diese Arbeit mit Hilfe des Leo-Baeck-Institutes in New York in hervorragender Weise begonnen. Viele Fragen aber bleiben ungeklärt. Hatte ich bisher die Augenzeugenberichte, Autobiographien und Zeitzeugnisse genutzt, um sie für Else Ury zu deuten, einzufügen, ihr direkt anzupassen, so habe ich für die Zeit nach 1935, insbesondere für die Pogromnacht im November 1938, einige wenige Berichte wörtlich zitiert. Jede Leserin, jeder Leser soll selbst entscheiden, in welcher Weise diese Zeitzeugnisse für das Leben der Ury wichtig sind und was sie zum Verstehen dieser Zeit beitragen.

Im Anhang wird alles Material angegeben, das ich genutzt habe, um mir ein Bild der Lebensverhältnisse zu machen, und wo nötig und möglich, werden Dokumente angefügt. Zu meinem Erstaunen ist es nicht gelungen, auch nur einen Menschen in Berlin oder anderswo in Deutschland zu finden, der Else Ury von früher kannte. Sicher, es ist spät. Aber vielleicht doch nicht zu spät. Vielleicht liest ja eine frühere Verehrerin der Ury dies Buch und weiß manches, was ich es bislang nicht weiß. Das würde mich freuen.

Wenn ich mir Else Ury in allen Phasen ihres Lebens vorstelle, ihre Brüche und Entwicklungen auszuloten mich bemühe - ihre Kindheit, ihre Jugend, den Beginn ihrer Karriere -, dann ist mir die Ury ein Beispiel dafür, wie das Leben für Frauen einer bestimmten Schicht damals gewesen sein könnte. Ich will das Stück Weg ausmessen, das die Frauen in den letzten hundert Jahren zurückgelegt haben. Von meiner Mutter, eine Generation nach Else Ury geboren, weiß ich, daß ihr Traum von Autonomie mit der Heirat zu Ende war. Else Ury heiratete nicht, blieb aber im Schoß ihrer Familie. War das Autonomie? Sie wurde eine erfolgreiche Schriftstellerin und genoß eine bedeutende Autoritätsstellung. Hat sie sich vom traditionellen Frauen-Bild gelöst? War es ein Aufbruch oder blieb sie doch den bewährten Mustern verhaftet?

Auf diese Fragen will ich mich einlassen, den Brüchen dieses Lebens nachspüren. Ich will mich hineinversetzen in eine Frau, die nicht Vorbild ist, die ich nicht lieben und bewundern kann, die ich manchmal zu hassen beginne, wenn ich ihre kriegshetzerischen, kaiserfrömmelnden und später hitlergläubigen Bücher lese, deren Lebenszuschnitt, eingebettet in den engen Familienkreis, ich ablehne, deren Harmoniesucht mir schon außergewöhnlich erscheint, deren Weltbild mir fremd ist. Else Ury ist für heutige Frauen sicher keine Identifikationsfigur. Da gibt es andere. Sie ist keine aufgeklärte Jüdin wie Fanny Lewald, die mutig ihr Leben in die eigenen Hände nahm, kluge Schriften verfaßte und ihrer Zeit weit voraus war. Sie ist keine Bertha Pappenheim, die den Jüdischen Frauenbund gründete, jahrzehntelang leitete und als Anna O. in die Geschichte der Freudschen Analyse der Frauenkrankheit Hysterie eingegangen ist und Wege fand, sich aus dieser Krankheit zu befreien. Sie ist keine Hedwig Dohm, die der Mittelpunkt eines der letzten literarischen Salons in Berlin war und Kampfschriften für die Frauenemanzipation schrieb, die uns in ihrer Radikalität staunen lassen.

Was geht mich Else Ury eigentlich an?
Hänge ich vielleicht doch nur nostalgisch an den Nesthäkchen-Kinderjahren und versuche, mir selbst auf die Spur zu kommen, weil ich die rührseligen, kitschigen, braven Bücher so verschlungen habe? Wäre es nicht gnädiger, sie dem Vergessen zu überantworten? Wäre es nicht richtiger, die Wirkung ihrer Bücher auf die verschiedensten Mädchengenerationen zu beleuchten und beruhigt festzustellen, daß auf diese Formen der Trivialliteratur kein heutiges Kind mehr hereinfällt? Bibi Blocksberg und Pippi Langstrumpf haben die Kinderwelten erobert, von Nesthäkchen droht keine Gefahr. Das war einmal. Und so gefährlich war es auch wieder nicht. Als meine Generation sich in die Leseecken zurückzog, um mit Nesthäkchens kleinen Aufmüpfigkeiten und Unangepaßtheiten zu träumen, sich zu freuen an den Eselsohren und Tintenklecksen, an der Frechheit und Unbefangenheit der Heldin, und sich amüsierte, daß Nesthäkchen auch als erwachsene Frau nicht recht lernen wollte, die Hemden faltenfrei zu bügeln und die Suppe pünktlich auf den Tisch zu bringen, da

herrschte wenig später der kalte Krieg, auch in unseren Köpfen, da begannen wir die Elterngeneration nach Auschwitz und Treblinka zu fragen, den demokratischen Versprechungen auf den Zahn zu fühlen und unsere Eigenständigkeit als Frauen, die in der Geschichte eine bewußte Rolle spielen wollen, zu erproben. Else Ury war uns dabei gewiß nicht hilfreich. Sollte nicht gerade deshalb an ihr das Stück Weg auszumessen sein, das Frauen der letzten Generationen gegangen sind? Fortschritt? Rückschritt? Gleichstand? Krebsgang? Zickzackkurs?

Die Ury ist eine ganz normale Frau im kaiserlichen Deutschland. Wie sie sind Tausende unverheiratet, leben im elterlichen Hause, beteiligen sich an Hausarbeit, Vergnügungen und Bildungsveranstaltungen des Bürgertums. Sind blind gegenüber den brennenden Problemen der Zeit. Passen sich an und wissen nicht einmal, daß sie es tun. Und diese Frau wird Jugendbuch-Autorin mit Millionenauflagen, diese Frau ist Jüdin wider Willen und Bewußtheit und wird eine Jüdin werden müssen, weil der faschistische Rassenwahn es verordnet. Für mich sind es Gründe genug, sie dem Vergessen zu entreißen.

Jahre der Kindheit
1877 - 1889

Else Ury wurde im November 1877 in eine Welt hineingeboren, in der die Berliner Juden und mit ihnen die kaisertreue gebildete Oberschicht an die Unaufhaltsamkeit des Fortschritts glaubte. Man flanierte Unter den Linden, machte gute Geschäfte, applaudierte dem Hof bei seinen Ausritten und bewunderte den Eisernen Kanzler Bismarck, der das deutsche Reich geeint und den Fortschritt der Geschäfte damit mächtig befördert hatte. Als der Jubel über die Reichseinigung verklungen war und die überstürzte Industrialisierung zu schweren Wirtschaftskrisen und sozialen Mißständen führte, mußte ein Sündenbock gefunden werden. Der Historiker Heinrich von Treitschke sprach aus, was die Zukurzgekommenen aller Schichten gern nachplapperten: »Die Juden sind unser Unglück.« Assimilation war die Antwort der Mehrheit der bürgerlichen Juden. Sicher gab es um die Jahrhundertwende die heftigsten Auseinandersetzungen um die Judenfrage, je nach dem Auf und Ab der wirtschaftlichen Lage mit mehr oder weniger Publikumserfolg.

Doch eine Familie Ury kümmerte sich nicht darum, hatte keinen weitergehenden Emanzipationsbedarf, es sei denn, in Ruhe den Geschäften nachzugehen, den Kindern eine anständige Ausbildung zu ermöglichen und anerkannte Bürger unter anerkannten Bürgern gleich welcher Konfession zu sein. Schon in der dritten Generation war die Familie in Berlin ansässig. Aus Tangermünde kommend, erhielt der Großvater von Else Ury, der Kaufmann Levin Elias Ury, 1828 Stadtbürgerrecht in Berlin. Er wurde Vorsteher der großen jüdischen Gemeinde in Berlin-Mitte und war führend am Zustandekommen der Trauerfeier für die Märzgefallenen der Revolution von 1848 in der Alten Synagoge Heidereutergasse beteiligt. Eine angesehene, dem liberalen und demokratisch gesonnenen Bürgertum verbundene Familie. Im kaiserlichen Deutschland war sie den herrschenden Verhältnissen loyal ergeben und in der familiären Privatheit zufrieden. Es war der autoritäre Staat des wilhelminischen Kaiserreichs, der eben diese saturierte, fortschrittsgläubige, assimilierte Schicht von Kaufleuten und Intellektuellen hervorbrachte, die dem aggressiven Antisemitismus eines Hofpredigers Stöcker ebenso mißtrauisch und distanziert gegenüberstand wie dem entstehenden Zionismus.

Von Else Ury ist keinerlei Stellungnahme zu Fragen des Antisemitismus bekannt. Die meisten ihrer Bücher erzählen von glücklichen Kindheiten, in denen die kleinen Alltagssorgen mit Berliner Humor, gutem Willen, unbeschwertem Gemüt und geborgen durch die Liebe und Fürsorge der Eltern bewältigt werden können. Dieser Grundstimmung ihrer Bücher nachspürend, stelle ich mir vor, ich führte ein Interview mit Else Ury über ihre eigene Kindheit.

Frau Ury (würde sie mich jetzt gleich ermahnen, Fräulein Ury zu sagen, weil sie stolz ist und unsere Bedenken gegen diese schreckliche Verkleinerung von Frau nicht kennt?), Fräulein Ury (nein, das kann ich nicht sagen, das Wort gehört ein für alle Mal auf den Müllhaufen der Sprachgeschichte!), also sage ich:

Else Ury, Sie haben so viele glückliche Kindheiten beschrieben: Goldblondchen, Nesthäkchen, Professors Zwillinge, Huschelchen. War Ihre eigene Kindheit auch so harmonisch?

Ja, das war sie. Das kann ich mit großer Dankbarkeit meinen Eltern gegenüber sagen. Ich war geborgen in einer harmonischen Familie. Meine älteren Brüder rissen sich darum, mich zu verwöhnen, mein Vater erzählte mir lustige Geschichten. Er war ein großer Festredner, und schon mir als kleinem Mädchen erzählte er spannende Abenteuer, während ich auf seinem Schoß saß und staunend zuhörte. Meine Mutter las mir von klein auf vor, erzählte uns Märchen und konnte Tausende von Gedichten auswendig. Als ich in die Schule kam, konnte ich bereits nur vom Hören Schillers Balladen, Eichendorffs Gedichte und Goethes Verse auswendig. Ja, ich hatte wirklich eine glückliche Kindheit.

In Ihren Büchern erzählen Sie viele Details der Kindheiten, aber eine Geburt kommt nicht vor. Warum erzählen Sie davon nicht?

Selbstverständlich nicht. Darüber sprach man damals nicht und darüber schrieb man schon gar nicht in Büchern für junge Mädchen. Das gehörte zu den Geheimnissen, die Kinder umtrieben, die aber nie gelüftet wurden. Ich hätte mich als Kind auch nie so etwas zu fragen getraut. Als meine Schwester Käthe geboren wurde, war ich knapp vier Jahre alt. Das Kinderfräulein ging mit mir spazieren. Tagelang durfte ich nicht in das Schlafzimmer der Eltern. Heißes Wasser wurde bereitet und geheimnisvoll geschäftig gearbeitet. Mein Vater ging in Festtagskleidung in die Synagoge und betete für Mutter und Kind. Schießlich wurde ich in meinem schönsten Kleid, mit glänzend gebürsteten Locken und weißer Schleife im Haar ins Zimmer meiner Eltern geführt. Dort sah ich meine Mutter lächelnd, aber etwas müde, in großen Kissen liegen. Daneben stand ein Körbchen, das meinem Puppenbett glich. Ich weiß noch, daß ich plötzlich auf meine Mutter zugestürmt bin, sie umarmte und fragte: Schenkst Du mir die Puppe? Du brauchst doch keine mehr. Alle haben bei meinen Worten sehr laut gelacht, und ich habe mich geschämt. Dann wurde mir kurz das Baby gezeigt und erklärt, daß dies die Käthe sei, die auch einmal so groß würde wie ich. Mehr habe ich als Kind nicht erfahren, und kein Kind damals hätte seine Mutter nach Einzelheiten gefragt. Das schickte sich einfach nicht.

Welche Rolle spielte das Kinderfräulein in Ihrem Leben?

Das Kinderfräulein war sehr wichtig in meinem Kinderalltag. Sie schlief, nur durch einen Vorhang getrennt, in meinem Zimmer. Sie weckte mich, zog mich an, kämmte mich, ging mit mir nach draußen. Sie war so selbstverständlich in meinem Leben wie die Luft zum Atmen. Sie bestimmte, was ich anzog, schalt mich, wenn ich etwas falsch machte. Morgens wurde ich ins Eßzimmer geführt, wo mich meine Mutter erwartete und mit einem Kuß auf die Stirn begrüßte. Das Stubenmädchen brachte den heißen Kakao, und ich aß eine Buttersemmel. Dabei besprachen meine Mutter und das Fräulein den Tagesablauf für mich. Je nach Wetterlage wurde ich in den nahegelegenen Park geführt oder mit Basteleien im Zimmer beschäftigt. Selten ging meine Mutter mit mir spazieren. Passierte dies wirklich einmal, war es ein Festtag für mich. Meine Mutter wurde von uns Kindern mehr aus der Ferne geliebt. Sie regelte den großen Haushalt, gab dem Personal Anweisungen, machte Visiten bei den Damen der Gesellschaft, besuchte Theater und Konzerte. Dann hatte sie immer herrliche seidene Kleider an, mit Volants, Spitzen und Blumen. Sie trug dazu passende Handschuhe und Handtasche, Hüte nach der Mode. Es war eine Pracht, meine Mutter in ihren Krinolinen zu sehen. In ihnen - sie war klein und damals noch zierlich - schwamm ihr Oberkörper wie ein Schiff auf den Wellen von Tüll und Seide. Dadurch war sie auch von uns Kindern weit entfernt. Man durfte sich nicht einfach an sie schmiegen. Das machte die Volants und Spitzen unordentlich. Ich beneidete sie als kleines Mädchen sehr um ihre schönen Kleider und spielte mit meiner Schwester am liebsten feine Dame. Wir liehen uns alte Gestelle der Unterröcke aus und verkleideten uns, der Mutter ähnlich.

Waren dies Krinolinen nicht sehr unpraktisch im Alltag einer Kinderpflegerin?

Sie haben Recht, unpraktisch waren sie. Aber Mode. Erst ganz allmählich setzte sich um die Jahrhundertwende die Einsicht durch, daß die einengenden Kleider nicht nur unpraktisch, sondern auch gesundheitsschädlich waren. Meine Mutter, die sehr modern dachte, war begeistert, als sich um 1900 ein Verein für die Verbesserung der Frauenkleidung bildete und das 'Reformkleid' sich langsam durchsetzte. Soweit ich mich erinnern kann, trug unser Fräulein auch Krinolinen. Die Stangen, die in den Unterrock eingelassen waren, drückten mich immer, wenn ich auf ihrem Schoß sitzen wollte. Aber sogar unsere Köchin trug solche Kleider. Sie ging durch die Küche wie eine wandelnde Tonne, denn sie war dick, und die Röcke machten sie noch breiter und ungelenker. Nun zu meinem Kinderalltag. Das Fräulein zog mich also an und ging mit mir zum Tiergarten oder zum Zoologischen Garten. Dort trafen wir andere Fräulein mit ihren Schützlingen. Eigentlich war das bis zum Schulbeginn jeden Tag so. Oft wurden die anderen Kinder ausgeschimpft, weil sie sich schmutzig machten. Mein Fräulein aber schimpfte nie. Ich durfte spielen, ohne auf meine weißen Strümpfe zu achten. Meine Eltern ließen uns Kindern für damalige Verhältnisse viele Freiheiten. Mittags traf ich beim Essen meine Brüder, die schon zur Schule gingen. Mein Vater kam meist zum Essen nach Hause und erzählte lustige Geschichten aus seiner Tabakfabrik. Ich hörte so intensiv zu, daß mir manchmal vor Staunen das Essen vom Löffel fiel. Wir Kinder durften eigentlich beim Essen nicht sprechen, nur wenn wir gefragt wurden. Aber mein Vater fragte uns immer etwas. Meine Brüder erzählten viel von der Schule. Ich war sehr ehrfürchtig, wenn sie berichteten. Mein Bruder Ludwig war schon auf dem Gymnasium »Zum Grauen Kloster« in der Sexta und konnte alle Lehrer ganz wunderbar nachmachen. Ich mußte immerzu lachen, bis schließlich meine Mutter die Hand meines Vaters nahm und sagte: »Emil, laß uns später weiter lachen, jetzt essen wir.« Aber die Stille dauerte nie lange. Außer beim Nachtisch. Da waren wir freiwillig still. Unsere Köchin machte nämlich die besten Süßspeisen, die man sich vorstellen kann. Jeden Tag eine Überraschung. Die schlimmste Strafe für uns Kinder war es, keinen Nachtisch zu bekommen. Dann schwamm selbst mein großer Bruder in Tränen, und ich versuchte, ihm ein Stück von meinem zuzuschieben. Zum Glück war unsere Köchin so stolz auf ihre Süßspeisen, daß sie den Bestraften immer etwas für später aufhob und uns dann heimlich zusteckte. Ich erzähle dies alles, damit Sie sich die Atmosphäre unseres Familienlebens vorstellen können. Uns Kinder umgaben Liebe und Fürsorge, geregelter Alltag und frohe Feste. Eine klar gegliederte Welt. Ich hatte das Gefühl - wie sicher alle Kinder -, es geht immer vorwärts, nichts und niemand kann unseren Frieden stören, und wenn ich nicht mehr weiter weiß, dann lösen meine Eltern die Probleme, die ich noch nicht durchschaue. Diese Sicherheit wollte ich auch den Kindern mit meinen Büchern vermitteln. In der Psychologie, dieser modernen Wissenschaft, nennt man das wohl Urvertrauen, und andere nennen es - leider verächtlich - heile Welt. Ich kann das nicht verächtlich finden. Die Welt meiner Kindheit war heil, und ich wünsche allen Kindern, daß es ihnen auch so ergehen möge.

Else Ury, ich möchte noch einmal auf das Kinderfräulein zurückkommen. Bei Ihnen und in Ihren Büchern hat das Fräulein meist keinen Namen. Die Kinder sagen nur »Fräulein«. Heißt das, daß diese Frauen austauschbar waren?

Nun gut, wir nannten meist nicht den Namen, wir sagten Fräulein. Anfangs bis zur Schulzeit 'Du' und später 'Sie'. Aber das heißt nicht, daß diese Menschen kein Gesicht hatten oder es egal war, wer uns betreute. Ganz und gar nicht. Unser Fräulein kam, als ich geboren wurde, und blieb, bis ich ungefähr zwölf war. In den Nesthäkchen-Büchern habe ich diesen

Glücksfall wiederholt: ein Fräulein für die gesamte Kindheit. Das war nicht immer so. Meine Freundinnen hatten oft sehr wechselnde Erzieherinnen, auch unangenehme und unfreundliche, und haben mir leid getan. Ich hatte Glück. Mein Kinderfräulein war eine prachtvolle Person, und ich habe noch viele Jahre Kontakt mit ihr gehalten. Anders als bei meiner Mutter hatte ich als Kind keine Hemmungen, das Fräulein nach allem zu fragen, was mich bewegte, und konnte auch geheime Wünsche äußern. Vor ihr habe ich mich auch nie geschämt. Sie badete mich, und das machte mir nichts aus. Sie können sich vielleicht gar nicht vorstellen, wie tief die Scham damals saß. Später änderte sich das ja. Man badete öffentlich nackt am Wannsee, und einige Maler portraitierten ihre Freundinnen auch noch in diesem Zustand. Für uns Kinder um 1885 war das unvorstellbar. Ich habe als Kind nie einen Erwachsenen nackt gesehen. Auch nicht das Fräulein. Sie zog sich hinter der Bettgardine aus, und ich schlug die Augen nieder, wenn ich sie im langen Nachthemd erspähte, weil ich krank war und nicht schlafen konnte. Auch die Zeit der Kinderkrankheiten stand sie mit uns durch. Sie saß an unseren Betten, fütterte uns, flößte uns heißen Tee ein. Meine Mutter kam ab und zu, holte den Arzt, sprach uns freundlich zu und ging dann wieder. Ich erzähle das nicht, weil ich meiner Mutter Vorwürfe mache. Nein, so war das eben. Die Mutter war zu fein und edel für die alltäglichen Dinge. Dafür hatte man seine Leute, und es war die Kunst der Hausfrau, diese Leute sorgfältig auszuwählen und gut zu führen. Meine Mutter verstand das meisterhaft. Für mich war sie wie eine ferne Fee, die mein Leben verschönte.

Darf ich das so verstehen, daß die Geschichte der Annemarie Braun, genannt Nesthäkchen, vor allem eine autobiographische Geschichte ist?

Sicher. Das ist sie. Wenn auch mit großen Veränderungen und zusätzlichen Anekdoten, die ich aus meinem großen Verwandtenkreis erfuhr. Ich lasse mir gern diese lustigen und traurigen Alltagsgeschichten der Kinder, Tanten und Eltern erzählen, und wenn ich am Schreibtisch sitze, fließen sie mir nur so zu. Fertig zum Aufschreiben. Manchmal kann meine Hand gar nicht so schnell, und ich bekomme richtige Schreibkrämpfe. Der Kopf ist schneller als die Hand. Aber das ist eine andere Sache.

Sie erzählten bereits, daß Ihre Mutter Ihnen früh Gedichte vorgesprochen und aus den Werken der deutschen Klassiker vorgelesen hat. Was haben Sie damit gemeint?

Mit Vergnügen will ich das näher erklären. Davon spreche ich besonders gern. Meine Mutter war eine außerordentlich gebildete Frau, die es an literarischer Bildung mit jedem Germanistikprofessor aufnehmen konnte. Sie kannte sich hervorragend in der deutschen Klassik, aber auch in der modernen Dichtung aus. Sie liebte Lyrik und lernte sehr schnell auswendig. Ob Kleist oder Heine, Hölderlin oder Goethe, Schiller oder Klopstock, Grillparzer oder Shakespeare, später auch Rilke, Dehmel, Stefan George oder Benn, alles las sie und lernte es sofort. Sie können sich vorstellen, daß ich als Kind gern den Versen zuhörte und den Rhythmus in mich aufnehmen wollte, auch wenn ich den Inhalt noch nicht verstand. Da muß ich Ihnen von unserer Köchin erzählen: Auch sie liebte Gedichte, besonders Schiller. Einmal mußte mein Bruder »*Die Glocke*« lernen, und sie wollte es ihm gleichtun. So legte sie denn das Buch auf den Küchentisch und lernte den Text beim Arbeiten. Irgendwann war Zeit für das Mittagessen, und es sollte angerichtet werden. Unsere Köchin versteckte das Buch rasch und servierte die Vorspeise. Sie muß wohl etwas aufgeregt gewesen sein, jedenfalls schwammen, als die Suppe aufgetragen wurde, Schillers Balladen oben auf. Wir lachten über unsere bildungshungrige Köchin noch viele Jahre.

Waren Sie eigentlich auch so ein Wildfang wie das Nesthäkchen?

Nein, ganz so wild war ich nicht. Ich war ruhiger als meine kleine Schwester Käthe, die für alle Arten von Sport und Bewegung mehr zu haben war. Kein Zaun war ihr hoch genug, kein Baum zu gefährlich. Da war ich eher ängstlich und froh, wenn mein Bruder Hans, mit dem ich besonders gut stand, half und mich beschützte. So ist auch von Käthe viel bei dem Nesthäkchen Annemarie zu finden. Am liebsten spielten wir zusammen Theater. Ich erzählte ihr spannende Geschichten, die ich gerade gelesen hatte, und sie übernahm dann die Jungenrollen, bei denen sie toben und raufen durfte. Ich spielte lieber Figuren, bei denen ich heftig schluchzen mußte. Manchmal weinte ich so täuschend echt, daß ich mich gar nicht mehr beruhigen konnte. Aber das waren eigentlich auch die einzigen Anlässe für Tränen. Sonst war ich sehr glückliches Kind in einer behüteten Umgebung, und darin sind Nesthäkchen und ich außerordentlich ähnlich, wenn uns auch über ein Vierteljahrhundert trennt.

Mir bleibt nur noch, für das Interview zu danken und mich an Seiten in Else Urys Leben heranzutasten, die niemand genau kennt und die ihre Bücher nicht erahnen lassen.

Der Großvater von Else Ury, Levin Elias Ury, war bis 1862 Synagogenvorsteher in der alten Synagoge in der Heidereuter Gasse, dicht beim Alexanderplatz. Irgendwann fand Else Urys erster Besuch in dieser Synagoge statt, und sicher würde sie, hätte sie je davon berichtet, einen besonderen Feiertag gewählt haben, wie sie auch immer wieder gern und ausführlich die Feste im Kreise der Familie schilderte.

Vielleicht war es ein kalter, sonniger Herbstmorgen im Oktober 1882, Jom Kippur, der höchste Feiertag aller Juden. Der Tabakfabrikant Ury machte sich mit seiner Frau und seiner Tochter Else auf, um zur Synagoge zu fahren. Beim Frühstück zu Hause hatten die Eltern ihr die Bedeutung dieses Tages erklärt.

Jom Kippur heißt auch 'der lange Tag'. Er wird mit strengem Fasten, feierlichem Sündenbekenntniss und in ununterbrochenem Gebet begangen. Es ist der Tag der Buße, an dem Gott den Menschen ihre Sünden vergeben wird. Daher auch der Name 'Versöhnungstag'. Die Männer im Gottesdienst legen weiße Mäntel um, die Symbole des Sterbens und der Buße.

Die Pferdedroschke fuhr die festlich Gekleideten, in warme Decken gehüllt, zum Alexanderplatz. Die fast fünfjährige Else erlebte aus der Kutsche heraus den geschäftigen Alltag Berlins, der sich um den jüdischen Feiertag nicht scherte und einen kolossalen Wirbel entfaltete, als wolle er dem behüteten Kind aus dem Berliner Westen einmal mit ganzer Kraft vorführen, was wirklich Großstadt ist: schimpfende Kutscher, schreiende Zeitungsausrufer, schnauzende Händler mit Holzkarren, keifende Marktweiber, Horden von bettelnden Straßenjungen, Blinde, die armselige Waren am Straßenrand anboten, Krüppel, die ihre Hand nach einer Münze ausstreckten, dickbäuchige Polizisten mit Pickelhauben, die den immer dichter werdenden Verkehr durch Trillerpfeifen zu regeln versuchten, riesige Plakatwände mit bunten Bildern, die an dem Fenster der Droschke so schnell vorbeiglitten, daß das Kind die aufgedruckten Herrlichkeiten kaum erkennen konnte. Als sie den Alex erreichten, hatte Else den feierlichen Anlaß der Fahrt fast vergessen. Erst auf dem Fußweg zur Heidereuter Gasse war das Außergewöhnliche des Tages deutlich zu spüren. Ein ständiges Kommen und Gehen von festlich gekleideten Männern und Frauen, die teils zur Synagoge strebten, teils von dort kamen, erfüllte die Gasse. Die Geräusche des Alltags blieben hinter ihnen zurück. Stolz auf die neuen Lackstiefel, schaute sie auf die verschiedenartige Fußbekleidung der fremden Menschen und probierte wie in einem Ratespiel, die passenden Gesichter dazuzudenken. Die Synagoge entsprach ganz und gar nicht ihrer Vorstellung von prachtvollen Kirchen. Kein riesiges Gebäude, kein Turm, kein verziertes Tor. Ein schlichtes Bürgerhaus, ein Steinbau unter vielen. Durch den überbauten Torbogen traten die Urys in den Synagogenhof. In dem Vorderhaus der Synagoge befand sich das Quellbad, die Mikwe. Die Mutter erklärte ihr flüsternd etwas vom rituellen Reinigungsbad der Gläubigen. Doch heute herrschte hier Stille, keine Frau, niemand war zu sehen. Da dem Tempel die Besonderheit vorgeschrieben war, nicht höher zu sein als ein einstöckiges Bürgerhaus, die Geschlechter sich aber getrennt im jüdischen Bethaus aufhalten mußten, wurde die Synagoge unter das Niveau der Straße gebaut, und man ging einige Stufen hinab, um dann hinaufzusteigen. Hier mußte Else sich vom Vater trennen. Für die Frauen und Mädchen führte eine Treppe zur Empore hinauf. Zwischen leise plaudernden Frauen in knisternden Röcken und bunten Tüchern durfte das Kind bis vorn an die Balustrade gehen. Bereitwillig machten sie der Kleinen Platz, streichelten und herzten sie. Auf dem Schoß der Mutter sah sie in den großen Innenraum, der von den Kerzen der vielarmigen Leuchter erhellt war. Hier umfing sie eine andere Welt, losgelöst von allem Alltäglichen. Die Männer und Knaben, in weiße Sterbegewänder gehüllt, den silberschimmernden Tallis* umgelegt, bewegten sich heftig hin und her,

*) Der Tallis oder Talit ist ein Gebetstuch, das über den Mantel gebunden wird. Jom Kippur ist es weiß-silbern, sonst hell mit dunklen Randstreifen und Fransen.

sprachen laut und rhythmisch ihr unverständliche Gebetsformeln. Ein schwarzbärtiger Mann stand an einem Pult und führte einen riesigen Thora-Zeiger* über Papierrollen. Er erschien dem Kind wie ein Zauberer aus einer Märchenwelt. Elses Augen suchten den Vater. Ein leiser Jauchzer, als sie ihn erkannte. Er kniete am Rand, nicht im weißen Gewand, aber ihr doch weit entrückt. Jungen versammelten sich um den Tisch des Bärtigen und beantworteten seine halb gesungenen, halb gesprochenen Worte mit rhythmischem Sprechgesang. Else konnte sich von dieser Fülle der Eindrücke gar nicht trennen. Auf dem Heimweg in der Kutsche sah sie nicht mehr auf das wirbelnde Leben der Berliner Straßen. Still schmiegte sie sich an ihre Mutter, und auf die Frage des Vaters, wie es ihr gefallen habe, antwortete sie, noch ganz erfüllt von dem Erlebnis: »Schön feierlich war es«.

Für die Urys war jeder Ausflug in die Synagoge in Berlin-Mitte ein Eintauchen in eine völlig fremde Welt. Hier wurde der Gottesdienst noch ganz nach der Väter Sitte in hebräisch abgehalten, die Gemeinde dort fühlte sich dem orthodoxen Judentum verpflichtet. So mußte den Gläubigen das Auftauchen der weltlich-gewandten Urys aus dem Berliner Westen äußerst befremdlich erscheinen. Sicher wird die Gemeinde nicht so genau gewußt, aber wohl geahnt haben, daß da einer kommt, der die Speiseriten nicht einhält, am 24. Dezember einen Weihnachtsbaum aufstellt und sich an keines der religiösen Gesetze hält.

Vater Ury, der sich früh von den strengen Riten seiner Kindheit gelöst hatte, hielt es mit der Religion wie mit dem Leben: Die schönsten Dinge sollte man pflegen und bewahren.

*) Nur mit einem Thora-Zeiger, nicht mit der Hand, darf die in der Synagoge aufbewahrte Gesetzesrolle berührt werden. Auf die Rolle sind die fünf Bücher Mose geschrieben. Thora-Zeiger sind aus Silber, Gold oder Holz, oft edelsteinbesetzt und mit Widmungen versehen.

Das Feiern gehörte zu den schönsten Dingen. An Jom Kippur ging er gern in die Alte Synagoge, das Fasten und die religiösen Speiseriten hatten in seiner Familie keinen Platz mehr. Seinen Obolus für die Gemeinde entrichtete er regelmäßig. Am Freitagabend gab es ein besonderes Essen, das Shabbesmahl, am Chanukka-Fest zündete er Kerzen an. Die Söhne Ludwig und Hans waren vor Jahren einmal in die Synagoge geführt worden, aber verschreckt von den fremden Riten und Gebräuchen, hatten sie den Vater nicht mehr begleiten wollen. Mutter Ury, der Goethe näher war als die Glaubenstradition ihrer Väter, hatte dafür gesorgt, daß die Söhne nicht weiter zur Ausübung der Religion angehalten wurden. Sie war der Meinung, daß die Familie deutsch und patriotisch zu sein habe, die Kinder sich vor allem Kenntnisse und Bildung anzueignen hätten, um rechtschaffende Menschen zu werden. So waren sie weder christlich getauft noch in die jüdische Gemeinde eingeführt worden. Schon lange feierten sie auf die gleiche Weise Weihnachten und Ostern, wie es auch die christlichen Bekannten taten: dem religiösen Anlaß entfremdet, als fröhliche Kinderfeste im Kreise der Familie. Sie wollte ihre Kinder nicht den Verstrickungen einer Religion aussetzen, die sie selbst als starr und streng erlebt hatte. Gute, gebildete Menschen sollten ihre Kinder werden, keine Sonderlinge. Deutsch war ihre Kultur, ihre Sprache, ihre Herkunft. Das allein zählte. Ihr Lebensgefühl entsprach dem vieler jüdischer Familien des kaiserlichen Deutschlands. Man kümmerte sich weder um Politik noch um Religion. Man vertraute dem technischen und wirtschaftlichen Fortschritt und hielt ihn für den Fortschritt der Menschheit.

Und doch gab es im Leben eines jeden Juden und jeder Jüdin diesen schmerzlichen Augenblick, an den sie sich zeitlebens erinnerten: wenn sie zum ersten Mal unbarmherzig darauf gestoßen wurden, anders zu sein als die Mehrheit, anders sogar als die, mit denen man gerade noch von gleich zu gleich geplaudert und gefeiert hatte. Dieser Verlust der Harmlosigkeit konnte vielerlei Gestalt annehmen.

Auch Else Ury wird diesen Augenblick als Kind erlebt haben.

Es könnte im Urlaub an der Ostsee gewesen sein.

Lange vor Beginn der massentouristischen Zeiten kam unter den wohlhabenden Familien die Sommerfrische in Mode. Die Familie fuhr mit Kinder- und Stubenmädchen, mit Hutschachteln und Schrankkoffern, mit Sandschaufeln und Spielzeugkisten ans Meer. Im Haus Meeresblick bei den Wirtsleuten Petersen wurde Quartier genommen. Die Suite mietete man für drei oder vier Wochen. Kinder zahlten die Hälfte. Zu zahlen war nicht wenig. Auch an der Ostsee wollten die Leute Geld verdienen. Der Wohlstand aus Berlin schwappte auch nach Warnemünde über. Einig Deutschland machte die Geschäfte flott.

Da läuft ein kleines dunkelgelocktes Mädchen in Spielhosen zum Meer, hüpft und springt, fällt in den weichen Sand und steht jauchzend wieder auf. Hinter ihr, ruhig und vornehm, in weißer Krinoline, weißem Sonnenhut, den Sonnenschirm aufgespannt, einen Beutel über dem Arm, wohl das Kinderfräulein. Hier kann sie das Kind ruhig allein laufen lassen, muß nicht ständig achtgeben wie in den gefährlichen Straßen Berlins. Das Kind hat eine Spielgefährtin entdeckt, ein blondes, fast gleichgroßes Mädchen steht am Wasser. Es wirft den bunten Ball in die Wellen, die Wellen tragen ihn zurück. Jetzt sind die Kinder auf gleicher Höhe. Köpfe nicken, Hände werden geschüttelt, man hat sich bekannt gemacht. Das Spiel mit dem Ball in den Wellen macht gemeinsam noch mehr Spaß. Das Kinderfräulein hat unterdessen einen Zettel aus dem Handarbeitsbeutel genommen, vergleicht die Nummern auf den Rücken der Strandkörbe, nickt zufrieden, legt den

Beutel in den blaugestreiften Innenraum und geht zu den kleinen Mädchen ans Meer. Knickse, Köpfe streicheln, Ermahnungsrufe. Das Fräulein sitzt nun mit ihrer Handarbeit bequem im Strandkorb, genießt die Ruhe. Kinder laufen über den morgenleeren Strand, rufen, balgen, bespritzen sich kreischend mit Wasser. Sie schließt entspannt die Augen, öffnet sie einen Spalt. Ein beruhigender Blick zu der Kleinen. Ihr geht es gut.

Plötzlich zerbricht die Stille. Ein spitzer Schrei. Das Kind wirft sich dem Fräulein entgegen. Geschüttelt von Weinen, unfähig zu sprechen. Wer hat ihrem Elschen etwas angetan? Wo sind die Bösewichter? Da laufen zwei, drei größere Kinder mit der kleinen Blonden an der Hand davon.

»Was ist passiert?«

Kein Wort. Nur Tränen. Sie trägt das Kind zum Strandkorb. Die Hände hält Else fest auf den Kopf, läßt sie sich nicht herunternehmen. Will den Kopf unbedingt verdecken, nimmt auch noch die Arme zur Hilfe. Das Fräulein läßt sie weinen, wie sie es immer tut, wenn die kindliche Verzweiflung das Sprechen unmöglich macht.

»Bist Du verletzt?«

»Jude. Judenkind.«

»Was ist? Was meinst du?«

»Braun bin ich. Nicht blond. «

»Sicher. Du hast schöne braune Locken.«

»Nicht schön! Häßlich! braun! Blond ist schön.«

»Aber braune Locken sind doch schön! «

»Juden sind immer braun, hat er gesagt. Immer. Nur blond ist wie Gold. Das ist schön, haben sie gesagt.«

»Ach Kind, so reden dumme Kinder. Laß sie reden.«

»Ich will nach Hause.«

Das Kinderfräulein nimmt die Kleine an die Hand, zieht sie mit sich. Beiden ist der Rücken rund von Traurigkeit.

Bisher hat für das Kinderfräulein die jüdische Tradition der Urys keine Rolle gespielt. Sie dachte nicht anders als die Urys: Religion ist Privatsache. Die neue Mode, überall Juden aufzuspüren, ist ihr gänzlich fremd. Schon in Berlin hat sie davon gehört, daß der Hofprediger Stöcker seine Hetzreden hält und Menschen, die man für Juden hält, seien sie dunkelhaarig, seien sie mit kräftigen Nasen ausgestattet, auf der Straße angepöbelt oder gar angegriffen werden. Im Hause Ury ist bis zum heutigen Tag kein Wort in dieser Sache gesprochen, das Wort Jude nie in den Mund genommen worden. Man muß das Gerede einfach nicht beachten. Aber wenn jetzt schon die unschuldigen Kinder von Gleichaltrigen angegriffen werden, dann kann man nicht mehr schweigen. Unter den Erwachsenen werden Alternativen durchgespielt worden sein: bleiben oder abreisen. Es mag sein, daß Emil und Franziska Ury Bilder aus der Kindheit einfallen, die sie nicht in Worte fassen wollen. Jeder hat sein Erlebnis des Ausgestoßenseins tief in sich vergraben und wird diese Verletzung auch jetzt nicht preisgeben. Vor dem Fräulein nicht und niemals. Sie versuchen, möglichst unbefangen zur Tagesordnung einer Familiensommerfrische überzugehen. Vielleicht hat der Vater, der immer so gern Geschichten erzählte, seine Tochter zu einem Spaziergang mit ans Meer genommen und ihr das Märchen von Schneewittchen erzählt: Es war einmal ein Mädchen, das war weiß wie Schnee und rot wie Blut, und die Haare waren schwarz wie Ebenholz, und das Mädchen wuchs heran und war sehr schön ...

Im April 1884 kam Else Ury in die Königliche Luisenschule. Das Lyzeum im Berliner Westen unterrichtete gegen Schulgeld die Mädchen der feinen Gesellschaft in allen Fächern, die man für angemessen und nützlich hielt, die korrekte Entwicklung der späteren Ehefrauen von Fabrikanten, höheren Beamten und Militär zu gewährleisten. Viele bekannte adelige Namen waren unter den Schülerinnen.

Die kleinen Mädchen sitzen mit glänzend gebürsteten Haaren und riesigen Haarschleifen in Sonntagskleidern brav auf den zugewiesenen Plätzen, während die Kinderfräulein schwatzend im Pausenhof auf ihre Schützlinge warten. Die Mütter füllen unterdessen die Schultüten mit süßen und nützlichen Kleinigkeiten und arrangieren die Einschulungsfeier, zu der sicher die Großeltern und die Tanten eingeladen sind. Auch bei den Urys wird es so gewesen sein. Nehmen wir Nesthäkchens Schulanfang als die Erfahrung ihres eigenen.

Als sie von ihrem ersten Schulbesuch heimkehrte, hing draußen am Kleiderhaken ein dunkelgrüner Mantel und ein schwarzes Hütchen. »Großmama ist da - Grußmuttchen ist da!« Jubelnd schallte es von ihren Lippen beim Anblick der bekannten Sachen. Ja, wirklich, drinnen im Wohnzimmer bei Mutti saß die liebe Großmama. Ihr Gesicht leuchtete vor Freude, als ihr Herzblatt mit aufgeschnallter Schulmappe hereinstürzte. »Großmuttchen, jetzt bin ich ein richtiges Schulmädchen!« Mit einem Satz sprang sie, ungeachtet ihrer neuen Würde, Großmama auf den Schoß. Sie herzte und küßte ihren kleinen Liebling und streichelte sogar vor lauter Liebe die neue Schulmappe mit. »Also, so sieht unser Kind als Schulmädchen aus«, sagte sie, das reizende kleine Mädchen voll Großmutterstolz betrachtend. »Ja, aber hast Du denn auch schon alles, Herzchen, was ein richtiges kleines Schulmädchen haben muß?« »Natürlich«, nickte das Mädchen wichtig, »bloß ein paar Hefte und ein Rechenbuch sollen wir uns noch kaufen.« »Und sonst fehlt gar nichts mehr? O weh, da hast Du auch am Ende noch eine Schultüte, wie jedes artige Kind sie am ersten Schultag zu bekommen pflegt?« scherzte Großmama und zog eine feuerrote Riesentüte hervor. »Da kann ich die wohl wieder mitnehmen.« Else wurde roter als die Schultüte, mit beiden Händen griff sie danach. »Nee, ach nee, die hat mir gerade noch gefehlt; au, ist die fein, die ist ja noch größer als meine Puppe und soviel Schokolade ist drin - ach, ich danke Dir tausendmal, Großmuttchen.« Ihre Dankesbezeigungen fielen so stürmisch aus, daß sich ein süßer Schokoladenregen aus der offen gebliebenen Tüte auf Großmama ergoß. Nachdem die braunen Flüchtlinge alle wieder eingefangen waren, fand sie endlich Zeit, auch Mutti zu begrüßen. »Na, wie ist es Dir in der Schule ergangen, meine Tochter?« fragte Mutti. »Famos! und meine Freundin aus unserem Haus ist auch da.«

Das erste Schuljahr geht seinen standesgemäßen Gang; bei Else Ury 1884, bei Nesthäkchen 25 Jahre später. Der interessante Unterschied: Nesthäkchens Mutter schickt das Kind nicht in eine der angesehenen Privatschulen, sondern hält die allgemeine Volksschule für richtig. Sie folgt damit dem Gedanken der Weimarer Verfassung zur Demokratisierung des Schulwesens. Das unbestrittene Lernziel aber bleibt: Sauberkeit und Ordnung. Anfangs ist das kleine Mädchen ein »Wildfang« - ein damals beliebtes Motiv der Mädchenliteratur -, der gezähmt werden muß. Eine der wichtigsten Methoden der Zähmung ist das Strickenlernen. Else Urys Nesthäkchen mag nicht stricken und langweilt sich maßlos bei diesen Fingerübungen. Da springt die Großmutter ein und hilft, daß das Mädchen seiner Bestimmung entsprechend heranwächst.

Eifrig klapperten Nesthäkchens Stricknadeln, galt es doch, die liebe Großmama, die ihr Mittagsschläfchen hielt, durch den heimlichen Fleiß zu überraschen. Als das Fräulein abends ihre Kleine abholte, wollte sie gar nicht glauben, daß das Mädchen, welches in der Schule so prudelte und zu Hause nur mit Tränen zum Stricken zu bringen war, das alles allein gemachte habe. Und als ihr das Stricken nun, wo die erste Schwierigkeit überwunden war, auch anfing, Freude zu machen, saß sie täglich bei ihrem Wunderknäuel, und als das Wunderknäuel zu Ende gearbeitet war und ein kleiner goldener Ring mit blauem Stein als Belohnung zum Vorschein kam, war sie überglücklich. Der schmückte von nun an ihre fleißigen Fingerchen.

Hat Else Ury auch so widerwillig das Stricken gelernt?

Die Lektion »Ordnung und Sauberkeit« wird jedenfalls nicht ganz reibungslos absolviert. Beim Zeugnis gibt es auch Konflikte: Die Mutter hebt warnend den Finger, als das Kind sich auf das erste Zeugnis freut und sich schon als Klassenerste sieht. »Du, sei nicht so siegesgewiß, eine Erste muß in allem vorbildlich sein. Denke an die Tintenflecken und Eselsohren in Deinen Heften.« Die Lehrerin tadelt dann auch im Zeugnis die Eselsohren und Tintenflecken. Auf die Vorhaltungen der Mutter sagt es trotzig: »Ich habe doch so oft 'Sehr gut.' Die Mutter aber weiß, worauf es für die Zukunft ihres Kindes ankommt: »Die Hauptsache bei einem kleinen Mädchen sind Ordnung und Betragen, das ist mehr wert als alle 'Sehr gut'. Für diesmal hast Du jede Belohnung verwirkt. Aber wenn ich sehe, daß Du bis Weihnachten bemüht bist, Deinen Fehler abzulegen und achtsam mit Deinen Sachen umzugehen, erlaube ich Dir die Kinderfeier vielleicht in den Weihnachtsferien.«

Sieben Jahre ist das Mädchen alt und darf wegen einer Bemerkung im Zeugnis kein Fest geben. Eine harte Strafe. Und was macht das Kind? Es flüstert der Puppe zu: »Ja, ich will. Ich will mich ganz bestimmt bessern.« Zuerst stirbt auch noch ein Kanarienvogel wegen der Unachtsamkeit des Mädchens, doch dann hat es begriffen. Die Weihnachtszensur fiel tadellos aus. In der Haltung ihrer Hefte und Bücher prangte »Sehr gut«. Auf den zweiten Platz kam sie neben ihre Freundin und die Mutter sagte: »Du hast mir eine große Weihnachtsfreude bereitet, daß Du Deinen Fehler so redlich bekämpft hast.« Und nun durfte die Kindergesellschaft steigen. Lob und Tadel - Tadel und Lob. Eine klare, überschaubare Welt, die Else Ury den Leserinnen ihrer Nesthäkchenbücher, der ersten Nachkriegsgeneration in der Weimarer Republik, vorführte.

Die Kinder ihrer Erzählungen sind meist sehr einsichtsvoll und geloben Besserung, wenn sie Unerlaubtes getan haben.

Und doch treffen wir in den Büchern der Ury immer wieder Mädchen, die sich nicht problemlos den Anforderungen der Erwachsenen unterwerfen, die sich schwertun mit dem Kanon der geforderten Tugenden. Bei einer der Töchter von Nesthäkchen gibt es sogar äußerst heftige Reaktionen der Wut über Verbot und Strafe.

Was bewegt die Autorin, die Tintenkleckse und Eselsohren über zweihundert Seiten lang zum Hauptproblem des ersten Schuljahres hochzustilisieren? Allein die pädagogische Absicht? Hat Else Ury 25 Jahre früher, wenn sie bestraft wurde, auch ihrer Puppe ins Ohr geflüstert: Ich will mich bessern!? Oder hat sie Haßgefühle gespürt, Rachegelüste gegen die Mutter? Hat sie sich gewünscht, allmächtig zu sein und den Tadel der strengen Mutter abzuwehren? Gibt diese Darstellung des Kinderalltags versteckte Hinweise auf Else Urys eigene Kindheitsschmerzen? Hat sie, ein waches und intelligentes Mädchen, die ständigen Ermahnungen der Eltern und Lehrer, ordentlich, pünktlich und sauber zu sein, als verletzend empfunden? War sie von dem angebotenen Lernstoff des Lyzeums enttäuscht und guckte neidisch auf die Brüder, die viel Interessanteres lernen durften? Erinnert sie sich mit uneingestandener Bitterkeit der Einschränkungen, die ihr Mädchenleben mit sich brachte?

Wahrscheinlich hat sich Else Ury schreibend ihrer eigenen Kinderträume und Traurigkeiten erinnert. Nicht grundlos bewegt die kleinen Mädchen ihrer Geschichten immer neu der Wunsch, ein Junge zu sein, Hosen anzuziehen, ungehindert die unbekannte, aufregende, ferne Welt zu erforschen. Der Zwang zum Strickenlernen, zu gutem Benehmen und Ordnung ist auch ihren Heldinnen eine lästige Pflicht. Else Ury war sicher nicht so naiv zu glauben, daß die Verletzungen, die den Mädchen durch die strenge Ausrichtung auf die weiblichen Tugenden zugefügt werden, keine bleibende Bedeutung haben. Aber sie scheint überzeugt gewesen zu sein, daß die

Mädchen sich zu fügen haben, zu ihrem eigenen Besten. Nie formuliert sie einen Ausweg aus dem Korsett der Pflichten. Sie hält in ihren Büchern unbeirrt daran fest, daß die überkommenen Regeln eine bewährte Richtschnur für die Entwicklung jedes Mädchens sind. So war es schon immer, so soll es bleiben, in Staat, Gesellschaft und Familie. Die Autorin ist keine Umstürzlerin, die aus diesem festgefügten Rahmen ausbrechen will.

Tagesablauf eines Schulmädchens im Berliner Westen:

6.30 Uhr Das Fräulein weckt. Waschen nur mit kaltem Wasser an der Waschschüssel. Anziehen: Korsett, Hemd, Unterhose, Wollstrümpfe, Kleid, Schuhe. Kämmen und Bürsten der Haare, was meist zehn Minuten dauert.

7.15 Uhr Frühstück mit heißem Kakao und Butterbrot;

7.30 Uhr Schulweg zum Lyzeum in Begleitung des Fräuleins;

8.00 - 12.00 Uhr Vormittagsunterricht;

12.30 Uhr Essen im Kreise der Familie;

13.00 - 13.30 Uhr Ausruhen im Mädchenzimmer;

14.00 - 16.00 Uhr Nachmittagsunterricht;

16.30 Uhr Teestunde zu Hause;

bis zum Abendessen: Klavierüben oder Nadelarbeit; bis 21.00 Uhr Spielen, Handarbeiten oder Plaudern im Kreise der Familie.

Der Stundenplan im Lyzeum legt großes Gewicht auf Handarbeit, Zeichnen, Gesang, Religion, Gesellschaftstanz, Etikette, englische und französische Konversation, deutsche Sprache und Literatur. Rechnen, Geschichte und Geographie spielen dagegen eine untergeordnete Rolle. Die Mädchen üben den Hofknicks und spielen Klavier. Zum Unterricht an den Mädchenlyzeen bemerkt Helene Lange sarkastisch: »Man lernte nicht übermäßig; der Verstand wurde soweit geschont, daß man ihn nachher noch hatte.«

Der Tagesablauf blieb sich stets gleich. Nur der Bereich der häuslichen Pflichten erweiterte sich von Jahr zu Jahr ein wenig. Die Mädchen fütterten den Kanarienvogel, gossen die Blumen und räumten ihr Zimmer auf, sie stickten immer kompliziertere Muster in die Deckchen und hungerten nach Abwechslung.

Else Ury wird so ähnlich gelebt haben. Vielleicht gab es da ein paar Besonderheiten, die Mädchen mit jüdischer Tradition vorbehalten waren. Nahm sie am christlichen Religionsunterricht teil, oder ging sie nachmittags in einen speziellen Unterricht? Es gab viele jüdische Eltern in den Großstädten, die ihre Kinder am christlichen Religionsunterricht teilnehmen ließen. Meist herrschte in den Schulen ein religiös liberaler Geist, nicht zuletzt deshalb, weil eine große Anzahl von jüdischen Kindern reicher Familien in die Privatschulen ging. Und doch ist anzunehmen, daß es immer mal wieder verletzende Äußerungen von Mitschülerinnen gab, die hinter vorgehaltener Hand 'Christus-Mörder' zischelten oder andere antisemitische Äußerungen zum Besten gaben. Vielleicht ist es Else Ury auch ergangen wie Fanny Lewald, die ihre beste Freundin nicht besuchen durfte, weil deren Eltern strikt jeden Kontakt mit Juden ablehnten. Zahlreiche Verletzungen im Alltag eines jüdischen Mädchens im kaiserlichen Deutschland sind denkbar. Der Verlust der Harmlosigkeit hatte viele Gesichter.

Jahre der Jugend
1890 - 1899

Else Ury trug die langen, braunen Locken zu Zöpfen geflochten oder, wie es Mode wurde, zu Kränzen aufgesteckt. Sie blieb zeitlebens klein, nur knapp einen Meter fünfzig. Auf den Bildern aus dem Erwachsenenalter hat sie große, dunkelgraue Augen. Die scharf geschnittene Nase steht in deutlichem Kontrast zu dem sanften Blick dieser Frau.

Wie ist sie eine Frau geworden? Die späteren Backfischgeschichten der Ury erzählen heitere Anekdoten von Schulalltag und Mädchenfreundschaften in Nachmittagskränzchen, von Tanzstunde und Neckereien mit den Freunden der großen Brüder. Von Konflikten erfahren wir nichts. Selbst ältere Backfischromane des vergangenen Jahrhunderts lassen ab und zu erkennen, daß es der Heldin nicht wohl war. »Ihr war nicht wohl« war das akzeptierte und wohlanständige Synonym dafür, daß die Heldin ihre Menstruation bekommen hatte. Doch bei der Ury findet man diesen Satz nicht. Ihren blonden Heldinnen ist immer wohl. Sie bewältigen ohne jedes Unwohlsein alle Schwierigkeiten auf dem Weg vom Mädchen zur Frau. Ernste Konflikte und Seelennöte gibt es auch nicht in der Pubertät. Die großen Brüder sind selbstverständlich die besten Tänzer, die Eltern meinen es immer gut mit den Heranwachsenden, und was sie beschließen, ist stets zu ihrem Besten. Die Freunde der Brüder sind nur Staffage für witzige Wortgefechte, und der eigene Körper, wenn er denn einmal erwähnt wird, ist schlank und schön, und sein Anblick - selbstverständlich im Tüllkleid - gereicht allen zur Freude.

So glatt kann es nicht gegangen sein. Sie wird, wie alle jungen Mädchen, die Veränderungen ihres Körpers bemerkt und ihre erste Periode mit Verwirrung und Schmerzen erlebt haben. Aus der jüdischen Tradition ihrer Familie, so bedeutungslos sie auch im Alltag geworden war, könnte sie eine Ahnung von der Unreinheit der Frauen an gewissen Tagen des Monats haben.

Sie ist zwölf oder dreizehn Jahre alt und hat ein eigenes Zimmer. Am Morgen wacht sie vor der Zeit auf. Im Bauch krampft es sich schmerzhaft zusammen. Was kann das bedeuten? Ist sie krank? Zwischen den Beinen ist es klebrig-feucht. Sie setzt sich auf, erschrickt. Schreien will sie. Blut! Blut an ihren Oberschenkeln. Blut im Nachthemd. Auf dem Laken. Was ist passiert? Verblutet sie? Sie weiß und weiß doch nicht. Dunkel ahnt sie etwas. Zitternd flüchtet sie ins Bad. Schließt die Tür ab. Reibt das klebrige Rot von ihren Schenkeln. Zieht das Hemd aus. Drückt es ins Becken. Das Wasser wird rötlich. Der Fleck verdünnt sich wässrigrot. Sie reibt und wringt. Der kalte Marmorrand des Beckens drückt in ihren nackten Bauch. Wieder fühlt sie diesen Schmerz. Vom Rücken bis in die Schenkel. Das Blut rinnt weiter. Tropfen landen auf dem weißen Teppich. Hastig reibt sie. Mehr Wasser. Mehr Blut. Reiben. Säubern. Weg damit. Es rinnt aus ihr. Es klebt an ihr. Sie tupft wieder und wieder den Teppich. Keiner soll etwas merken. Sauber soll alles sein. Sie flieht zwischen Bad und Zimmer. Einen Schlüpfer anziehen, ein frisches Hemd überwerfen. Das Laken ins Wasser drücken. Sie schrubbt und wringt an dem blutigen Tuch. Unrein. Dies Wort kennt sie. Wissen. Nichtwissen. Ahnungen. Unrein - das sind Frauen manchmal. Vor der Synagoge, das weiß sie, ist die Mikwe, das Tauchbad. Für unreine Frauen. Ist die Mutter auch manchmal unrein? Darf sie danach fragen? Wen kann sie fragen? Wer würde ihr schon antworten? Wohin jetzt mit den blutigen Sachen? Hinten im Schrank wird sie ein Versteck finden. Zitternd liegt sie auf dem hastig herausgezogenen Laken. Bald wird sie geweckt werden. Verdrängte Tränen dröhnen im Kopf. Wie hält man tagsüber das Blut auf? Muß sie zur Schule gehen? Wenn das eine Freundin sieht oder gar eine Lehrerin! Undenkbar. Nur nichts merken lassen. Wird die Mutter erlauben, daß sie im warmen Bett bleibt? Die Wärme hat den Schmerz gelindert. Das Stubenmädchen klopft wie gewohnt an ihre Tür. »Ich steh schon auf.« Sie sagt kein Wort und nimmt sich zusammen. Selbst vor der Freundin verschweigt sie das Neue. Auf der Schultoilette in der Pause kontrolliert sie hastig, ob Blut am Kleid ist, steckt sich einige von den mitgenommenen Taschentüchern zwischen die Beine. Der Panzer der Beherrschung zerbricht erst, als die Mutter mittags besorgt fragt, warum sie so blaß aussähe. Sie stottert schamhaft etwas von Blut und Bauchschmerzen. »Du Dummchen, das haben doch alle Frauen«, weist die Mutter sie ab und legt ihr Leinentücher hin, die zeitgemäßen Binden.

Migräne wird Dr. Rosenbaum die schrecklichen Kopfschmerzen nennen, die sie seit diesem Tag von Zeit zu Zeit anfallen. Zuerst hat sie Hyäne verstanden, und ihr schien dieses Wort passend. Wie ein wildes Tier stach es in ihrem Kopf, kein Lichtstrahl durfte an ihre Augen, im abgedunkelten Zimmer, feuchte Tücher an die Stirn gepreßt, floh sie vor diesem Tier. Hyäne - Migräne. Immer wieder, bis ins späte Erwachsenenalter, wird die Migräne sie an diesen Tag der ersten Blutung erinnern. Körpererinnerung.

Else Ury ging bis zum 17. Lebensjahr ins Lyzeum. Ihre Brüder, sieben und vier Jahre älter, besuchten Gymnasien und studierten später Jura und Medizin. Ludwig, der ältere, wurde Rechtsanwalt, Hans, dem sie besonders verbunden war, eröffnete eine Facharztpraxis. Ihre vier Jahre jüngere Schwester Käthe war auf der Königlichen Luisenschule und machte vor ihrer Ehe das Lehrerinnenexamen. Anfang der neunziger Jahre gingen die Geschäfte des Tabakfabrikanten Ury noch gut. Die Wohnung der Urys lag ganz in der Nähe des Savignyplatzes in der Kantstraße 30. Ein ansehnliches Haus mit roten Treppenläufern. Auf halber Treppe ein großer Spiegel, äußerst praktisch für einen letzten prüfenden Blick auf den richtig sitzenden Hut und die adrette Kleidung. Der Straßenverkehr war gemächlich, Bäume und Sträucher umgaben den Platz. Die Wohnung hatte bereits ein Wasserklosett, fließendes Wasser in Bad und Küche, sechs beheizbare Räume. Eine Luxuswohnung.

In Berlin lebten um 1890 eineinhalb Millionen Einwohner. Die Mehrheit wohnte in eilig hochgezogenen Mietskasernen. Über hunderttausend Berliner lebten in unbeheizbaren Kellerwohnungen. Die Stadtbahn fuhr auf einigen Strecken bereits mit Elektrizität. Zwischen Alexanderplatz und Tiergarten pendelten die Pferdebahnen. Der nahegelegene Kurfürstendamm schickte sich an, der Geschäfts- und Promenierstraße Unter den Linden den Rang abzulaufen. 1895 wurde mit großem Pomp die Kaiser-Wilhelm-Gedächtniskirche eingeweiht.

Der Kaiser hielt hof. Wilhelminisches Zeitalter. Mal in Potsdam, mal in Berlin entfaltete sich der fürstliche Glanz. Einige Mädchen aus Else Urys Klasse übten nicht nur den Hofknicks, sie praktizierten ihn auch, wenn der Vater wieder einmal zum Kaiser gerufen wurde.

Die Urys waren nicht dabei.

Was erfährt ein vierzehnjähriges Mädchen von der Welt?

Liest es Zeitung? Wohl nicht. Der Vater liest ab und zu mal aus einer Gazette amüsante Geschichten vor. Das ist alles.

Fährt es mit der Stadtbahn durch die wirbelige Millionenstadt? Das ist den jungen Mädchen ganz sicher verboten.

Erfährt es in der Schule oder zu Hause von Kellerwohnungen, von Streiks und Sozialdemokratie? In den Schulen der Reichen wird nicht von Armut gesprochen. Von Umstürzlern schon gar nicht. Not gibt es. Das wissen die Mädchen der Oberschicht. Ihre Mütter beteiligen sich an Wohlfahrtslotterien. Aber die Welt im Wedding und um den Alexanderplatz ist für diese Kinder so weit weg wie Afrika und Alaska.

Erfährt es von der rasanten Industrieentwicklung der Gründerjahre? Von Börsenkrach und Spekulation, vom 12-Stunden-Tag in der Fabrik und von Arbeitslosigkeit? Nein, bestimmt nicht. Vielleicht wird der Vater mal von einer fernen Welt berichten, in der es Aktien und Wertpapiere gibt. Wird von interessanten technischen Neuerungen erzählen, von Telefon, Grammophon und Kinomathek.

Das alles hat keine Bedeutung für die Alltagswelt der Tochter.

Die Mutter überwacht ihre Lektüre. Erlaubt und erwünscht sind die Klassiker, Goethe, Schiller, Klopstock, auch mal Gedichte. Franzika Ury war aber auch offen für die neue Literatur. So wird sie ihrer Tochter Gutes empfohlen und wenig verboten haben.

Die Welt der jungen Mädchen ist klein und eng. Die Wohnung, die Schule, die Freundinnen, der Klatsch und Tratsch. Die seltenen Spazierfahrten am Sonntag in den Grunewald, in den Zoologischen Garten, mal ein Theaterbesuch, ein Gang mit der Mutter zur neuerbauten Kaiser-Wilhelm-Gedächtniskirche und über den aufregenden Kurfürstendamm. In den Ferien fährt man an die Ostsee oder ins Riesengebirge. Da treffen sich die gleichen Leute, die man schon von Berlin her kennt. Die gleiche Schicht, die gleichen Gespräche, die gleiche Mode. Man ist unter sich. Eine enge Welt. Fest gefügt und wohlhabend. Alles wird immer besser. Es geht ständig aufwärts. Der Kaiser wird es schon richten. Hauptsache, im persönlichen Leben passiert nichts Unerwartetes: Krankheit, Tod, ein Firmenzusammenbruch, eine unpassende Liaison der heranwachsenden Kinder. Sonst lebt man in der besten aller möglichen Welten. Dieses Lebensgefühl beherrscht weite Kreise des bürgerlichen Mittelstands, und die Töchter haben schon gar keine Sorgen, bis auf die eine: heranzublühen für die Ehe, die die Eltern beschließen und ausrichten. Bis dahin heißt es warten, den

Haushalt lernen, Deckchen sticken und gute Miene zum langweiligen Spiel machen.

Junge Mädchen bekamen zu dieser Zeit häufig zum Geburtstag ein Tagebuch geschenkt, abschließbar, mit kleinem silbernem Schlüssel und reich verziertem Einband. Sie schrieben dort von ihren Seelennöten im Stil der Trivialromane, wie sie es aus der »Gartenlaube« kannten. Sie notierten lange Passagen aus gerade gelesenen Büchern und kommentierten das Gelesene. Mag auch die vierzehnjährige Else Ury ein Tagebuch geschrieben haben.

Urlaub an der Ostsee, August 1892.

6. August. »Ich bin so uneins mit mir.« Dieser Satz aus den Briefen der Caroline von Günderode, die mir Mutter geschenkt hat, läßt mich nicht mehr los. Die Gestalt der Günderode ist so einmalig, sie hat so viele Gaben, und doch geht sie freiwillig in den Tod. Denke ich daran, muß ich meine Tränen bekämpfen oder sie laufen lassen, ganz nach dem Orte, an dem ich mich befinde. Meist muß ich mich beherrschen, denn ich bin so selten allein ...

10. August. O Stefan! Was für ein kluger, sympathischer Mensch, der Erste, zu dem ich mich wirklich hingezogen fühle, außer natürlich meinem Hans, dem ich es aber, weil er mein Bruder ist, nicht zeigen mag. Aber war es nicht bisher immer das gleiche? Hielt ich nicht für Liebe, was nur Taumel war? Aber Liebe? Eine ruhige Angst erfüllt mein Herz bei dem Wort Liebe. Ich kann ja nicht lieben - ich kann nicht. Stefan George, Du hast mit mir gefühlt, als Du sagtest: »O, dieses große Weh der Leere, o dies mit mir allein.« Ich bin ja schon wieder so ekelhaft unglücklich. So kann es doch nicht fortgehen. Ich bin erst vierzehn, aber alle meine Gefühle und Gedanken sind älter. Ich hätte noch jung, noch glücklich sein können. Aber meine Träume sind schnell dahin. Meine Brüder verhöhnen mich, sogar Hans, dem ich mich manchmal anvertraue. Ich weiß wohl, sie halten mich alle für altklug, affektiert - und sie irren sich. Für Gegenstände, bei denen sonst mitfühlende Backfische in Tränen zerfließen würden, da habe ich nur ein satyrisches Lächeln.

15. August. Ich bin so unglücklich. Auf Regen folgt Sonnenschein. Aber ach, auf Sonnenschein folgt auch Regen. Und der Regen ist so lang, so endlos lang. Ich habe in meinem Unglück eine solche Sehnsucht nach meiner Grete, meiner Seelenfreundin, daß ich zu zerspringen drohe vor Heimweh nach ihr.

16. August. Was ich mir wünsche? Stefan zum Manne? Warum nicht? Wir würden eine glückliche Ehe abgeben. Morgens würden wir reiten, mittags Tennis spielen. Museen und Theater aufsuchen, abends reizende kleine Diners geben. Ich fände Zeit, einen Roman zu schreiben und Bücher zu lesen. Das könnte mein Glück sein. Ich kann aber auch Pech haben. Mein Vater kann sterben, keiner will mich heiraten, weil ich mordshäßlich und viel zu klein bin. Ich falle den Verwandten zur Last, mein Leben ist ein einziger Alptraum. Es sollte mich nicht wundern, daß ich dann eine treue Nachfolgerin der Günderode sein werde. Psst. Es darf nicht soweit kommen.

18. August. Ein Kind soll ich noch sein? Sind meine Gedanken die eines Kindes? Nein, aber die eines verbitterten alten Menschen. Gedanken einer leidenden Dichterin. Ich ermahne mich: Else, Du bist noch kein Genie, noch hast Du keine große Pflicht erfüllt. Noch hast Du Dir keinen Namen gemacht, der Jahrhunderte überdauert. Aber daß es mir so gar keiner zutraut ...

19. August. Keiner, aber auch keiner versteht mich, wenn ich so dasitze. Ich bin ganz da und doch so weit weg. Ich träume und gestalte eine andere Welt, fern von der jetzigen. Und wenn sie mich rufen: Else, komm den Tisch decken, komm Tennis spielen, dann bin ich da. Sie merken nicht, daß ich noch eben in einer anderen Welt war, die nur mir gehört. Das Doppelspiel ist herrlich. Eine Lust ist es, so in zwei Welten zu Hause zu sein.

20. August. Nichts, aber auch nichts kann man männlichen Geschöpfen anvertrauen. Ich bin bitter enttäuscht. Aber auch kuriert. Das vor allem. Dieser Stefan, dem ich mich anvertraut habe, ein Schriftsteller werden zu wollen, was tut er? Er plaudert es aus! Vor der Familie, vor den Verwandten. Alles lachte und johlte. Mühsam hielt ich die Tränen zurück. Ich wußte nicht, was stärker war: Der Zorn auf die Klatschbase Stefan oder die Scham. Nie hätte ich das von ihm gedacht. Sind Männer noch schwatzhafter als Frauen? Ich bin schuß* mit ihm, ein für alle Male. Zum Glück reist er morgen ab.

22. August. Ich wollte, der Urlaub wäre zu Ende. Die Ferienbekanntschaften sind doch mehr oder weniger blöd und stupide und ich sehne mich so nach meiner Grete. Mit ihr ganz eng beieinander sitzen, zu plaudern, zu kosen und sich zu streicheln, das ist doch das Schönste auf der Welt. Sonst ... nur alberne Oberflächlichkeiten. Ach, wenn es doch erst so weit wäre. Abreise ... ich sehne mich so.

*) Berliner Jugendjargon für zerstritten, verkracht, den die Ury häufig benutzt.

Als Else Ury für die Öffentlichkeit zu schreiben begann, waren es heitere Geschichten und Reisebeschreibungen aus der unmittelbaren Beobachtung des Alltags. Ihr Berliner Humor sicherte ihr bald die Begeisterung ihrer Leserschaft. Solch ein Schreibtalent wächst langsam und anfangs meist im Verborgenen. Neben Tagebuch und heimlich verfaßten Gedichten und Geschichten wird sie auch in der Schule gern Aufsätze formuliert und im Familienkreis gereimte Verse zum besten gegeben haben. Vielleicht hat sie wohlwollende Förderinnen unter den Lehrkräften gehabt.

Die Deutschlehrerin der Königlichen Luisenschule, Fräulein von Leiden, liebte es, die Abschlußklassen des Lyzeums in deutscher Literatur zu unterrichten, konnte sie doch in diesen Stunden die jungen Mädchen mit Gedanken vertraut machen, die auch ihr am Herzen lagen. Besonders Bettina von Arnim und Caroline von Günderode, diese streitbaren und empfindsamen Frauen des Vormärz, hatten es ihr angetan. Eben erst war *Goethes Briefwechsel mit einem Kinde* von der Bettine erschienen. Diese Briefe konnten als Illustration des Goethebildes aus dem Blickwinkel der schwärmerischen Verehrung den Mädchen zugemutet werden. Doch anders als ihre Kolleginnen blieb Fräulein von Leiden länger bei dieser Autorin, vervollständigte das Wissen über die meist nur als Gattin des Achim von Arnim bekannten Frau mit der Lektüre des Briefromans *Die Günderode* und führte die Mädchen sorgfältig in das Denken der Frühromantikerinnen ein. Einen Hauch dieses anderen Lebens sollten die Höheren Töchter aus vornehmen Häusern spüren, bevor sie in die unvermeidliche Ehe mit den zukünftigen Geheimräten, Offizieren, Professoren und Juristen, Fabrikbesitzern und Politikern eintraten. Fräulein von Leiden wollte ihr eigenes Lebensmuster nicht auf die Schülerinnen übertragen, wollte weder Schriftstellerinnen noch Lyzeumsdamen erziehen. Aber die satte Selbstzufriedenheit vieler junger Mädchen aus gutem Hause widerte sie an. Die waren alt, bevor sie erwachsen wurden; die waren am Stengel verdorrt, bevor ihr Geist zur Blüte gelangte. Putzsucht, albernes Lachen und affektierte Bewegungen waren das einzig Junge an ihnen. Die Lehrerin hatte wenig Sympathie für die Frauen, die diese Mädchen einmal sein würden.

Im Schuljahr 1893/1894 war eine kluge Schülerin mit wachen Augen und regem literarischem Interesse in ihrer Selecta: Else Ury. Mit wachsender Sympathie beobachtete sie dieses Mädchen. Else wußte erstaunlich viel über die neuere deutsche Literatur, brachte andere Werke der Bettina von Arnim mit in den Unterricht: die beiden Königsbücher und Tagebuchaufzeichnungen. Befragt, woher sie diese Schätze hätte, erwiderte sie nur: »Von meiner Mutter.« Auch die Günderode schien das Mädchen zu begeistern. Gedichte, Essays und Briefe waren ihr vertraut. Sie redete verständig von der Notwendigkeit einer Frau um 1800, sich ein Pseudonym zuzulegen, und über ihren gewaltsamen Tod am Rheinufer. Stumm ertrug sie die Albernheiten der anderen Schülerinnen, die verständnislos über die junge Selbstmörderin herzogen. Die Aufsätze des jungen Mädchens zeigten sprachliches und literarisches Einfühlungsvermögen. Beim Verlesen eines Aufsatzes staunte die Mädchengruppe, daß eine von ihnen es wagen konnte, Goethe zu kritisieren, weil dieser das literarische Schaffen der Bettine viel zu gering geschätzt habe. Fräulein von Leiden wollte ihrer Begeisterung nicht allzu deutlich Ausdruck geben, wurde sie doch als Blaustrumpf innerhalb der Kollegenschaft gemieden und häufig angegriffen. So begnügte sie sich mit der Hervorhebung der sprachlichen Leistung von Elses Aufsatz und ließ das Inhaltliche unkommentiert.

1894 war die Selecta, also die zehnte Klasse, die letzte mögliche Schulklasse für Frauen. Mädchengymnasien gab es noch nicht in Berlin. Einzig das Lehrerinnenseminar eröffnete die Möglichkeit der beruflichen Fortbildung für Töchter aus gutem Hause. Else Ury wurde nicht Lehrerin. Der Überlieferung nach lernte sie, wie es üblich war, nach dem Schulabschluß im Elternhaus den Haushalt, ging mit ihrer Mutter hin und wieder ins Theater oder in Konzerte und wurde auf Bällen und Vergnügen »in die Gesellschaft eingeführt«, um schließlich, ihrer Bestimmung gemäß, verheiratet zu werden.

Else Ury hat nicht geheiratet. Ihre Bücher geben keine Erklärung für dieses Ausbrechen aus dem konventionellen Muster. Im Gegenteil! Selbst die Freundinnen von Nesthäkchen, die eine Zeitlang selbständig leben und sich ihren Lebensunterhalt verdienen, ereilt schließlich doch noch das Eheglück. In keinem ihrer 39 Bücher steht eine unverheiratete Frau im Mittelpunkt des Geschehens. Es gibt sie, aber sie bleiben liebenswerte Randfiguren. Wenn die Ury von ledigen Frauen erzählt, sind es meist tüchtige Dienstboten, alte Tanten, kluge Lehrerinnen oder sozial engagierte Fürsorgerinnen.

Wie mag Else Ury zu ihrem Lebensmuster gefunden haben?

Spekulationen sind erlaubt, Variationen denkbar. Eine sichere Antwort gibt es nicht. Die Grundmelodie der damaligen Zeit lautet: Glück und Erfüllung der Frau liegen in der Ehe.

Erstaunlicherweise ist jedoch die Ehelosigkeit um die Jahrhundertwende eine Massenerscheinung. Hunderttausende unverheirateter Töchter leben ohne Beruf in ihren Elternhäusern - lebenslänglich. Oder sie fallen mildtätigen Verwandten zur Last. Aus dem Berliner Bürgertum ist bekannt, daß um 1900 viele junge Männer ausgesprochen eheunwillig waren. Die Gründe sind nicht eindeutig. Es mag unter anderem an den immer mehr steigenden Kosten gelegen haben, die ein standesgemäßer Familienhaushalt damals verschlang. Die erstrebte Karriere, die Aussicht auf ein ungebundenes Leben und die neuen Reisemöglichkeiten mögen diese Erscheinung zusätzlich erklären. Besonders unter den jüdischen Bürgern soll großer Mangel an heiratswilligen jungen Männern geherrscht haben. Auch ein Bruder von Else Ury, der Arzt, blieb unverheiratet.

Erste Variation zum Thema:
Else Ury sucht ein anderes Glück.

Es kann 1896 gewesen sein. Da fand sich im Herbst in einem Vortragssaal in Berlin-Mitte eine illustre Gesellschaft zu einem außergewöhnlichen Ereignis zusammen. Helene Lange, Gründerin des »Bundes deutscher Frauenvereine« hatte eingeladen. »Die Ausbildung des weiblichen Geschlechts« war ihr Thema. Ein buntes Gewirr allerneuester und aus der Mode gekommener Hüte und Garderoben entquoll gegen 19 Uhr den Pferdekutschen. Die Damen, die hier zum Vortragsabend anreisten, waren es sichtlich nicht gewohnt, ohne Männerbegleitung einen Saal zu füllen. Seit Tagen war die konservative Presse unisono mit den liberalen Blättern mit Schmähworten und Karikaturen über dieses Ereignis hergefallen. Insbesondere die Autorin brillanter Streitschriften für die Frauenemanzipation, Hedwig Dohm, war die Zielscheibe der Gazetten. So war es denn auch im Hause Ury ein kleiner Skandal, daß sich Tochter Else den Besuch dieser empörenden Veranstaltung wünschte. Der Vater, aus der Vossischen Zeitung über die neue Schrift der Dohm informiert, las beim Abendessen aus dem Artikel vor: »'Werde - die du bist.' Dieser provokativ gemeinte, doch unsinnige Titel erregt die Berliner Öffentlichkeit. Die sattsam bekannte Witwe des politisch oppositionellen Dohm hat sich wieder einmal zu Wort gemeldet, um den Frauen einzureden, sie müßten sich gründlich ändern, um glücklich zu werden.« Else hatte aufmerksam zugehört und verstand nicht, warum der Vater so herabwürdigend über Hedwig Dohm redete. Else kannte ihren sonst so freundlichen Vater gar nicht wieder. »Sogar Tabakfabrikant war ihr Vater«, höhnte er über die Dohm weiter, als sei es eine Beleidigung des Standes der Tabakfabrikanten, daß eine Emanzipierte aus solchem Hause kam. Die Mutter, mit Helene Langes Aktivitäten zur Berufstätigkeit von Frauen sympathisierend, konnte an dem Besuch des Vortragabends nichts Erschreckendes finden und setzte die Teilnahme ihrer Tochter durch. Nach der Schulentlassung war Else nicht besonders glücklich. Sie litt oft unter Migräne, langweilte sich und war von dem gesellschaftlichen Leben der Bälle und Tanzvergnügungen nicht ausgefüllt. Da konnte eine Anregung dieser bedeutenden Frau nur nützlich sein. Der Vortragsabend verlief gänzlich unspektakulär. Keiner der Herren der Journale hatte sich in die Veranstaltung bequemt. Helene Lange trug ihre Auffassungen zur Verbesserung der Ausbildung von Mädchen vor, forderte Gymnasien für Mädchen und freien Zugang zu allen Studienfächern. Else Ury, die insgeheim mit Neid auf ihre studierenden Brüder sah, klatschte voller Begeisterung diesen Thesen Beifall. Doch Forderungen allein brachten keine Wende in ihr Leben. Bisher war einzig in der Schweiz ein Frauenstudium möglich. Ein Lehrerinnen-Seminar, wie Käthe es anstrebte, interessierte sie nicht. Viel lieber wollte sie schreiben, wollte Geschichten für Zeitungen verfassen. Doch wer sollte sich für ihre Texte interessieren? Sie hatte wenig Vertrauen in ihre Fähigkeiten, zweifelte an sich und hatte Angst vor der Kritik der Öffentlichkeit. Von den Worten der berühmten Frauen angeregt, wandte sie sich an ihre alte Lehrerin, Fräulein von Leiden, die sie beim Vortrag von Helene Lange gesehen hatte. Diese ermutigte und bestärkte sie, ihren Fähigkeiten zu trauen. Sie verhalf der jungen Ury zu Kontakten mit angesehenen Redaktionen. Eine wichtige Hürde mußte noch bewältigt werden. Ihr Vater hätte nie zugelassen, daß sie unter dem Namen Ury Geschichten in Zeitungen veröffentlichte. Das schickte sich einfach nicht. Wie es Tradition war, würde der Vater diese Überlegungen weit von sich weisen. Die berufliche Tätigkeit der Tochter kam einer Niederlage des Vaters gleich. Diese Vorstellung war in jüdischen Familien noch stärker verankert als in christlichen.

Selbst Bertha Pappenheim an der Spitze des Jüdischen Frauenverbands forderte nicht die bezahlte Berufstätigkeit der Frauen, sondern ermutigte die Frauen zu ehrenamtlicher Tätigkeit. So kam es denn, daß Else Ury in der Wochenendausgabe der Vossischen Zeitung unter Pseudonym schrieb und sich damit - ohne das Ansehen des Vaters als Ernährer zu beleidigen - ein Taschengeld verdiente. Ihre Unlustgefühle gegenüber dem Leben verschwanden, die Migräne plagte sie seltener. Sie hatte eine Aufgabe, und das war mehr, als ehelose Frauen üblicherweise erhoffen konnten.

Zweite Variation:
Das Ideal der bürgerlichen Liebesheirat erfüllt sich nicht.

Else Ury hatte Spaß an dem gesellschaftlichen Leben, das ihr nach der Selecta geboten wurde. Sie tanzte bis in die Nächte hinein, spielte Tennis, traf sich mit ihren Freundinnen, lernte den Haushalt und war glücklich. Der Vater plante unterdessen für seine Tochter eine Ehe, die seiner Firma wirtschaftlich aufhelfen sollte. Seine Geschäfte liefen nicht gut. Elses Heirat mit einem Fabrikantensohn würde die finanziellen Engpässe beseitigen. Es war bereits alles in die Wege geleitet.

Egon, der Sohn eines bekannten Tabakfabrikanten, war nach dem Opernball bei Vater Ury erschienen und hatte mit Zylinder und Einstecktuch »um ihre Hand angehalten«, wie man den Handel nannte. Else kannte den jungen Mann nur von einer Geburtstagsfeier als Cousin einer Freundin und von zwei Tänzen im Opernhaus. Nichts zog sie an diesem aalglatten Menschen an. Weder die Witze, die er so laut als möglich machte, noch der mit Bartwichse gedrechselte Kaiser- Wilhelm-Bart, der sein flaches Gesicht maskenhaft verzerrte. Die zackigen Begrüßungen: »Mein liebes, holdes, gnädiges Fräulein« stießen sie erst recht ab. Ein Stutzer war er, ohne Bildung und Kultur. Auf dem Heimweg vom Opernball hatte sie sich vorgetastet, was ihn denn interessiere. »Was halten Sie von Stefan George?« hatte Else gefragt, und er hatte nur hochmütig geantwortet: »Die Zigarrensorte habe ich noch nicht probiert.« Solch einen Typen sollte sie heiraten?! Das konnte nicht sein. Auch nicht ihrem Vater zuliebe. Niemals würde sie solch einen Laffen zum Mann nehmen.

Dachte sie an einen zukünftigen Mann, so stand immer eindeutiger das Bild ihres Bruders Hans vor ihr. Mit ihm konnte sie über alles sprechen, er interessierte sich für Literatur und Musik, liebte die Natur und die wilden Klettereien im Riesengebirge, war stark und empfindsam zugleich. An ihm maß sie die Verehrer und immer wieder spürte sie, daß keiner diesem Ideal entsprach. In den letzten Monaten hatte sie mit Erstaunen und Verwirrung gemerkt, daß in ihr ungekannte Reaktionen vorgingen, ihr Körper auf innere Erregungen reagierte und sie manchmal vor Scham nicht wußte, wie sie diese Empfindungen beiseite schieben und beherrschen sollte. Besonders die Aufführung von *Romeo und Julia* im Deutschen Theater konnte sie nicht vergessen. Als Romeo die Bühne betrat, war ihre Haut wie im Fieber von kalten Schauer überzogen, am Hals hatte der Puls gepocht wie ein Trommelwirbel. Rote Flecken hatten sich hinauf zu den Wangen gebildet. Als die Pause begann, hatte sie betont gleichgültig die Puderdose herausgezogen, sich sorgfältig geschminkt und war erst dann ihrer Mutter ins Foyer gefolgt. Auch bei *Julius Cäsar*, bei *Wilhelm Tell*. Immer rief der gleiche Schauspieler mit seiner herrlich tiefen Stimme bei ihr die heftigsten Reaktionen hervor. Sein Gesicht, seine Gesten, seine Stimme würde sie unter Tausenden erkennen. Worte für ihre Wirrnis kannte sie nicht. Liebe - Blödsinn! Trieb - Schwachsinn! Sie war doch eine Frau. Frauen hatten so etwas nicht. Sie hatten einzig die Pflicht, sich den Naturgewalten der männlichen Triebe lange genug zu entziehen. Als Kind war ihr Körper ihr fremd gewesen. Ein Ding, das man waschen und vorschriftsmäßig kleiden mußte. Als sie mit dreizehn Jahren zum erstenmal die Blutung bekam, war das ein Schock gewesen, aber sie hatte sich mit der Erklärung der Mutter, daß das doch alle Frauen bekommen, zufrieden gegeben. So lernte sie das ABC der höheren Töchter gut. Keine Wirrnisse zeigen! Leiden ohne zu klagen. Und jetzt kam da einer, Egon, und wollte intim mit ihr sein. Das durfte nicht geschehen. Wenigsten ein bißchen von dem, was sie sich unter Liebe erträumte, sollte doch dabei sein. Nicht nur Handel. Wie eine Kiste Kautabak aus der Fabrik ihres Vaters kam sie sich vor. Vielleicht wollte die Familie von Egon auch nur günstig an die Fabrik des Vaters herankommen, und sie selbst war dem Sohn ganz egal. Ihrem Vater, das wußte sie, würde die Verbindung geschäftlich nützen. Finanzielle Solidität war nicht sein Fall. Else grübelte, und der Vater schwieg. Das konnte nicht immer so weitergehen.

Durch das Stubenmädchen ließ der Vater sie eines Sonntagmorgens rufen. »Fräulein Else, Ihr Herr Vater erwartet Sie in seinem Arbeitszimmer.« So offiziell. Das war ein Überfall. Damit hatte sie nicht gerechnet. Sie legte die Stickarbeit beiseite, sah in den Spiegel und entdeckte die typischen roten Flekken am Hals, die immer ihre Aufgeregtheit signalisierten. Sie legte etwas Puder auf. Warum pocht das Herz im Hals, wenn es ernst wird, fragte sie sich noch, als sie das Mädchenzimmer verließ. Ihr Vater hatte das Recht, sie zu verheiraten, mit wem er wollte. Wollte er? Vor der Tür des Herrenzimmers richtete sie noch einmal nervös ihre Frisur, reckte sich, um größer zu scheinen, trat ein. Der Vater, ein behäbiger Mittsechziger, untersetzt und glatzköpfig, wirkte feierlich.

»Setzen wir uns, mein Kind.«

»Ja, Vater.«

»Wie denkst du dir deine Zukunft? Sag es mir.«

»Ja, Vater.«

»Nun sag es doch, mein liebes Kind.«

Tränen hinderten weitere Erklärungen und erklärten doch alles.

»Else, du bist meine älteste Tochter. Ich will mit dir freimütig sprechen. Du mußt wissen, daß ich, dein liebender Vater, nichts gegen deinen Willen tun werde. Auch eine Heirat werde ich nicht gegen deinen Willen arrangieren. Aber, mein Kind, die Geschäfte stehen schlecht. Darüber spreche ich meist nicht. Doch jetzt mußt du es wissen. Egon ist, geschäftlich gesehen, eine gute Partie für uns. Nimmst du ihn nicht zu Manne, werden wir uns einschränken müssen. Eine bedeutende Mitgift kann ich dir nicht geben. Doch will ich dem Lebensglück meines Kindes nicht im Wege stehen und dich nicht zu einer Heirat zwingen. Du mußt nichts tun, was du nicht von Herzen willst. Aber überlege es dir gut. Du übernimmst eine große Verantwortung für uns alle, wenn ich dem Egon absage. Seine Familie verzichtet schließlich auf jede weitere Mitgift, und es ist alles günstig besprochen. Ludwig stellt sich gerade auf eigene Füße, Hans steht im medizinischen Staatsexamen und wird noch lange brauchen, bis er selbständig praktiziert. Käthe ist noch ein Schulkind. Du mußt selbst wissen, was du tust. Bedenke dich gut. Hast du dich entschieden, wird dir nie ein Vorwurf von einem aus der Familie gemacht werden.«

Else hatte bei den Worten des Vaters ruhiger geatmet. Endlich konnte sie sagen, was sie all die Tage gegrübelt und überlegt hatte.

»Vater, ich bin so froh. Du zwingst mir diesen Mann nicht auf. Ich darf auf mein Herz hören, und das sagt seit Tagen nur eins: Nein! Alle Überlegungen, die du mir genannt hast, habe ich auch bedacht. Doch Egon ist nicht mein Lebensglück. Aber ich weiß ein anderes: Ich will mein Talent einsetzen, um auch ein wenig zum Familienhaushalt beizutragen. Ich habe viele Geschichten und Gedichte in der Schublade, heitere und ernste. Ich will sie Redakteuren seriöser Zeitungen anbieten. Das wäre mein Herzenswunsch.«

Nachdem der Vater sich ausführlich mit seiner Frau beraten hatte, stimmt er schließlich schweren Herzens diesem ungewöhnlichen Ansinnen einer Tocher aus gutem Hause zu.

Es könnte aber auch sein, daß der Konflikt an der Schwelle des Erwachsenwerdens bei der Ury nicht so glatt gegangen ist wie beschrieben. Vielleicht hat der Vater reagiert wie die meisten Väter damals und verordnet: »Diesen Mann heiratest du!« - und Else hat sich in eine zeitgemäße Frauenkrankheit, ein wochenlanges Nervenfieber, geflüchtet. Psychopharmaka gab es um 1900 noch nicht. So wurde sie liebevoll gepflegt und bekam Kampferumschläge verordnet, eine ebenso unschädliche wie wirkungslose Behandlung nervöser Frauenleiden. Die Zwanzigjährige gesundete erst, als der Vater, von der Mutter sanft überredet, nachgab und Elses Entscheidung, die jenseits jeder Konvention lag, akzeptierte. Er wird als weltoffener Mann, der er gewesen sein soll, erkannt haben, daß die Zeiten sich ändern und heutzutage auch Frauenzimmer selbständig ihr Geld verdienen können. Außerdem war Else noch jung, und es war noch nicht aller Tage Abend für eine ganz normale Ehe.

Wie dem auch immer gewesen sein mag. Wahrscheinlich hatte sie eine Zeitlang Hoffnung auf eine enge Beziehung mit ihrem späteren Schwager Hugo Heymann. Er war seit langem Gast in der Familie und soll mit ihr befreundet gewesen sein, bevor er die jüngere und, wer weiß es, attraktivere Schwester heiratete. Schmerzhaft wäre auch das für sie gewesen. Hader unter Schwestern? Neid? Konkurrenz? Vermutungen ...

Ehelosigkeit bedeutete damals neben der gesellschaftlichen Verachtung auch Kinderlosigkeit. Das tat ihr, die Kinder so gern hatte, besonders weh. Seit sie ein junges Mädchen war, hatte sie sich um die Kinder in der Verwandtschaft gekümmert, ihnen Geschichten erzählt, sie bemuttert und geliebt. Besonders die wilden, spontanen, ungebärdigen Kinder fühlten sich bei ihr wohl. Nie schien ihr ein Kind auf die Nerven zu gehen, ihre Geduld zu sehr zu strapazieren. Mit liebevollem Interesse beobachtete sie Mädchen wie Jungen, begeisterte sich an ihren kessen Antworten, an ihren spontanen Reaktionen, an ihrem Trotz und ihrer Anschmiegsamkeit. Ihr ansteckendes Lachen half Kindern oft über peinliche Situationen hinweg. Später fanden sie sich dann stolz in einer Anekdote in der Zeitung - oder noch später - in einem ihrer Bücher wieder.

Wir werden nie erfahren, welche Gründe Else Urys Ehelosigkeit wirklich hatte, ob sie eigener Wunsch, bewußte Entscheidung oder Ergebnis unglücklicher Liebe, trauriger Verstrickungen war. Aber die Ury ist keine gewesen, die sich lange bei unerreichbaren Sehnsüchten aufhielt. Sie konnte sich abfinden mit den gegebenen Verhältnissen und sich darin häuslich einrichten. Auch schmerzlichen Erfahrungen konnte sie immer noch etwas Gutes abgewinnen. Begabt zum Glücklichsein, ließ sie Unglück einfach nicht an sich heran. Wir wissen nur eins sicher: Die spätere Propagandistin der glücklichen Ehe blieb ledig und begann zu schreiben.

Ihr Bruder Hans war aus dem Studium heimgekehrt. Else war glücklich. Ihre inneren Kämpfe, die Migräne, das Nervenfieber, die Leiden der letzten Monate kannte ihr Bruder nur aus Andeutungen in Briefen. Sie hatte große Sehnsucht nach seinen vertrauten braunen Augen, nach seiner Stimme und seinem Lachen. Endlich war er wieder da, ihr Hans! Bruder und Schwester lagen sich in den Armen, saßen lange beieinander, um die vielen Neuigkeiten auszutauschen.

»Schön bist du geworden, Else, eine richtige Frau.«

»Hans, wie kannst du so was sagen. Ich bin doch immernoch so klein.«

»Klar, das wirst du auch bleiben, du wirst immer meine kleine Schwester bleiben, aber du bist erwachsen geworden, eine richtige Frau.«

Erstaunt und sanft sagte er das. Er streichelte ihre Hand. Sie zog sie fort. Das Streicheln hinterließ ein Kribbeln, nicht nur auf der Haut. Sie lief im Zimmer auf und ab. Er sah ihr zu, lange und intensiv. Sie fing an, die wortlose Übereinstimmung zu durchbrechen, stellte geschäftig Fragen. Alle blieben unbeantwortet. Ihr wurde heiß. Er sollte erzählen, nicht so gucken.

»Hans, es ist schön, daß du wieder da bist. Aber nun mußt du erzählen.«

Bruder und Schwester hatten sich viel zu sagen. Vom Studium, von Anatomie und Physiologie, von klinischer Medizin und Theaterbesuchen, von Burschenschaftstreffen und Prüfungen. Alles wollte Else wissen und noch ein wenig mehr, als er erzählte. War eine Frau in sein Leben getreten? Gab es da nichts zu berichten? Etwas, das sie mit Spannung und Angst erwartete? Nichts, keine Andeutung. Es war spät, als die Geschwister sich trennten.

Vor dem Spiegel im eigenen Zimmer gingen ihre Augen aufmerksam an ihrer kleinen, nackten Gestalt auf und ab. Die Wölbungen der Brüste, die Hüften, der Bauch, das schwarze Dreieck zwischen den Schenkeln, die Beine, die sich, vom Spiegelrand abgeschnitten, im Dunkeln verliefen. Die Hände folgten den Augen, sanft fühlte sich ihre Haut an. An den Brüsten wurden die Brustwarzen hart, als sie darüberstrich. Sie schüttelte benommen die Locken aus der Stirn. Fühlte ihren Herzschlag pulsieren. Drehte und wendete sich im fahl beleuchteten Spiegel. Schön sein! Eine Frau sein! Sie, Else, schön? Ein gutes Gefühl, wenn Hans das sagte. Sagte er das nur ihr? Sagte er das anderen Frauen, vielen oder nur einer? Gern hätte sie das gewußt, hätte ein wenig in die Zukunft sehen mögen. Würde auch Hans bald heiraten, eine aus jüdischem Haus oder eine Schickse und wie Ludwig einen eigenen Hausstand gründen, wegziehen? Bei Hans würde ihr das weh tun.

Jahre des Schreibens
1900 - 1918

Überliefert ist, daß Else Ury um 1900 mit dem Schreiben begann. Zunächst kleine Geschichten für die Sonntagsbeilage der Vossischen Zeitung. Sie war Nachfolgerin der von Lessing gegründeten Zeitschrift »Das Neueste aus dem Reiche der Witze« und eine hochachtbare Visitenkarte.

Die Ury hatte einen neuen Tagesablauf. Die vormals tote Zeit war prall gefüllt. Die Filetstickereien blieben unvollendet in der Ecke liegen. Die Tagträume starben dahin und belebten sich neu in Geschichten und Märchen auf dem Papier. Hatte sie früher täglich nach Zeitvertreib gehungert, so gierte sie jetzt nach freier Zeit. Mittags, wenn der Kaffee durch die Wiener Kaffeemaschine gelaufen war und Vater und Mutter sich zu einem Ruhestündchen zurückzogen, saß sie am Schreibtisch in ihrem Zimmer. Die Geschichten hatten schon bei der Hausarbeit am Vormittag Richtung bekommen; jetzt raste die Feder über das Papier. Es war so leicht und lustvoll, die lange gespeicherten Schreibenergien abzuarbeiten. Zu Hause erwähnte sie keinen Termindruck, wollte sich keine Nachlässigkeit bei ihren täglichen häuslichen Pflichten nachsagen lassen.

Darin ist sie den schreibenden Frauen früherer Jahr-hunderte verwandt. Unbewußt wiederholt sie das Verhalten vieler Generationen weiblicher Autoren: Der Haushalt, die Vielzahl unbezahlter, doch lebenserhaltender Tätigkeiten und die gesellschaftlichen Verpflichtungen werden in kürzester Zeit erledigt. Der Alltag steht scheinbar weiter an erster Stelle. Das Schreiben gilt als Pausenbeschäftigung zwischen Einkaufen und Essenszubereitung. Die Frauen begreifen sich selbst nicht als »berufstätig« und fordern von ihrer Familienumwelt keine Schonung. Die männliche Version sah zu allen Zeiten anders aus: »Nicht stören« stand da an der Tür des Arbeitszimmers. Psst, leise, der Vater, der Sohn, der Freund dichtet. Die liebende Ehefrau, Freundin, Mutter kommt auf Zehenspitzen ins Zimmer, stellt behutsam ein Glas Tee auf den Schreibtisch. Der Mann murmelt nur eben »Danke«, und sie schließt leise die Tür. Abends oder an Sonntagen tippt dann die liebende Ehefrau, Freundin, Mutter die Reinschrift für den Dichter. Die staunende Verwandtschaft erfährt umgehend, was für ein schöpferischer Kerl er doch ist.

Zurück zur Ury. Ihr wären Vergleiche mit dem männlichen Schreiballtag erst gar nicht in den Sinn gekommen. Sie schreibt die Reinschrift selber, und die Mischpoke* darf nichts davon wissen.

Jeden Donnerstag, wenn der Bote der Vossischen Zeitung klingelt, hat sie den Briefumschlag mit dem Artikel säuberlich beschriftet bereitgelegt. Dann beginnt die aufregendste Zeit. Wird der Bote zurückkommen? Wird er Korrekturen zur schnellen Durchsicht vorlegen, oder wird er gleich das Placet des Redakteurs zusammen mit dem vereinbarten Zeilenhonorar überbringen? Das Kribbeln in der Magengegend treibt sie immer wieder undamenhaft auf den Balkon. Der Bote kommt: keine Rückantwort nötig. Das Honorar notiert sie in ein extra angelegtes Büchlein. Sie ist freiberufliche Feuilletonredakteurin. Die Eltern sind zufrieden. Die Tochter ist gut gelaunt. Keine Migräne, kein Nervenfieber. Ihren Humor hat sie auch wiedergefunden. Ihre Geschichten sind harmlos und unbefangen. In der Familie lachen sie oft gemeinsam über ihre netten Einfälle und erinnern sich einiger Großonkel und Tanten, denen doch auch das Geschichtenerzählen im Blut lag.

Geschäftlich ging es in dieser Zeit mit der Tabakfabrik immer weiter bergab. Keiner wollte mehr die Spezialitäten der Fabrik, Schnupf- und Kautabak, haben. Die neuen Rauchergewohnheiten verdarben das Geschäft. Man rauchte Zigarren oder Zigaretten, Kauen und Schnupfen war fast ganz aus der Mode gekommen, und gesundheitsschädlich sollte es auch

*) Jiddisches Wort für Verwandtschaft.

sein. Dagegen konnte auch kein Ury etwas tun. Der Verdienst bei der Zeitung half über manchen Engpaß hinweg. Else Ury schrieb anonym und niemand in der Öffentlichkeit erfuhr davon.

Mehrere Jahre blieb Else Ury bei dieser Tätigkeit. Sie fuhr im Urlaub nach Krummhübel oder an die See, kletterte mit ihrem Bruder Hans die waghalsigsten Touren zur Schneekoppe hinauf, freute sich mit ihrer Schwester Käthe über das erste Kind und besuchte sie in Breslau, um das kleine Mädchen Lisbeth zu verwöhnen. Sie las mit ihrer Mutter die Neuerscheinungen der deutschen Literatur, ging ins Theater, in Konzerte und in die Oper. Hatte sie Freunde, Liebhaber, Verehrer? Liebte sie ihr Leben so, wie es war, oder sehnte sie sich nach einem anderen?

1902, vielleicht im Dezember, kurz nach der feierlichen Übergabe der Strecke, fuhren Vater und Tochter Ury zum ersten Mal mit der neuerbauten Untergrundbahn von Knie (heute Ernst-Reuter-Platz) bis Warschauer Brücke und zurück. Else hatte sich diese Fahrt sehnlichst gewünscht. Für Frauen war es nicht schicklich, ohne Begleitung Untergrundbahn zu fahren. Gingen sie einmal allein aus, nahmen sie stets eine Taxen-Droschke. Wie alle Berliner kosteten die Urys das Jahrhundertereignis aus. Eine solche Attraktion hatten nur noch London, Paris und Budapest vorzuweisen. Großartig! Die Linie 1. Man fuhr bequem in der ersten Klasse, die Fahrpreise waren gestaffelt, je nach Klasse und Entfernung von 15 bis 30 Pfennigen. Die Menschen saßen sich in Reihen gegenüber. Die Wagen der ersten Klasse waren durch Trennwände in Raucher- und Nichtraucherabteile unterteilt. Vater Ury fuhr selbstverständlich im Raucherabteil. Der Polsterstoff der Sitzbänke war gediegen gemustert. Man saß bequem und plauderte über den technischen Fortschritt. Ab Möckernbrücke wird die U-Bahn noch heute zur Hochbahn. Sie fuhren über Hallesches

Tor, Kottbusser Tor, Oranienstraße bis zur Endstation Warschauer Brücke in nur 22 Minuten, eine Strecke von über zehn Kilometern. Ein Wunder der Technik. Die Bremsen griffen sanft an den Haltepunkten, kein Rütteln und Rucken wie in den Vorortzügen. Der Vater erklärte ausgiebig die technischen Details, alle Daten und Fakten konnte er auswendig, und genoß das andächtige Staunen seiner Tochter. An der Warschauer Brücke stiegen einige rauhe Typen mit Schlägermütze zu. Else drängte dichter an den Vater heran. Solche Gesellen neben sich war sie nicht gewöhnt. Kreuzberg war ihr fremd. Das Gespräch mit dem Vater verstummte. Uniformierte Kontrolleure grüßten zackig und verlangten gebieterisch die Fahrausweise. Die Gruppe der Männer rückte zusammen. Vater Ury präsentierte ergeben seine Billetts. »Danke, mein Herr, danke ergebenst.« Die Uniformierten wandten sich an die Schiebermützen, forderten die Fahrkarten. »Erste Klasse koofen wir grundsätzlich nich, det fahren wir nur.« »Mitkommen!« Die Stimmen nahmen an Lautstärke und Schärfe zu. An der Station Hallesches Tor erlebte Else Ury, wie ein junger Arbeiter im kaiserlichen Deutschland wegen fünf Pfennig Bezahlung unter Tarif von einem Uniformträger ins Gesicht geschlagen, die ganze Gruppe wenig später aus dem Zug gestoßen und auf dem Bahnsteig von hier wohl ständig bereitstehenden Polizisten äußerst unfreundlich empfangen wurde. »Was müssen die Kerle auch in der Ersten Klasse sitzen«, kommentierte der Vater. Else wußte nicht, ob sie ihm zustimmen sollte. Aber das erwartete Herr Ury auch gar nicht. Die Tochter schrieb zwar im Kulturteil einer angesehenen Zeitung, aber von Politik verstand sie deshalb noch lange nichts. Das war und blieb Männersache.

Irgendwann bat der Redakteur der Sonntagsbeilage der Vossischen Zeitung das Fräulein Ury in sein Arbeitszimer. Er hatte ihr einen Vorschlag zu unterbreiten: »Schreiben Sie,

Fräulein Ury, schreiben Sie ein Buch«, sagte er anerkennend zu ihr. »Sie haben entschieden Talent dazu. Erzähltalent. Unsere Zeilen bieten viel zu wenig Raum zum Erzählen. Schreiben Sie ein Kinderbuch. Das verkauft sich heutzutage gut. Sie werden staunen, wieviel Erfolg Ihnen beschieden sein wird.« Die Ury sah ihn mit verschreckten Augen an. Konnte er Gedanken lesen, geheimste Wünsche erraten? Wie oft hatte sie sich in den letzten Jahren beim Schreiben der kurzen Geschichten gewünscht, einmal eine ganze Zeitungsseite zur Verfügung zu haben. Wie oft hatte sie die kleinen Geschichten zu längeren Erzählungen ausgeweitet, nur zum Spaß und für sich allein? Die direkte Aufforderung schreckte sie trotzdem. Sie war schon alt. 27 Jahre. Sie hatte kein Gymnasium besucht und auch sonst keine Ausbildung gehabt. Im Grunde war sie ungebildet und zum Heiraten zu alt. Hatte nicht neulich noch ihre Großmutter anzüglich aus der *Jungfrau von Orlean* zitiert? »(...) deine Schwestern machen Hochzeit (...) und du machst mir Gram und Schmerz.« War es nicht für solche Wagnisse zu spät? Für ein Leben in der Öffentlichkeit, ohne den Schutz von Vaterhaus und Privatheit? Noch hatte niemand ihr Pseudonym gelüftet. Was würde ihr Vater sagen? Mußte sie wieder ihren Namen verschweigen, sich einen anderen Namen geben? - Schriftstellerin werden. Ein verlockender Gedanke, der sie nicht mehr losließ.

1905 erscheint das erste Buch von Else Ury beim Globus Verlag in Berlin. Der Titel *Was das Sonntagskind erlauscht* läßt auf keine Sensation schließen. Doch er ist eine Sensation. Sonntagskinder sind christliche Kinder, denn jüdische haben am Sonntag kein besonderes Glück zu erwarten. Schon bei ihrem ersten Buch ist der Grundstein gelegt zu der verblüfften, tausendfach wiederholten Frage ihrer späteren Leserinnen: »Was, Else Ury war Jüdin?« Die nationalsozialistische Kinderbuchspezialistin Irene Graebsch wird noch 1942 warnend auf die

Zugehörigkeit Else Urys zur jüdischen Rasse hinweisen und die Eltern auffordern, doch endlich die Bücher dieser Frau aus den Bücherschränken herauszusäubern.

Doch zurück zum Jahre 1905. Was mag Else Ury bewogen haben, in keinem ihrer Bücher das deutsch-jüdische Milieu Berlins zu schildern? Damals gab es viele Autoren, die damit Erfolg hatten. Der Schriftsteller Georg Hermann veröffentlichte 1906 mit großem Beifall seinen Roman *Jettchen Gebert*, die Geschichte einer jüdischen Familie im Biedermeier. Wollte die Ury deutlich machen, daß die Juden im Berliner Westen nicht anders als die Christen lebten, daß es ihr um die Menschen und nicht um die Konfession ging? Oder liefen da manchmal noch die kleinen Jungen vom Ostseestrand durch ihre Träume? Wollte sie ihre Harmlosigkeit zurückholen?

Die Märchensammlung *Was das Sonntagskind erlauscht* wird noch 1927 bei Meidingers Jugendschriftenverlag aufgelegt. Da sind es schon 55 000 verkaufte Exemplare. Mit farbigem Leineneinband ist das Buch stilvoll aufgemacht. Ein Sternenhimmel, darunter ein Nikolaus, rechts und links von Weihnachtsbäumen umrahmt, hat einen Engel auf der Schulter und blickt väterlich auf zwei kleine Gestalten herab. Das Bild ist in den Einband eingeprägt, eine Technik, die Anfang des Jahrhunderts in Mode kam. Auch im Innenteil des Buches wird nicht gespart. Ein buntes Bild auf der ersten Seite zeigt in einer Wiege ein blondes Mädchen, das von einer Engelsfrau liebevoll zugedeckt wird. Ein unverkennbar christliches Buch, sicher auch als Weihnachtsgeschenk bestens geeignet. Das Sonntagskind - vielleicht ist es die Ury selbst in ihren Tagträumen? - ist ein glückliches Kind, von der Märchenfee bei der Geburt mit einem Schleier verzaubert. Wind, Sand, Sterne, Vögel, Feuer und Schnee erzählen dem Sonntagskind die schönsten Geschichten. Die darf es weitererzählen, damit sich alle Kinder der Welt daran erfreuen.

Nach dieser programmatischen Einleitung wird in 38 Geschichten auf über zweihundert Seiten erzählt, wie Kinder sich gut und richtig verhalten sollen. Streitende Geschwister bekommen zu Weihnachten eine Rute, unordentliche Mädchen werden von Zigeunern verschleppt, durch das rührende Abendgebet eines Kindes wird eine weiße Missionarsfamilie vor dem bösen Hererostamm gerettet, der Mohr aus dem Struwwelpeter ist wieder einmal das warnende Beispiel, daß tägliches Waschen lebensnotwendig ist, und die Naschhaftigkeit führt allemal zu ganz schrecklichen Ergebnissen. Aus arm wird reich, wenn die Taten edel und gut sind. Die Familie ist der sichere Hort, in der das Kind, behütet und geliebt, die menschlichen Tugenden erlernt. Die Geschichten sind im Ton von Märchen, als zeitlose Erfahrungen geschrieben und doch engstens an die zeitgemäßen Erziehungsvorstellungen angelehnt.

Nach dem ersten Erfolg im Globus Verlag warb bereits der Lektor eines anderen Berliner Verlages, Meidingers Jugendschriften, um das neue Talent. »Schreiben Sie, gnädiges Fräulein, schreiben Sie weiter. Wählen Sie ein Thema. Der Erfolg, Fräulein Ury, ist der Vater aller Erfolge.« Es könnte sein, daß die Ury schon länger ein Thema mit sich herumtrug, daß Mut erforderte. Es könnte sein, sie hat dem Herrn freudig erregt geantwortet: »Ja, ich habe ein Thema. Frauenstudium. Interessiert Sie das?« Und der Herr vom Verlag hat dröhnend gelacht, sich den Kaiser-Wilhelm-Bart gezwirbelt und wohlgefällig genickt. »Sehen Sie, gnädiges Fräulein, das ist ein Thema, was wir uns schon lange wünschen. Schreiben Sie, unser Verlag wird sich glücklich schätzen, Sie mit einem so heiklen wie modernen Thema präsentieren zu dürfen.«

Studierte Mädel, eine Erzählung für junge Mädchen, ist 1906 fertig. Das Buch ist elegant gebunden, wie der Verlag werbend

STUDIERTE MÄDEL
von
ELSE URY
Rosenstand

hervorhebt. Jedes der fünfzehn Kapitel beginnt mit Buchstabenornamenten. Ein Prachtexemplar der Jugendstilzeit aus einem renommierten Verlag. Die Presse berichtete wohlwollend. Ein modernes Buch, aber keine hetzerische, neumodische Streitschrift streitsüchtiger Frauen. Ein sympathisches Buch, das jedem jungen Mädchen bedenkenlos in die Hand gegeben werden kann.

Hilde, die junge Heldin des Romans, ist das Nesthäkchen einer Augenarztfamilie mit zwei älteren Brüdern. Sie ist lebhaft, aufbrausend, fröhlich und unbekümmert, faul in der Schule, stets zu Streichen aufgelegt und liebt, wie könnte es anders sein, die deutsche Literatur. Selbstverständlich sieht sie liebreizend aus, hat rehbraune Augen und hellbraune Locken (noch nicht so gnadenlos blond wie später das Nesthäkchen Annemarie Braun, mit der sie sonst einige Ähnlichkeit hat). Ihre Freundin Daisy, eine Deutsch-Amerikanerin, ist Vollwaise und wird bei adelsstolzen Verwandten lieblos aufgenommen. Sie ist die Vernünftige, Fleißige, Tüchtige in der Freundschaftsbeziehung, muß es sein, denn die ungünstigen Verhältnisse erzwingen diese Tugenden. Beide Mädchen haben es sich in den Kopf gesetzt, das Gymnasium zu besuchen, eine Einrichtung, die in Berlin für Mädchen erst wenige Jahre vorher entstanden war. Der Vater von Hilde, ein gutmütiger, konservativer Mann, hält eigentlich nichts von studierten Frauen, die Mutter aber findet, daß die Mädchen auf dem Lyzeum »blutwenig« gelernt haben, und sie als gebildete Frau setzt den Wunsch der Tochter behutsam beim Vater durch. Kaum haben die Mädchen die Aufnahmeprüfung zum Gymnasium bestanden, beginnt der Konflikt. Daisy begegnet im Hause der Freundin einem jungen Arzt, zu dem sie sich stark hingezogen fühlt. Dieser findet am Frauenstudium eigentlich nichts Schlechtes, ist aber überzeugt, ein studiertes Mädel könne nicht lieben. Studium gehe immer auf Kosten des Gefühlslebens. Dieses harte Urteil verletzt Daisy tief und sie beschließt, für immer auf eine Ehe zu verzichten und ihr Studium ernsthaft zu betreiben. Hilde, sorgloser und in der Familie behütet, sieht die Alternativen nicht so scharf. Ihr Konflikt liegt anders. Sie schwärmt heimlich für den Schwarm aller Schülerinnen, den Mathematiklehrer. Aber sie will ihre Gefühle nicht zeigen und spielt den Trotzkopf. Der Mathematiklehrer wiederum fühlt sich zwar stark zu Hilde hingezogen, spielt aber den strengen Lehrer, um sich nicht zu verraten. Bisher hat Hilde ein sorgloses Leben geführt und kokettiert gern mit ihrer Trotzkopfhaltung. Der plötzliche Tod ihres Vaters bringt eine tiefgreifende Veränderung in ihr Leben. Hilde ist entschlossen, sich eine eigene Existenz aufbauen, und beginnt, gemeinsam mit ihrer Freundin, ernsthaft ein Medizinstudium. In Berlin können bis 1908 Frauen nur mit Sondergenehmigung des Rektors der Universität studieren. Erst zwei Jahre nach Erscheinen des Buches hebt Berlin als letzte unter den Universitäten im deutschen Reich die Immatrikulationsbeschränkung für Frauen auf. Hilde und Daisy gehen im zweiten Semester nach Heidelberg, das keine Sperre für weibliche Studenten mehr kennt. Die Freundinnen wohnen in einer Studentenbude, treffen sich mit Kommilitonen am Wochenende, gehen wandern und lernen eifrig. Hilde ist bald eine geachtete Fechterin, während Daisy lieber Tennis spielt. In den Ferien kommt dann die Wende: Bei einer Bergwanderung trifft der Mathematiklehrer unverhofft ein, rettet Hilde im Schneesturm aus einer Gletscherspalte und verlobt sich noch am gleichen Abend auf der Hütte mit seiner früheren Schülerin. Das Eheglück ist geschmiedet und »Hilde hängte ihre Bücher an den Nagel und wurde ein umsichtiges Hausmütterchen«. Der erste Sohn heißt Hans. Elses Bruder wird sich gefreut haben.

Und Daisy? Daisy wird Ärztin. Doch die alte Liebe zu dem Freund aus Schülertagen ist nicht vergessen. Schließlich arrangiert Hilde, daß Daisy bei ihm in der Kinderklinik eine Assistentenstelle bekommt. Da passiert, was Hilde gehofft hat. Tief gerührt von dem mütterlichen Verhalten seiner Kollegin gegenüber den kranken Kindern vergißt der junge Arzt seine Vorurteile über studierte Frauen und schließt sie in seine Arme. Die sentimentale Schlußszene hat eine Besonderheit. Daisy muß kein umsichtes Hausmütterchen werden: »Nicht nur mein geliebtes Weib wirst Du mir sein, Daisy, Du sollst mir auch die treue Gefährtin im Beruf sein. Nicht nur auf Liebe, auf gemeinsamer Arbeit gründen wir unsern Bund.« Ein bemerkenswerter Schluß in einem Trivialroman zu Beginn des Jahrhunderts. Gern würden wir nun erfahren, wie »ein Leben als Gefährtin im Beruf« aussah. Aber darüber schweigt Else Ury. Keines ihrer 37 weiteren Bücher enthält Hinweise auf eine partnerschaftliche Ehe. Nesthäkchen und alle anderen weiblichen Figuren werden ihre »Bücher an den Nagel hängen«, werden das glückliche Hausmütterchen sein, das dem schwer geplagten Ehemann die Sorgenfalten sanft vor der Stirn streicht. Das Thema »Gefährtin im Beruf« kommt nicht mehr vor. Ein tief versteckter Wunschtraum der Ury? Eine unerlaubte Illusion?

Bemerkenswert an diesem ersten Roman ist auch die Darstellung von Daisys adeligen Verwandten. Die Tante ist dumm, faul und ohne jeden Geschmack. Der Onkel ist schwach, aber gutherzig. Das Mädchen muß in dem Hause alle klassischen Qualen einer Waise durchstehen, frei nach Aschenputtel. Die dumme und obendrein noch häßliche Tochter soll an einen Mann aus altem Adelsgeschlecht verheiratet werden. Liebesheirat gilt als bürgerlich, dem Adel unangemessen. Doch der Bräutigam erweist sich als Betrüger, luchst dem Onkel einige tausend Goldmark ab und verschwindet auf Nimmerwiedersehen. Die Ury findet harte Worte für die Adelsfamilie: beschränktes Protzen, hochmütige Beschränktheit, geiziges Feilschen, hartherziges Tun. Die Tante bläht sich auf wie ein Pfau, die Tochter schnattert wie eine Gans. Den Mädchen aus den bürgerlichen Familien wird diese Karikatur einer adeligen Sippe viel Spaß gemacht haben.

Die winzige, aber einflußreiche Schicht des Adels war in Berlin häufig Gegenstand des Witzes. Trotzdem wäre man doch gerne selbst geadelt worden! Das Bürgertum, reich nicht nur an Kapital, sondern auch an geistigen Größen - Professoren, Ärzten, Wissenschaftlern, Verlegern, Künstlern, Theatermachern -, war politisch schwach, und viele drängelten sich unterwürfig zum Thron des deutschen Kaisers. Um so mehr gehörten Satiren und Witze über die Dummheit des Adels zum guten Ton. Else Ury hat dieses Zeitkolorit genutzt. In späteren Büchern schlägt sie solche harten Töne nicht mehr an. Immer aber gibt sie dem soliden, bürgerlich-beschaulichen Milieu den Vorzug gegenüber dem adligen Luxusleben.

Studierte Mädel machte Else Ury in der Öffentlichkeit bekannt. Auch erwachsene Frauen lasen die Abenteuer von Hilde und Daisy gern und ließen sich von den Ereignissen zu Tränen rühren.

Was wird die eigene Mutter, die anspruchsvollere Lektüre gewohnt war, zu dieser Erzählung gesagt haben? Und wie wird die Ury selbst die Kluft zwischen dem, was sie als Lektüre schätzte, und ihrem eigenen Schreiben empfunden haben? Hat sie sich ihre pädagogischen Absichten zugute gehalten? Hat sie ihr Schreiben deshalb gar nicht mit literarischen Ansprüchen in Verbindung gebracht? Sie schrieb doch ausschließlich für Kinder und für die Jugend und legte immer sehr genau fest, welcher Altersstufe und welchem Geschlecht welches Buch angemessen war. Später, als ihr Neffe Klaus als zwölfjähriger Gymnasiast *Nesthäkchen* oder die Serie von *Professors Zwillinge* aus dem Bücherschrank nahm, um in den Ferien bei seiner Tante zu schmökern, ermahnte sie ihn unmißverständlich, sich doch geistig höher stehender Lektüre zu widmen und verwies auf die passenden Autoren, z.B. Goethe oder Grillparzer. Jedes Alter hatte seinen Bildungsstandard und sein Leseniveau. Das wird ihre Auffassung gewesen sein - bescheiden und realistisch zugleich. Und diese Meinungen über Kinder- und Jugendliteratur waren damals weit verbreitet. Die Hauptsache bei diesen Büchern war die pädagogische Botschaft, nicht der literarische Stil. Die Courts-Mahler, die Marlitt und die Eschruth wurden von gebildeten Frauen belächelt, die Trivialromane in der Gartenlaube mußten für viele Witze herhalten und galten in gebildeten Kreisen als unschickliche Lektüre. Die Mädchenbücher aber konnten getrost von der flachesten Art sein, wenn nur der Inhalt die passenden Tugenden bot. Auch sprachlich bildete *Studierte Mädel* von Else Ury da keine Ausnahme. Bemüht einfache, mit Naturbildern und Burschenschaftsjargon angereicherte Sprache galt als durchaus angemessene Form für junge Mädchen. Und die inhaltliche Lösung? Das Thema Frauenstudium war gewiß mutig gewählt. Aber: Hilde, das studierte Mädel, zögert doch keinen Moment, ihr Berufsziel aufzugeben, als der richtige Mann in ihr Leben getreten ist. Die Freundin Daisy aber will wohl nur studieren, weil sich kein passender Mann finden läßt. Beruf und Bildung erscheinen nur als Ersatzhandlungen der Frauen, die ihre eigentliche weibliche Berufung noch nicht wahrnehmen können. Als Daisy endlich den Schwarm ihrer Mädchenträume gefunden hat, heiratet auch sie. Das Happy End ist gefunden. Immerhin ist selbst eine Studierte zur Erfüllung des Frauendaseins fähig. Dieser Moral sind auch die späteren Bücher der Ury verpflichtet. Zwar versuchen ihre jungen Heldinnen, ihr Interesse auf Ausbildung und Beruf in den Jugendjahren durchzusetzen, manchmal auch unter heftigen Kämpfen gegen unverständige Väter, doch die eigentliche Bestimmung der Frau, Ehe und Familie, werden nicht ernsthaft in Frage gestellt.

Else Ury hat ihre Lebensweise als ledige Frau niemals öffentlich propagiert, ebensowenig wie das die anderen Mädchenbuchautorinnen ihrer Zeit taten. Doch soll daraus nicht voreilig der Schluß gezogen werden, daß sie eine mit ihrem realen Leben unzufriedene Frau war, die nur in ihren Romangestalten das erwünschte Glück verwirklichte. Die Frauenliteratur des 19. Jahrhunderts kennt viele Beispiele, in denen die Autorinnen den konventionellen Lebensmustern die Treue hielten, die Schriftstellerinnen selbst aber über die Konventionen hinausgewachsen waren. Vielleicht war das Schreiben für die Öffentlichkeit bereits ein solcher Bruch des Gewohnten, daß die Frauen keine Möglichkeit sahen, den gesellschaftlich anerkannten Vorstellungen auch noch inhaltlich zu trotzen.

29 Jahre. Ledig. Schriftstellerin. Wohnhaft im Hause der Eltern. Eine höhere Tochter und doch keine mehr. Else Ury bestritt durch ihre Honorare einen Teil der Haushaltsausgaben. Allein von den Zinsen der Wertpapiere, die der Vater in gute Zeiten erwarb, konnte die Familie den gewohnten Lebensstandard nicht halten. Die Tabakfabrik war in Konkurs geraten. Der Vater hatte darüber seine gute Laune nicht verloren. Er war einundsiebzig, immer noch unternehmungslustig, nur das Herz wollte manchmal nicht mehr so recht. Die Mutter war 59 Jahre. Äußerlich eine typische Berliner Matrone, dick und behäbig, doch geistig hellwach, an allen literarischen Neuerscheinungen interessiert. Sie besuchte mit ihrer Tochter eifrig Oper und Theater. Der geliebte Bruder Hans führte unweit der Wohnung seine Arztpraxis. Er war wie Else unverheiratet und lebte im Elternhaus. Manchmal litt er unter heftiger Traurigkeit und zog sich ganz in sich zurück. Ludwig, der Älteste, hatte unlängst in der Neuen Synagoge in der Oranienburger Straße mit allem Pomp geheiratet. Schwester Käthe lebt mit ihrem Ehemann, Baurat Heymann und den zwei Töchtern in Breslau. Alles war wohl geordnet. Man fuhr wieder einmal per Bahn ins Riesengebirge in die Sommerfrische, um dem staubigen, heißen Straßen Berlins zu entkommen.

Else Ury ist inzwischen eine Person des öffentlichen Lebens geworden. Ihr Bild war mehrmals in der Zeitung zu sehen. Ab jetzt ist selbst die Fahrt in den Urlaub keine reine Privatsache mehr. Da gibt es immer einen, der sie erkennt. Ahnungslos steht sie mit ihrem Bruder auf dem Gang der ersten Klasse und genießt den Blick auf die vorbeiziehende Landschaft, plaudert, schmiedet Pläne für die Wanderungen. Nicht weit entfernt mag ein Ehepaar gestanden haben, auch aus Berlin vielleicht. Der Herr tuschelt mit der Gemahlin, schaut zu den Geschwistern, murmelt, so daß es kaum zu hören ist: »Es reicht nicht, daß sie Jüdin ist, sie muß auch noch Bücher schreiben.« Die Urys ziehen sich ins Abteil zurück, schweigen. Rote Flekken der Erregung brennen am Hals. Hat der Mann das wirklich gesagt, oder war es nur ein Trugbild? Die Geschwister pres-sen sich vor den Eltern heitere Worte ab, verdrängen schweigend das Gehörte. In der Pension in Krummhübel, spät abends, starrt Else in den Spiegel über der Waschschüssel, betrachtet ihr Spiegelbild, wendet den Kopf, sieht im Profil die große Nase, die scharfen Züge, wenn sie die Locken aus der Stirn streicht. So sieht sie also aus, so unverkennbar jüdisch. Ihr Gesicht kann sie nicht verwandeln, nicht verstecken. Damit muß sie leben, und meist lebt es sich gut. Die Leute sollen sich um ihre eigenen Angelegenheiten kümmern und jeden nach seiner Façon selig werden lassen. Was wollen die eigentlich von ihr?

Auch in der Sommerfrische schreibt sie. Die Verlage drängen. Märchen und Erzählungen für Kinder sind in Mode gekommen. Inzwischen hat sie nicht nur zum Globus-Verlag, zur Union Deutsche Verlagsgesellschaft und zu Meidingers Jugendschriftenverlag Kontakt, auch Mädchenzeitschriften bitten um Vorabdrucke ihrer Erzählungen. »Das Kränzchen«, eine Mädchenzeitschrift im Typ der modernen Illustrierten, wird besonders in Großstädten gern gelesen. Hier werden

Fortsetzungsgeschichten abgedruckt, einfache Anleitungen zu häuslicher Arbeit gegeben und in populärer Weise technische und wissenschaftliche Neuerungen dargestellt. Schon 1909 erscheint dort die Backfischgeschichte *Vierzehn Jahr und sieben Wochen* von Else Ury. In den nächsten Jahren wird sie die beliebteste Hausautorin. Das Schreiben macht ihr Spaß. Es bedeutet Lustgewinn, und vom materiellen Gewinn kann man es sich in Krummhübel wohl sein lassen. Sie klettert bis zur Erschöpfung in die Berge, genießt die langen Wanderungen und Gespräche mit dem Bruder. Schmeichelhaft auch die Besucherkinder, die artig klopfen und ihr Buch signieren lassen wollen. Man erzählt sich dann im Dorf: »Die Ury hat mir sogar die Hand gegeben« und ist stolz auf ein freundliches Wort von ihr. Die Anerkennung der Kinder ist ihr die schönste Belohnung.

1908 erscheint *Goldblondchen*, ein Märchen- und Erzählband für Kinder. Für diesen Band erhält sie später eine öffentliche Anerkennung durch die Jugendschriftenwarte. Bis zum Kriegsausbruch 1914 schreibt die Ury fünf weitere Bücher: *Baumeisters Rangen*, angelehnt an die Alltagswelt in der Familie ihrer Schwester in Breslau, die sie häufig besuchte; *Dornröschen; Babys erstes Geschichtenbuch; Kommerzienrats Olly; Das graue Haus* und eine Sammlung von Mädchengeschichten unter dem Titel *Huschelchen*.

Allen Bänden ist ein gewisser Humor eigen, verbunden mit teils geschickten, teils penetranten Belehrungen über die erstrebenswerten Tugenden kleiner Mädchen: Ordnung, Sauberkeit, Fleiß, Gehorsam, Pflichterfüllung. Immer wandelt sich da eine Kleine vom liederlichen, unordentlichen, vergeßlichen, schmutzigen und huscheligen Mädchen in ein ordentliches und sittsames. Aus schwarz wird weiß, aus braun wird blond. Die Liebe der Eltern und Erzieher und die bittere Lebenserfahrung bringen die Wandlung hervor. Und meist wird auch noch nach allen Regeln deutscher Gemütlichkeit Weihnachten gefeiert, »Stille Nacht« gesungen und den Ärmsten werden liebe Gaben gebracht. Wenn es ganz dick kommt und die Not am größten ist, greift auch mal der Kaiser ein und hilft einem armen, aber fleißigen Kind aus der Patsche. Heile Welt!

Das Fräulein Ury wurde in diesen Jahren eine wohlhabende Frau. Da mußte auch ein Konto angelegt werden. Lange wird man sich im Hause Ury beraten haben. Sollte das Geld weiter auf dem Konto des Vaters liegen, sollte der Bruder als Sachwalter einspringen? Oder wollte man wirklich dazu übergehen, ein lediges Fräulein eigenverantwortlich Geldgeschäfte tätigen zu lassen? War das überhaupt rechtens? Was sagte das Bürgerliche Gesetzbuch dazu? Der Bruder Ludwig wurde zu Rate gezogen. Sicher doch, war die Auskunft, ob Mann oder Frau, jeder volljährige Mensch ist geschäftsfähig. So wurde beschlossen, daß der erfahrene Bruder die Schwester zur Kontoeröffnung begleiten sollte.

Bahnhof Halensee, Kurfürstendamm. Commerzbank. Eine kleine, füllige, elegant gekleidete Dame und ein nicht minder eleganter Herr betreten an einem Morgen die Bankfiliale. Der Herr scheint den Bediensteten wohl bekannt, man grüßt, die Dame wird vorgestellt, die Herrschaften werden ins Chefkontor gebeten. Der Herr Direktor läßt bitten. Die wenigen Formalitäten zur Eröffnung eines Kontos für Sparzwecke sind schnell erledigt. Es folgt ein Dialog, wie die Ury ihn in ihren Büchern so gern schreibt:

»Darf ich Ihnen, gnädige Frau, noch eine wohlgemeinten Rat geben?«

»Selbstverständlich gern, mein Herr.«

»Ich möchte Ihnen in Ihrem wohlverstandenen Interesse raten, das Geld nicht in Gänze auf einem Konto zu lassen, was wir Bankleute »Giralkonto« nennen. Bei Ihren hervorragenden Erfolgen ist es in der Tat angebracht, das Kapital in Wertpapieren anzulegen. So wird es sich mit Zins und Zinseszinsen vermehren. Überlegen Sie mit ihren Herren Brüdern diese Möglichkeit. Ich werde Sie immer gern beraten.«

»Daran habe ich auch schon gedacht.«

»So, das trifft sich gut. Haben Sie vielleicht bereits ein bestimmtes Ziel, gnädiges Fräulein, wenn ich fragen darf?«

»Sicher doch. Ein langgehegter Wunsch, ein Ferienhaus in Krummhübel. Wenn ich irgendwann einmal soviel Geld haben werde, daß ich mir das leisten kann, dann soll das unser aller Ferienparadies sein.«

Die Frau hat sich in Begeisterung geredet. Jetzt öffnet sie umständlich ihr Handtäschchen, nimmt ein Taschentuch heraus und tupft ihre sprechfeuchten Lippen.

»Ja, Else, das ist wirklich ein großartiges Vorhaben. Von diesen Träumen weiß ich ja rein gar nichts.«

Der Bankdirektor lacht wohlgefällig.

»Frauen haben eben ihre Geheimnisse, und wenn es die eigene Schwester ist.«

Die Unterredung ist nach ein paar Floskeln beendet.Die Geschwister verabreden, diese erfolgreiche Unternehmung im neueröffneten Kaufhaus des Westens am Wittenbergplatz mit einer Tasse Schokolade zu krönen. Die Droschke fährt den Kurfürstendamm hinunter. Zum KaDeWe, einem Prachtbau mit Gärten, Palmenhaus, Aquarien mit lebenden Hummern und Krebsen, Lichtsäulen und breiten, samtbezogenen Treppen. Ludwig und Else genießen in vollen Zügen den schönen Schein des weltstädtischen Kaufhauses, trinken im behaglichen Café Wiener Kakao mit Schlagobers und phantasieren ein Ferienhaus in die Zukunft.

1913 erfährt Else Ury zum ersten und einzigen Mal eine offizielle Anerkennung ihrer Schriftstellerei. Die Jugendschriftenwarte empfahl ihr Märchenbuch *Goldblondchen* als lesenswert für die dritte Klassenstufe. Die Jugendschriftenwarte war das offizielle Organ der Vereinigten Deutschen Prüfausschüsse für Jugendschriften. Sämtlichen Lehrerzeitschriften des Reiches und den Büchereiinformationen wurde das Mitteilungsblatt beigelegt. Die Ury wird sich, gemeinsam mit ihrem Verleger, über diese Auszeichnung gefreut haben, standen doch zu dieser Zeit die kinderbuchschreibenden Frauen in Verruf, massenhaft talentlosen Kitsch zu produzieren. Häufig wurde den Frauen auch unterstellt, mit dem Schreiben allein ihre sexuelle Unbefriedigtheit zu kompensieren, womit denunziatorisch das Todesurteil über die Qualität der Bücher gesprochen war. Else Urys Vorgängerinnen, etwa Clementine Helm mit *Backfischchens Freuden und Leiden*, Thekla von Gumpert mit ihrem *Töchteralbum* oder Emmy von Rohden mit *Trotzkopf* und den Folgeromanen wurden von der Fachliteratur einhellig als kitschig und für die heranwachsenden Mädchen als schädlich verurteilt, was ihrer Verbreitung aber keinen Abbruch tat. So ist es auch nicht erstaunlich, daß im ganzen Jahr 1913 Else Ury die einzige Frau war, die in den Titeln der empfohlenen Büchern auftauchte. Nicht mit ihrem Buch *Studierte Mädel*, das unter das gleiche vernichtende Diktat der Jury gefallen wäre, sondern mit einem Märchenbuch. In der Aufstellung der empfohlenen Bücher wurden die Voten der Kommissionsmitglieder benannt. Ansonsten nahm die Redaktion gewöhnlich keine Stellung zu den geprüften Werken. Unter thematischen Schwerpunkten wie »Friedrich der Große im Jugendbuch« oder »Natur im Jugendbuch« stellte sie wichtige Bücher ausführlich vor und benannte Erfahrungen im Umgang mit der Lektüre in der Schule. Einen breiten Raum nahm in der Zeitschrift die Streitfrage ein: Was ist eigentlich ein gutes Jugendbuch? Es scheint seit der Gründung der Jugendschriftenwarte durch Heinrich Wolgast in dieser Frage eine Fülle von Fraktionierungen gegeben zu haben. Die Entscheidung war schon damals schwierig und rief die heftigste Polemik auf den Plan. Der Geschmack der jungen Leserinnen und Leser spielte bei den Kritikern selbstverständlich keine Rolle. Sie sollten belehrt und mit literarisch Wertvollem bekannt gemacht werden.

Goldblondchen ist - ähnlich wie ihr erstes Märchenbuch - mit farbigen Bildern und Ornamentbuchstaben liebevoll aufgemacht. Märchen sind, so erzählt die erste Geschichte, die wichtigste Nahrung für Kinder. Ohne sie können Kinder nicht menschlich leben. Eine einfühlsame Wahrheit, die später in der Psychoanalyse, insbesondere von Bruno Bettelheim, wissenschaftlich erläutert werden wird. Else Ury konnte solche Überlegungen nicht kennen. Sie hat sie unbewußt und naiv in phantasievoller Weise Kindern nahegebracht. Schon in *Goldblondchen* hat sie ähnliche Gedanken an den Anfang gestellt, hier werden sie sehr viel gekonnter und ohne die übliche platte Moral entwickelt. Wieder sind es die Freuden und Leiden des Kindseins, die im Mittelpunkt der Geschichten stehen. Die kleinen Verstöße gegen die unumstößlichen Tugenden Ordnung, Fleiß, Sauberkeit. Den Mädchen und Jungen wird mit Urys Erzählungen jedoch keine Angst eingeflößt, es werden keine Drohungen ausgestoßen, wie die herrschende Pädagogik es weitgehend für richtig hielt. Vielmehr sind beharrliche Fürsorge, liebevolle Zuneigung und das positive Vorbild der Eltern die Kräfte, die die Kinder auf den richtigen Weg bringen. Da wirkt es wie ein gewolltes Kontrastprogramm, wenn in der gleichen Lehrerzeitschrift begeistert ein Urteil der 2. Strafkammer des Landgerichts III in Berlin zitiert wird, das die Züchtigung mit dem Rohrstock als richtig und angemessen beurteilt, auch wenn Striemen zurückbleiben. Im gelobten Urteil heißt es: »Andernfalls wäre eine körperliche Züchtigung mit einem Rohrstock, durch die Schmerz verursacht werden soll ... gar nicht durchführbar. Auch die Zahl der Schläge (8 bis 10) und ihre Heftigkeit konnten im vorliegenden Falle eine Gesundheitsschädigung nicht herbeiführen, da sie lediglich gegen Teile des Körpers geführt wurden, die durch ihre natürliche Beschaffenheit zur Anbringung der Schläge geeignet waren.«

Vom Prügelurteil, das die Lehrerzeitschrift als Erleichterung und Klarstellung der täglichen Praxis in der Schule bezeichnet, zurück zur Ury. In ihren Büchern tauchen Prügel als Mittel der Erziehung sehr selten auf. Bei *Nesthäkchen* wird einmal eine Rute erwähnt, ansonsten sind die Strafen anderer Natur: ernste Ermahnungen, Verbot beliebter Ausflüge, Entzug der Süßspeisen, das Verbot, ein Kinderfest zu geben.

Im Feuilleton der Königlich privilegierten Berliner Zeitung, einer Sonderausgabe der Vossischen Zeitung, erzählt Else Ury im Dezember 1910 unter dem Titel »Mutterfreuden« eine bezeichnende Geschichte: Ditta, der Sohn von Bruder Ludwig, kommt nach der Geburt der jüngsten Schwester zu Tante Else. Er ist drei Jahre und fährt gern zu ihr. Die Ury stellt in witziger Weise dar, wie in wenigen Besuchsstunden ihre eigene Theorie »Konsequent muß man einem Kind gegenüber sein« in der Praxis Schiffbruch erleidet. Sie erzählt, wie sie dem Charme des kleinen Jungen erliegt, der sie bis zum späten Abend und morgens bereits in aller Frühe mit seinem Geplapper, seiner nicht rastenden Aktivität und den nie endenden Warum-Fragen in Atem hält. Sie beschreibt, wie der Junge von ihrem Zimmer Besitz ergreift, aber großmütig der Tante erlaubt, auch dort zu sein. Tief beeindruckt erlebt sie, daß der Junge eigentlich ihr Erzieher ist und nicht sie der seine. Er ist, wie sie sagt, ihr kleiner Pestalozzi. Ungeschminkt und mit feiner Beobachtungsgabe schildert sie den Besuchsalltag mit einem lebhaften Kind und verschweigt nicht, daß so ein kleiner Kerl auch ziemlich anstrengend sein kann. Sicher hätte im kaiserlichen Deutschland mancher Pädagoge diesem Artikel der Ury klare Rezepte entgegengehalten, wie man mit Strenge und Konsequenz einen Jungen bändigt. Der Struwwelpeter hatte in den Kinderbüchern damals unzählige Epigonen.

Anfang 1914 erschien ein neuer Jugendroman *Das graue Haus* in der Kränzchen-Bibliothek der Union Deutsche Verlagsgesellschaft. Die Geschichte scheint beliebt gewesen zu sein, denn der gleiche Verlag brachte 1928 die 21. Auflage heraus. Auch *Studierte Mädel* wurde in der Kränzchen-Bibliothek 1928 unter dem Titel *Studierte Mädel von heute* in der 25. Auflage angeboten. Die Ury, bei allem Humor ein bißchen sentimental, was ihre Jugend und ihre Freundinnen angeht, hat sich in der Kränzchen-Reihe sicher gut aufgehoben gefühlt. Der Name rief lieb gewordene Erinnerungen an die Kränzchen-Nachmittage mit den Schulfreundinnen in ihr wach.

Im Frühsommer 1914 hatte sie noch ein weiteren Erzählband mit dem Titel *Huschelchen* fertig.

Unter den Jugendromanen, die Else Ury bis zum Ersten Weltkrieg schrieb, ist *Das graue Haus* einer der wenigen mit deutlich autobiographischen Hinweisen. Lang, lang ist' s her, läßt die Ury den Roman beginnen und berichtet, daß die Ich-Erzählerin die Freundin und Kränzchenschwester der drei beschriebenen Mädchen ist und ihren Lebensweg aus der Nähe miterlebt hat. Die Moral der traurigen Geschichte der drei Waisen steht bereits am Anfang: Heute sind sie glückliche Frauen und zärtliche Mütter, die ihre Kinder mit all der Liebe umgeben, die sie selbst in ihren Mädchenjahren entbehren mußten. Die Schwestern, 15, 14 und neun Jahre alt, kommen nach dem Tod der Eltern zu einem Großonkel. Er heißt Grimm, und sein Name ist Programm. Er ist hartherzig und geizig, schindet die Mädchen, tadelt sie ständig und gönnt ihnen keine Freude. Überdies verbietet er ihnen jeglichen Kontakt zu den Verwandten des verstorbenen Vaters, der als leichtlebig und verantwortungslos gilt. Die drei Schwestern müssen sich der Strenge des Onkels fügen, aber ihnen gelingt es, durch liebevolles und verständiges Verhalten den Starrsinn des alten

Herren zu brechen und seine Zuneigung zu gewinnen. Ilse, die fröhliche und unbeschwerte Freundin der Schwestern, aus einer heilen Familie kommend, kann die Liebe und Zuneigung, die sie täglich erfährt, an die armen Waisenmädchen weitergeben. Offensichtlich hat Else Ury selbst bei der Charakteristik dieser Ilse Pate gestanden. Sie dichtet holprig-gereimte Schlittenlieder, liebt die Literatur und ist, wie Else Ury, so klein, daß sie zu ihrem Bedauern selbst mit 16 Jahren nur auf Zehenspitzen an die Türklingel herankommt. Sie tanzt für ihr Leben gern, hat zwei ältere Brüder, fährt im Urlaub ins Riesengebirge und geht in die Selecta des Lyzeums; hier heißt sie Liesen- und nicht Luisen-Schule. Ilses Familie, das »fröhliche Schwalbennest«, und insbesondere die Mutter spielen als Zufluchtsort und Helfer in der Not eine wichtige Rolle. Hier dürfen die familienlosen Kinder ein wenig vom Glück einer intakten Familie erfahren. Deutlich wie selten in ihren Büchern formuliert die Ury ihr Selbstverständnis als unbeschwertes, glückliches Kind, das die Liebe, die es zu Hause überreichlich erfährt, an andere weitergeben kann. Wer geliebt wird, kann weniger Glücklichen in ihrem Leben beistehen. Das ist die immer wiederholte Lehre des Backfischromans.

Die Erzählung vermittelt auch einen deutlichen Einblick in Urys gesellschaftliche Vorstellungen. Mit naivem Standesbewußtsein wird eine der schlimmsten Gemeinheiten des Großonkels Grimm geschildert: Eine der Schwestern muß als Hausangestellte ihr Geld verdienen, obwohl der Onkel ein reicher Mann ist. Hausangestellte sein aber kränkt die Ehre des Mädchens auf das Äußerste. Als sie dann noch Trinkgeld bekommt, weist sie es empört zurück und ihr Stolz ist zutiefst verletzt. Doch nicht die wirklich beklagenswerte Lage der weiblichen Hausangestellten steht zur Debatte. Diese Situation wird gar nicht in Frage gestellt. Einzig empörend erscheint der Ury, daß ein Mädchen von Stand solche niedrige Arbeit zu tun

Nesthäkchen und der Weltkrieg

Eine Erzählung
für Mädchen von 8-12 Jahren

von

Else Ury

Illustriert von
Professor R. Sedlacek

146. bis 160. Tausend

Meidinger's Jugendschriften Verlag G.m.b.H.
Berlin

gezwungen wird. Die festgelegten Schranken zwischen Personal und Herrschaft stehen bei ihr nicht zur Disposition.

Die Urys fuhren im Sommer 1914 wieder einmal nach Krummhübel in die Sommerfrische. Dort überraschte sie, behaglich plaudernd bei einer Tasse Kaffee im Liegestuhl, die Nachricht vom Krieg.

»Extrablatt!« »Extrablatt!« »Mobilmachung!« »Kriegserklärung seiner Kaiserlichen Majestät!« »Extrablatt!« Berlin ist von euphorischem Wirbel erfaßt. Seit dem 1. August, dem Tage der Mobilmachung, sammeln sich die Menschen in der Umgebung der Schlosses, jubeln den kaiserlichen Paladinen zu, rufen ihr Hoch auf Kaiser und das Vaterland. Die historische Sitzung des Reichstages am 4. August wird von der gleichgeschalteten Presse aufgezeichnet: »Heute Mittag um 1 Uhr fand die feierliche Eröffnung des durch kaiserliche Verordnung vom 2. des Monats einberufenen Reichstags im Weißen Saale des Königlichen Schlosses durch Seine Majestät den Kaiser statt. Nach der kirchlichen Feier versammelten sich die Abgeordneten zum Reichstage im Weißen Saale und nahmen daselbst in dem mittleren, dem Throne gegenüber gelegenen Raume Aufstellung. Auf die Meldung des Reichskanzlers Dr. von Bethmann Hollweg begaben sich seine Majestät der Kaiser in den Weißen Saal, wurden beim Eintritt von der Versammlung mit dreimaligen Hoch empfangen, das der bisherige Präsident des Reichstags Dr. Kaempf ausbrachte, und nahmen vor dem Thron Stellung. Hierauf geruhten seine Majestät, aus der Hand des Reichskanzlers Dr. von Bethmann Hollweg die Thronrede entgegenzunehmen und, das Haupt mit dem Helm bedeckt, zu verlesen: 'Sie haben gelesen, meine Herren, was Ich an Mein Volk vom Balkon des Schlosses aus gesagt habe. Hier wiederhole Ich: Ich kenne keine Parteien mehr, Ich kenne nur noch Deutsche. Zum Zeichen dessen, daß Sie fest entschlossen sind, ohne Parteiunterschiede, ohne Stammesunterschiede, ohne Konfessionsunterschiede durchzuhalten, mit Mir durch dick und dünn, durch Not und Tod, fordere ich die Vorstände der Parteien auf, vorzutreten und Mir das in die Hand zu geloben.' Die Parteiführer kamen dieser Aufforderung nach unter stürmischem, andauerndem Bravo. Während Seine Majestät, nach allen Seiten mit Dank grüßend und vielen Abgeordneten die Hand huldvoll reichend, den Saal verließen, ertönten fortgesetzt brausende Hurrarufe.«

Noch im August sind die ersten Kriegsmaßnahmen in Berlin spürbar: Absetzung von Theatervorstellungen, Schließung von Museen, Einschränkungen des öffentlichen Nahverkehrs und des Stromverbrauchs. Ganze Ströme jubelnder Rekruten durchziehen Berlin und steigen am Zoologischen Garten in die Züge, auf denen hoffnungsvoll steht: Auf Wiedersehen bis Weihnachten!

Wie erlebte Else Ury den Beginn des Weltkrieges?*

Die Familie Ury war in großer Hast von Krummhübel im Riesengebirge aus der Sommerfrische aufgebrochen. Else hatte ihren Bruder beschworen: Selbstverständlich mußt du hinaus. In dieser gewaltigen Zeit der Erhebung Deutschlands muß jeder sein Opfer bringen. Ringsum neidische Feinde, wie sollte sich Deutschland bei aller Tapferkeit und Begeisterung da wohl behaupten? Hans, der Arzt, meldete sich sofort freiwillig zum Einsatz an der Front. Jetzt waren auch Juden gefragt, um ihre vaterländische Pflicht zu tun. »Ich kenne keine Konfessionen mehr, ich kenne nur noch Deutsche«, hatte der Kaiser verkündet und die deutschen Juden, bisher von den Offiziers-Rängen in der Armee weitgehend ausgeschlossen, meldeten sich zu Tausenden zum Kriegsdienst. Dr. Hans Ury war als Militärarzt mit einem der ersten Transporte nach Frankreich ge-

*) Ab jetzt benutze ich überwiegend Originalzitate aus: *Nesthäkchen und der Weltkrieg*.

zogen. Die Familie, allen voran die Schwester Else, hatte ihn beredt bei seiner Entscheidung unterstützt.

Sie beruhigte ihre Eltern, die sich große Sorgen um die ins Feld ziehenden Söhne machten. Unser eigenes kleines Ich und all unsere persönlichen Wünsche müssen wir hintansetzen, nur an das Wohl des Vaterlandes und seiner braven Verteidiger dürfen wir denken. Die Eltern, selbst glühende Patrioten, fanden sich bei den tröstenden Worten der Tochter allmählich mit der neuen Lage ab, und sie jubelten gemeinsam mit der ganzen Nachbarschaft, als die Festung Lüttich im Sturm genommen wurde. Wenige Tage nach der Kriegserklärung schon solch ein Schritt vorwärts! Da sieht man doch, daß Gott mit unserer gerechten Sache ist, so die Mutter.

Mit ihrem Neffen Fritz stand die Ury tägliche begeistert auf dem kleinen Balkon, wenn die Züge der ausrückenden Soldaten vorbeizogen. Mit Gloria-Viktoria, mit Schingderassa und Schnetterengteng marschierten wieder neue Regimenter dem unweit gelegenen Bahnhof zu. Ihnen zur Seite Frauen und Kinder, die den Söhnen, Männern und Vätern das Geleit gaben. Früh und spät erschallte jetzt der Gesang ausrückender Truppen durch die sonst so stille Straße. Er bildete für die Urys die schönste Abwechslung. Fritz, der achtjährige Sohn des Bruders, genoß bei Tante Else die aufregenden Ereignisse und ließ sich jeden Abend von einem älteren Freund, einem aktiven Pfadfinder, die Erlebnisse unmittelbar vom Bahnhof berichten. »Fein war es heute«, erzählte dieser eines abends. »Du hättest dabei sein müssen. Denk mal, wir Pfadfinder bringen nachmittags Stullen an einen Zug, der aus lauter offenen, mit Girlanden geschmückten Viehwagen besteht. Und weil die Feldgrauen sich manchmal genieren, ordentlich zuzugreifen, reden wir ihnen tüchtig zu. Und besonders einer, der wollte durchaus nichts mehr nehmen und versicherte mir, immer wieder lachend, sein Soldatenmagen könne beim besten Willen nichts mehr vertragen. Aber ich ließ nicht locker, bis er mir schließlich doch ne' Wurschtstulle abnahm. Da puffte mich einer der Pfadfinder in den Rücken. 'Mensch', flüstert der mir zu, 'weißt denn nicht, wer das ist?' 'Nee,' sagte ich. 'Das ist doch Prinz Joachim!' Wahr und wahrhaftig, er war es. Mitten im Viehwagen und unter all den Mannschaften wie ihresgleichen. War ich stolz, daß er gerade meine Wurschtstulle aß. Und als der Zug weiterfuhr, da hat er mir noch mal zugewinkt.«

Die Großeltern und die Tante saßen bei diesen Berichten gern dabei und hörten schmunzelnd zu. Die Frauen strickten graue Strümpfe für die Feldgrauen. Voller Begeisterung für die neue Volksgemeinschaft von Arm und Reich, die der Krieg mit sich brachte, tat Else Ury, was sie konnte. Sie verzichtete eine Zeitlang fast ganz auf ihre schriftstellerische Tätigkeit und meldete sich als Helferin. Sie war überzeugt: Mit Geld und Waren allein ist es nicht getan. Opfern heißt, etwas hingeben, was einem schwer wird. Unsere Zeit und unsere Arbeit sollen wir dem Vaterlande opfern. Nicht, was Spaß macht, sondern was am nutzbringensten für unsere Krieger ist, soll jeder tun. Mit Freude hörte sie, daß nun in den Schulen ein anderer Geist herrschte als früher. Die Lehrer lehrten jetzt ihre jungen Schüler begeisterte Liebe zum Vaterlande, grenzenlose Opferfreudigkeit für die draußen Kämpfenden, den erhabenen Stolz, ein deutscher Knabe oder ein deutsches Mädchen zu sein und die gleichzeitig daraus erwachsende Pflicht, trotz der Jugend seinen Platz in dieser schweren Zeit auszufüllen.

Als die Glocken ganz Berlins am 31. August läuteten, weil Hindenburg in der Schlacht bei Tannenberg gesiegt und über 30 000 Russen gefangen genommen hatte, holte Else Ury als eine der ersten in der Straße die neue schwarz-weiß-rote Fahne auf den Balkon, um ihrer Siegesfreude Ausdruck zu geben. Sie war glücklich, denn die furchtbar drohende Russengefahr, die sich in das blühende Ostpreußen verheerend hineingewälzt hatte, war durch den Sieg des Feldmarschalls zum Stehen gebracht worden. Nun waren da die armen, von Haus und Hof vertriebenen Menschen, die vor den sengenden, plündernden und mordenden Kosaken flüchten mußten. Denen konnte Hindenburg allein nicht helfen, da mußten andere einspringen. Tage schwerer Arbeit bei den Hilfstruppen, und die Ury ist mit Eifer dabei. Sie half denen, die, im Viehwagen zusammengepfercht am Bahnhof Zoo ankamen. Trauernde, denen liebe Angehörige von den Kosaken erstochen und verschleppt worden waren, mußten getröstet werden, Eltern, die nach ihren Kindern jammerten, weinende Kinder, die elternlos umherirrten. Else empfand es als Glück, die bittere Not wirksam mit steuern zu helfen. Die Arbeit gab ihr ein Frohgefühl, eine innere Befriedigung, wie man sie nur hat, wenn man hilfreich gegen andere gewesen ist unter Hintansetzen seiner eigenen Person.

Am Sedanstag, dem 2. September, fuhr die Familie zur Straße Unter den Linden, um an der erhebenden Feier zum großen Tag, der einst Deutschlands Ruhm begründete, teilzunehmen. Ein wahres Fahnenmeer schmückte die jubelnde Menge. Es wurden die ersten eroberten Geschütze eingeholt, und alle einte sie der gleiche Gedanke, so schreibt Else Ury: Ruhm und Sieg, wie sie der heutige Tag einst besiegelte, möge auch die Zukunft dem teuren Vaterland bringen. Diese ersten Augusttage waren unvergeßlich. Das erste siegreiche Vordringen der deutschen Truppen, die große opferfreudige Begeisterung der Daheimgebliebenen. Die Ury schätzte besonders diese neue Volksgemeinschaft, dieses enge Band zwischen Arm und Reich, das sich allmählich schmiedete und das der Kaiser mit seiner Schloßrede so warm unterstützt hatte. Auch wenn der Krieg länger dauerte als gehofft, auch wenn die Unbequemlichkeiten des Alltags zunahmen, die Ury vertraute weiter auf die weise Führung des Kaisers und ein siegreiches Ende des Krieges. Diese Hoffnung teilten die Urys mit Millionen Deutschen.

Doch erst einmal wurden von Monat zu Monat die Lebensverhältnisse schlechter. Der Aushungerungsplan Englands durch die Absperrung der Lebensmittelzufuhr, so beschreibt es die Ury, begann allmählich in Deutschland spürbar zu werden. Die Lebensmittel, besonders die Fette, wurden knapp. Aber die Engländer durften ihren schändlichen Plan, Deutschland durch Aushungerung zu einem schmählichen Frieden zu zwingen, nicht verwirklichen. Wie draußen an der Front die Männer, so standen daheim die Frauen und Kinder tapfer und opferfreudig im Kampf gegen jederlei Entbehrungen, alle von demselben Willen beseelt: Wir müssen siegen. Selbst wenn statt der zwei fleischlosen Tage in der Woche sieben eingeführt werden sollten. So begrüßte sie die Einführung der Lebensmittelmarken und ihrer Mutter, die die Welt nicht mehr verstand, erklärte die Ury, daß Dank der glänzenden Einteilung und der sparsamen Fürsorge der Regierung mit den Vorräten weise hausgehalten werde und Deutschland auf Jahre hinaus wohl versorgt sei. Sie selbst verwaltete die Lebensmittelmarken für Brot, Mehl, Zucker, Kartoffeln, Milch und Fleisch und scheute sich auch nicht, wöchentlich stundenlang für ein Päckchen Butter anzustehen. Butterpolonaise nannten die Berliner diese Aktion. Da standen die Leute zu Vieren aufgestellt, oft von einer Straßenecke bis zur anderen, viele Stunden für ein Viertelpfund an, oder wenn es hoch kam, für ein halbes Pfund. Aber manchmal, so erinnert sie sich, geschah es auch, daß die Butter, nachdem man weiß Gott wie lange gestanden hatte und bei der Winterkälte fast erstarrte, ausverkauft war.

Doch der Wille der nun 38jährigen Else Ury zum Durchhalten erlahmte nicht, bei ihr nicht und, wie sie meinte, im deutschen Volk auch nicht. Von den politischen Meldungen über Hungerunruhen und Streiks wird sie gehört haben. In den Zeitungen durfte darüber zwar nicht berichtet werden, aber im Zentrum Berlins blieb es sicher nicht aus, daß man mancherlei wußte, was nicht in der Presse stand. Doch ihre

Sache war es nicht, wenn die alte Parteihetzerei erneut begann. Sie wollte das neue, kameradschaftliche Band von Arm und Reich fester schmieden und war froh, daß auch die Jugend durch den Krieg in diesem Sinne erzogen wurde.

Im Laufe der vier Kriegsjahre mußte die Ury auf die Herausgabe der schon fertiggestellten ersten Bände der Nesthäkchen-Serie verzichten. Es herrschte Papierknappheit und die Menschen hatten andere Sorgen. Sobald sie wieder Zeit und Kraft hätte, würde sie den vierten Band ihrer Reihe mit dem Titel *Nesthäkchen und der Weltkrieg* fertigstellen. Viele Szenen hatte der Alltag bereits geschrieben. Sie mußten nur noch zu Papier gebracht werden. Auf freie Zeit für dieses Vorhaben nach einem siegreichen Ende des Krieges freute sie sich.

1916 war im »Kränzchen« bereits einer ihrer Kriegsromane als Fortsetzungsgeschichte abgedruckt worden: *Lieb Heimatland*, eine Geschichte über Familienglück und Familienleid bei der Vertreibung aus der geliebten Heimat Ostpreußen. Wieder ist es Hindenburg, der der jungen Heldin Ruth Hoffnung macht, bald in ihre angestammte Heimat zurückzukehren. Wieder ist Recht und Wahrheit auf der Seite der deutschen Soldaten und die Hoffnung der Ury, die sie den jungen Leserinnen vermittelt, ist ganz auf nationalem Kurs: Größer und herrlicher wird Deutschland aus diesem Krieg hervorgehen!

Noch 1922, als sie *Nesthäkchen und der Weltkrieg* vorlegte, war ihre Hoffnung auf einen Sieg Deutschlands nicht verloren. So schrieb sie: »Mögen es bald die Friedensglocken sein, die Deutschland durchjubeln - das walte Gott. Mit diesem Wunsche nehme ich Abschied von Euch, meine lieben jungen Leserinnen. Auch mancher von Euch hat der Weltkrieg wohl, gleich unserem Nesthäkchen, Opfer auferlegt, kleine und größere. Aber ich bin davon durchdrungen, daß auch Ihr sie freudig fürs Vaterland auf Euch genommen habt. Wenn das schwere Ringen zu Ende und ein siegreicher Frieden unserer teuren Heimat beschieden ist, dann erzähle ich Euch, was aus Doktors Nesthäkchen wurde.«

Ich bin entsetzt.

Darf eine erwachsene Frau in Berlin im Jahre 1922 noch so schreiben? Sie ist Bürgerin der ersten deutschen Republik. Sie konnte von den Millionen Toten des Weltkrieges wissen, sie konnte von Revolution, Kapitulation, Kapp-Putsch und tausendfachem Mord Kenntnis haben und doch schrieb sie ein Stahlgewitter-Epos für Kinder zwischen acht und zwölf Jahren. Ich versuche, mein Erschrecken zu bändigen und das Buch, noch einmal - gegen den Strich - zu lesen.

Else Ury befindet sich 1914 mit ihrer Kriegsbegeisterung in guter Gesellschaft. Da sind die 92 Berliner Professoren, Künstler und Wissenschaftler, die im August 1914 einen Aufruf »an die Kulturwelt« erlassen. Sie nennen den Kaiser den Schirmherrn des Friedens und verkünden, daß nur ein siegreicher Frieden den Weiterbestand der deutschen Kultur gewährleisten werde. Die Unterschriftenliste liest sich wie eine Ehrenliste der deutschen Intelligenz: Gerhart Hauptmann, Max Planck, Wilhelm Röntgen, Max Liebermann, Max Klinger und viele andere ehrenwerte Herren unterschreiben. Hauptmann und Dehmel reimen öffentlich Lieder auf den Heldentod an der Front. Die sozialdemokratischen Zeitungen jubeln, daß der Krieg Arm und Reich zusammenschmiedet und man Sozialismus sehe, wohin man nur blicke. Gertrud Bäumer, Helene Lange, Bertha Pappenheim, Alice Salomon, Marie-Luise Lüders, um die Angesehensten unter den öffentlich wirkenden Frauen zu nennen, rufen den »Nationalen Frauendienst« als gewaltige Kriegsorganisation aus, die alle Frauen, unabhängig von Partei und Konfession, umfassen soll. Die jubelnden Menschen begleiten die lachenden Soldaten mit Blumen an die Züge zum Kriegseinsatz. Wir kennen diese Bilder. Else Ury wird das alles unmittelbar miterlebt haben. Auch im engsten

Familienkreis. Endlich können ihre Brüder den Makel des Juden abstreifen, der sie vielfach verletzt hatte. Bekanntlich waren auch die Burschenschaften fast ausnahmslos antisemitisch und ließen in ihren Satzungen keinen Zweifel, daß Juden der Beitritt verboten war. Die Rede des Kaisers vor dem Schloß und später im Reichstag hatte viele Menschen zu Tränen gerührt. Der naiven Menschlichkeit der Ury werden diese Worte zugesagt haben. Sie hat - wie viele andere auch - den unmenschlichen imperialistischen Zweck und die dahinterliegenden Absichten der Unterdrückung jeder Opposition nicht durchschaut. 1914 nicht und später auch nicht.

Vor mir liegt eine Ausgabe von *Nesthäkchen und der Weltkrieg* von 1928: Hundertsechzigtausend Exemplare sind gedruckt. Meidingers Jugendschriftverlag kannte keine Skrupel beim Vertrieb des Buches. In einer Verlagswerbung von 1924 heißt es: »Nesthäkchen und der Weltkrieg ist beileibe keine Kriegs- oder gar Hurrageschichte. Das muß besonders hervorgehoben werden. Trotz des Ernstes, mit dem dieser Band durchwebt ist, zieht sich der goldene Faden des Humors hindurch.«

Nesthäkchen, die Arzttochter Annemarie Braun aus dem Berliner Westen, ist zur Zeit des Weltkriegs zehn Jahre alt und kehrt nach einem einjährigen Kinderheimaufenthalt unter großen Schwierigkeiten nach Hause zurück. Doch dort findet sie nicht die langersehnte Familie vor. Die Mutter ist zu einem Besuch in England und kann wegen der Kriegsereignisse nicht zurückkehren, der Vater ist als Militärarzt in Frankreich. Die Großmutter betreut die drei Kinder und später springt auch noch das Fräulein ein, das den mutterlosen Haushalt nicht im Stich lassen will. Nesthäkchen erlebt mit ihrer Großmutter die Siegesbegeisterung über den Fall der Festung Lüttich und abends betet sie in ihrem Bett ein eher ungewohntes Gebet: »Lieber Gott, laß doch meine liebe Mutti bald wieder nach Berlin kommen, aber nicht die ollen Russen. Und beschütze doch auch meinen Vater im Krieg ... Bitte, hilf uns Deutschen doch, lieber Gott. Und wenn Du uns nicht helfen willst, dann hilf bitte den anderen auch nicht - bleibe wenigstens neutral.« Solche Neutralitätsgebete sind weder in der Kirchen noch in den Synagogen Berlins 1914 gesprochen worden. Leise und nachdenkliche Töne gibt es also auch in diesem Buch. Mit Humor und Distanz schildert die Ury exzentrische Beispiele von Patriotismus, die ihr offensichtlich über die Hutschnur gehen, wie die Berliner das ausdrücken. Da wohnt im Haus von Nesthäkchen ein Mann, den alle den Japaner nennen. Als Japan in den Krieg gegen Deutschland eintritt, beschließt das Mädchen, diese Treulosigkeit zu rächen. Sie grüßt den Nachbarn nicht mehr und spuckt sogar auf die Schokolade, die der Mann ihr schenkt. »Von Feinden nehme ich nichts geschenkt«, sagt Nesthäkchen in ihrem Übereifer. Der angebliche Japaner ist aber in Wirklichkeit aus Thailand, und Nesthäkchens so patriotische Tat wird zur lächerlichen Entgleisung. Beispiele absurder »Vaterlandsliebe« gibt es mehrere. Da ist Bruder Klaus, der die »Spionenkrankheit« hat. Er schwärzt einen ihm fremdländisch erscheinenden Mann bei der Polizei an und bekommt zum Dank keine patriotische Auszeichnung, sondern eine Ohrfeige. Bei vielen Deutschen wucherten damals Angst vor Spionage und Ausländerhaß. Wollte die Ury solche Verwirrungen mit Witz und Nachdenklichkeit ad absurdum führen? Sie tut das jedenfalls mit der Auffassung, als Deutscher solle man keine fremde Sprache mehr lernen. Nesthäkchen weigert sich nämlich, weiter französisch zu lernen. Dazu sei sie überhaupt viel zu vaterlandsliebend, erklärt sie. Der Lehrer ist anderer Meinung: Deutschland verlangt eine gebildete Jugend. Der Krieg wird hoffentlich nicht lange währen, und im Frieden werden sich wieder geistige und Handelsbeziehungen zwischen den verschiedenen Völkern knüpfen. Eine Hoffnung, die in den Kriegsjahren nicht das Thema öffentlicher Reden gewesen sein wird. Besonders aber die patriotische Aktivität, dem Fremdwörtergebrauch Einhalt zu gebieten, verfolgt die Ury mit Hohn und Spott. Da wird aus Serviette Mundtuch, ein guter Deutscher sagt nicht Sauce, sondern Tunke, Portemonnaie muß Geldtasche heißen, aus Extrablatt wird Sonderblatt. Die Vase soll Blumengefäß und die Jalousie Zeltdach genannt werden. Amüsant stellt die Ury den Übereifer der Kinder dar, neue, ganz deutsche Worte für die Gegenstände zu finden, und sie weiß doch genau, daß täglich eine ernstgemeinte Rubrik der Tageszeitung diese Beispiele veröffentlicht. »Deutsche, sprecht Deutsch« heißt die Spalte sinnigerweise. Die Ury benutzt jedoch ungerührt weiter die ihr passend erscheinenden Wörter und verfremdet so den patriotischen Übereifer ins Lachhafte.

Einen großen Raum in dem Buch nimmt die Geschichte der Vera ein. Vera ist eine Deutsch-Polin und spricht, als sie in Nesthäkchens Schulklasse kommt, kein Wort deutsch. Zu ihrem Unglück gibt Annemarie die Parole aus: »Wer mit der spricht, oder in den Pausen geht, verrät sein Vaterland.« Nesthäkchen quält das Mädchen mit der ganzen Macht ihrer privilegierten Stellung, und keine der Klassenkameradinnen wagt, offen dagegen anzutreten. Jedes Kind will so patriotisch als möglich sein. Das arme Ding kommt sich ganz verlassen unter den fremden Kindern vor. Wenn die anderen Schülerinnen zusammen kichern und lachen, wenn sie innig umschlungen oder zur langen Reihe eingehakt auf dem Schulhof auf- und abspazieren, dann steht Vera mit sehnsüchtigen Augen allein in einer Ecke. Keines geht mit ihr von all den vielen Mädchen, keines fordert sie auf, an den lustigen Spielen im Hof teilzunehmen. Vera strampelt sich ab, anerkannt zu werden, versucht es mit Geschenken an die Wortführerin Annemarie Braun, aber sie blitzt erbarmungslos ab. Sogar ein herrlicher Apfel wird verschmäht. »Von Dir nehme ich nichts geschenkt«, ist die grausame Antwort. Alle Hilfsangebote der »Polnischen« bringen Doktors Nesthäkchen nicht von ihrem

Kurs ab: »Wer mit der spricht, verrät das Vaterland.« Kurz vor Weihnachten sammeln die Kinder für das nahegelegene Lazarett. Annemarie Braun hat das in die Hand genommen. Als Vera ihren Beitrag bezahlen will, wird ihr entgegengeschleudert: »Nur deutsche Mädchen dürfen Mitglied sein!« Vera sind die Tränen in die Augen geschossen, still wendet sie sich ab. Soviel die arme Vera auch überlegt und grübelt, sie versteht nicht, warum sie als einzige nicht zum Junghelferinnenbund gehören soll. Schließlich stirbt der Vater für Deutschland an der Front den Heldentod. Erst da ändert Nesthäkchen ihr Verhalten, und Vera wird ihre beste Freundin. Ein hoher Preis für eine Freundschaft mit der Arzttochter, aber eine Freundschaft, die durch alle weiteren Nesthäkchen-Erzählungen hindurch Bestand haben wird.

War die ausführliche Beschäftigung mit Vera , einer Außenseiterin, ein Reflex der Ury auf erfahrene Verletzungen, auf den eigenen Verlust der Unbefangenheit, den sie als jüdische Schülerin erlebt hatte? War auch sie isoliert worden und hatte nicht verstanden, was die Ursache der beharrlichen und bösartigen Ablehnung war?

Der Nationale Frauendienst, den die Frauenverbände sofort nach Kriegsausbruch gegründet hatten, verstand sich als konkrete Verbindung zwischen staatlicher Politik und Frauenalltag. In der deutschen Frauenbewegung der Kriegszeit gab es faktisch bis 1917 keine Opposition zu dieser grundsätzlichen Ausrichtung. Es wurden Betätigungsfelder für Frauen entwickelt, von denen sowohl die sozialdemokratischen als auch die christlichen und jüdischen Verbände vorher nur geträumt hatten. »Staatssozialismus mit weiblichem Antlitz« nannten manche Propagandistinnen die organisierte Einbeziehung der Frauen in die Kriegsmaschinerie. Gertrud Bäumer und Helene Lange hatten den Krieg sogar als Geburtsstunde der staatlichen Wohlfahrtspflege in Deutschland gefeiert. Fürsorge sollte nicht mehr länger eine veredelnde Tat edler Damen der Oberschicht sein; sie wurde in diesen Jahren systematisch professionalisiert. Der Beruf der Fürsorgerin mit einem Ausbildungsgang an staatlichen Schulen hat hier seine Wurzeln. Diese Entwicklung hatte die volle Billigung von Else Ury. Typischerweise besuchen zwei Enkelinnen von Nesthäkchen später eine Fürsorgerinnenschule. Die Ury war offensichtlich begeistert von der sozialen Aktivität der Frauen im Krieg und nahm aktiv Anteil.

In der Erzählung spielt deshalb auch der Junghelferinnenbund eine wichtige Rolle. Hier wurde den jungen Mädchen vom Strümpfestricken bis zum Betreuen von Verletzten ein weites Betätigungsfeld im Rahmen der Kriegsfürsorge eröffnet.

Der Bruder von Annemarie bringt eines Tages ein elternloses Baby aus Ostpreußen mit nach Hause. Selbstverständlich ist Nesthäkchen begeistert von der lebendigen Puppe und will sie sofort auf den Namen Hindenburg taufen. Leider erfahren wir nicht, woher das Kind denn eigentlich weiß, ob es ein Mädchen oder einen Jungen vor sich hat. Wie immer schweigt die sonst so anschaulich Kinderreaktionen und Kinderneugier beobachtende Ury sich schamhaft aus. Man muß allerdings gerechterweise sagen, daß es 1920 und noch lange Zeit danach in der Umgangssprache und in der Kinderliteratur keinen brauchbaren Begriffsapparat gab, der es der Ury ermöglicht hätte, diese Szene zu gestalten. Was hätte sie schreiben können? Nesthäkchen sah das Schniepelchen, das Zipfelchen, das ... oder auf gut lateinisch: den Penis? Sie hätte ja noch nicht einmal schreiben können: Er sah aus wie ihre Brüder, denn das Mädchen wußte gar nicht, wie ihre Brüder nackt aussahen. Erst nach 1968 hat sich in der Kinderliteratur ein kleiner Wandel vollzogen. Sprachlich ist das Ergebnis allerdings immer noch nicht überzeugend.

Das Baby führt zu allerlei Komplikationen in der Familie und wird schließlich standesgemäß bei der Portiersfrau untergebracht. Die Großmutter bezahlt großmütig ein Pflegegeld. Damit nicht genug. Der Junghelferinnenbund tritt in Aktion, und das ostpreußische Baby wird als Patenkind mit aller Fürsorge betreut. Ähnliche Patenschaften an der Schule entstehen. Der Arbeit ist genau die Richtung gegeben, die sie in der Wirklichkeit des Nationalen Frauendienstes hatte. Lehrerinnen spielten, auch das ist überliefert, eine wichtige Rolle in der gesamten Organisation. So vermittelt die Ury ihren Leserinnen ein Bild des Kriegsalltags, das Elemente von Wirklichkeitsnähe hat; Not und Elend werden nicht verschwiegen; sie werden geschickt eingeführt, um der Hilfsbereitschaft ein Ziel zu geben und die harmonische Arbeitsteilung zwischen Mann und Frau im Krieg anschaulich zu machen: Er tut seine Pflicht an der Kriegsfront, sie die ihre an der Heimatfront. Die heile Welt des Nesthäkchen hat einige Kratzer abbekommen. Mit Humor und guten Taten kann die Oberfläche wieder glattgeschliffen werden.

Auch »gegen den Strich gelesen« wird aus Else Urys Buch kein Antikriegsbuch, aber wir sehen deutlich, daß sie - wie so oft in ihrem Leben - auf der Woge der bürgerlichen Mehrheit schwamm und ihre Siegesbeschwörungen keine einsamen, kriegshetzerischen Auswüchse blieben. Sie ist ein Teil der nationalen und nicht der liberalen und demokratischen Geistesgeschichte Deutschlands.

Aus den Angeln gehoben hat auch der Weltkrieg die Nesthäkchen-Welt nicht. Der Vater kommt unversehrt nach Hause, die Mutter darf aus England ausreisen. Was hat Nesthäkchen, was haben ihre Leserinnen gelernt? Man ist versucht, ironisch zu sagen: Kriege kommen, Kriege gehen, aber Familien bleiben bestehen. Für die Nesthäkchen-Serie trifft diese Trivialität zu. Die Ury schrieb denn auch in diesem Sinne weiter, freute sich auf die Herausgabe von *Nesthäkchen und ihre Puppen* und wurde in den nächsten Jahren eine Erfolgsschriftstellerin.

Von ihr unbemerkt und unerkannt, quasi hinter ihrem Rükken, vollzog sich Enormes in Berlin und im ganzen Reich. Der Wandel von der Militärdiktatur Hindenburgs unter dem kaiserlichen Mantel Wilhelm II zur ersten bürgerlichen Republik ging vonstatten. Die Urys in Berlin-Tiergarten erbebten nur im Nachhall des Donners aus dem Norden und Osten Berlins. Eine Revolution fand statt, und die jüdischen und christlichen Bürgerfamilien hatten mal wieder nichts gemerkt. Sie zählten die heimkehrenden Familienväter und Söhne, fragten keine unnützen Fragen zum Kriegsalltag, standen geduldig Schlange beim Lebensmitteleinkauf und zogen es erst einmal vor, nicht Partei zu ergreifen. Das waren sie gewohnt. Das hatten sie gelernt. Hieß es nicht vor gerade vier Jahren: Keine Parteien mehr ...? Doch jetzt begehrte die Klientel der Kriegsfürsorge auf. Fürsorge wollten sie nicht mehr, sie wollten mehr. Was wollten sie? Die Macht? Das ging aber dann doch zu weit. Woher sollte der Sachverstand kommen, wenn nicht aus den traditionell-bewährten Kreisen? Ohne Kaiser kann ein Volk schon leben, aber ohne Sachverstand der Beamten? Das kann nicht gut gehen. Scheidemann rief die Republik aus und Ebert war vielleicht ein ganz verständiger Mann, um die Arbeiterschaft zu beruhigen und endlich die Wirtschaft wieder anzukurbeln. Das tat not. Nicht Revolution und Straßenkämpfe. Aus Weimar, der Goethestadt, hörte man vom Wahlrecht für Frauen. Warum auch nicht? Die Frauen hatten im Kriegsalltag ihren Mann gestanden. So sollten sie gleiche Rechte bekommen. So oder so war erst mal Frieden, wenn auch ein schmerzlicher. Keiner, wie man ihn sich gewünscht hatte.

Dolchstoß? Schandfrieden von Versailles? Diktat der Siegermächte! - Schlagworte. Gerecht war die Welt nicht. Der wieder gemächlich gewordene private Alltag und die rasanten

Veränderungen der Welt waren schwer zusammenzubringen. Die Ury tat das auf ihre Art. Sie lebte im Familienkreis, genoß die schönen Stunden des Beisammenseins mit den Brüdern, die unversehrt aus dem Krieg zurückgekehrt waren. Sie freute sich mit ihrer Schwester Käthe über die Geburt eines gesunden Jungen. Klaus hieß er und würde Elses ganz besonderer Liebling werden. Noch in der Emigration in London wird sie ihn besuchen und ihn nach Kräften unterstützen, ihren Klaus.

Und auch ganz persönliches Leid traf sie. Der Vater, Emil Ury, starb im Januar 1920 mit fast 85 Jahren. Die Mutter kränkelte seit dem Tod ihres Mannes und hatte keinen Lebensmut mehr. Das herzliche Lachen und die humorigen Geschichten des Vaters fehlten. Keiner mehr, der am Freitagabend eine Kerze anzündete, keiner mehr, den man zur Synagoge Heidereuter Gasse begleiten konnte, ohne nach dem eigenen Antrieb zu fragen. Ein Stück Tradition der Familie war für immer verloren gegangen. Es war kälter und leiser geworden im Hause Ury.

Jahre des Erfolgs
1918 - 1933

1918, als der 1. Weltkrieg beendet war und ganz Europa radikal in die Moderne gestoßen wurde, erschien in Meidingers Jugendschriftenverlag *Nesthäkchen und ihre Puppen* von Else Ury. Der versprochene zweite Band vom 1. Schuljahr ließ nicht lange auf sich warten. Die Auflagen schnellten in die Höhe. Else Ury war eine Erfolgsschriftstellerin geworden. Zügig wurden weitere Bände veröffentlicht. Bis 1925 waren die berühmten zehn Bände der Nesthäkchen-Serie fertig.

In dieser hektischen Phase deutscher Geschichte, als die einfachen Soldaten sich für ein anderes Deutschland die Kehlen heiser schrien und die Köpfe blutig schlugen, als die Sozialdemokratie zum ersten Mal in der Geschichte im deutschen Reich die Regierungsmacht übernahm, als die Siegermächte Deutschland zum Alleinschuldigen des Weltbrands erklärten und aus der Nachkriegszeit schon wieder eine Vorkriegszeit zu werden drohte, als »Dolchstoß« und »Schmachfrieden«, »Ruhe in Berlin« und »Schlag sie tot, die Luxemburg« geschrien wurde, als der Gefreite Adolf Hitler im Lazarett Rache schwor und Treitschkes Dogma von den Juden, die das Unglück Deutschlands sind, zur Maxime seiner Vernichtungsphantasien machte, schrieb die Ury noch neun weitere Mädchenbücher, keines weniger als zweihundert Druckseiten. Wohlgemerkt, alles schrieb sie säuberlich mit der Hand in ihre Kladden. Für diese gewaltige Schreibarbeit werden nicht mehr nur die Pausen zwischen der Haushaltsarbeit ausgereicht haben. Die Lektoren übergaben die Manuskripte nach flüchtiger Durchsicht an die Setzer. Auf das Fräulein Ury war Verlaß. Die deutsche Orthographie war ihr kein Problem, und die literarisch erfahrene Mutter las Korrektur. Da stimmte jedes Komma und jeder Anführungsstrich. Ihre Vorkriegsbücher erlebten immer neue Auflagen. Ihr Talent war unerschöpflich.

Annemarie Braun, die goldblonde Heldin der Nesthäkchen-Bücher, war bei den Mädchen sofort beliebt. Als die Ury mit der Hochzeit des Nesthäkchens die Serie beenden wollte, türmten sich die Protestbriefe der kleinen und großen Leserinnen auf ihrem Schreibtisch. Gegenüber dem bittenden Verleger verwies die Ury auf andere Backfischromane. Auch die endeten regelmäßig mit der Hochzeit der Heldin. Was sollte einer Frau danach noch passieren? Welche Abenteuer sollten es noch geben? Da hörte doch schließlich alles auf. »Schreiben Sie, Fräulein Ury, schreiben Sie weiter. Erzählen Sie meinetwegen die Geschichte der Kinder und Kindeskinder. Tun Sie es Ihren kindlichen Verehrerinnen zu Liebe.« Und Else Ury schrieb weiter. Bis Nesthäkchen weiße Haare hatte und vielfache Großmutter war. Nur den Tod, den mußte sich jeder selber denken. Den ersparte sie uns.

Mit Annemarie Braun, Arzttochter aus Berlin, entstand eine Identifikationsfigur für viele Mädchengenerationen des Bürgertums. Direkt wandte sich die Ury an ihre Leserinnen: »Habt Ihr schon mal unser Nesthäkchen gesehen? Es heißt Annemarie, ein lustiges Stubsnäschen hat unser Nesthäkchen und zwei winzige Blondzöpfchen mit großen, hellblauen Schleifen. 'Rattenschwänze' nennt Bruder Hans Annemaries Zöpfe, aber die Kleine ist ungeheuer stolz auf sie. Manchmal trägt Nesthäkchen auch rosa Haarschleifen und die Rattenschwänzchen als niedliche kleine Schneckchen über jedes Ohr gesteckt. Doch das kann es nicht leiden, denn die alten Haarnadeln pieken. Sechs Jahre ist Annemarie vor kurzem geworden, ihre beiden Beinchen stecken in Wadenstrümpfen und hopsen meistens. Keinen Augenblick stehen sie still, geradeso wie ihr kirschrotes Mäulchen. Das schwatzt und fragt den ganzen lieben Tag, das lacht und singt, und nur ganz selten mal verzieht es sich zum Weinen.« Mit diesen Worten lud sie 1918 die Mädchen zum Lesen ein. Bis heute, zuletzt durch die Fernsehserie bekräftigt, ist Nesthäkchen bei unzähligen Frauen bekannt und beliebt.

Großmütter und Enkelinnen sahen sich die Fernsehserie gemeinsam an, und in der Statistik der bekanntesten Mädchenbücher steht Nesthäkchen immer noch ganz oben. Fast sieben Millionen beträgt die Gesamtauflage inzwischen.

Annemarie Braun, das Nesthäkchen, muß ungefähr 1904 geboren sein. So ganz genau nimmt die Ury es nie mit den Daten. Als Nesthäkchen weiße Haare hat und vielfache Großmutter ist, schreiben wir erst das Jahr 1925. Sie lebt, wie die Urys, im Berliner Westen, hat zwei ältere Brüder und ein Fräulein, das sie die ganze Kindheit hindurch begleitet. Ihre Puppen hat sie nach Vater und Mutter am liebsten. Die zahlreiche Puppenfamilie wird im ersten Band der Serie lebendig, fordert die volle »mütterliche« Aufmerksamkeit des kleinen Mädchens, und jedes verkörpert eine andere positive oder negative Eigenschaft des Kindes. Unordnung, Raufen, die Kleidung zerrei-ßen, beleidigt sein, streiten und zanken in der Negativliste, Ordnung, Sauberkeit, Gehorsam und Bescheidenheit bei den erstrebenswerten Tugenden. Schon frühere Kinderbücher des 19. Jahrhunderts hielten den kleinen Leserinnen mit dem Zaubermittel »Puppen« einen Spiegel vor, der sie belehren und zu guten Taten motivieren sollte. Der Kindheitstraum von »lebendigen« Puppen wird von der Ury in allen Variationen durchgespielt: Die Puppen mahnen und trösten, sie freuen sich und sie weinen mit, sie schimpfen über mangelnde Pflege und streiten sich untereinander. Sie sind jederzeit die in der Phantasie verfügbaren Spielgefährten. Den Puppen kommt es außerdem zu, soziale Verhaltensweisen der Erwachsenenwelt einzuüben. Als Nesthäkchen über eine neue Puppe die alten Puppen vernachlässigt, mahnt die Mutter sie, doch daran zu denken, daß sie selbst die beiden Brüder nicht vernachlässigt hat, als Nesthäkchen geboren wurde. Diese Gleichsetzung von Puppen- und wirklicher Mutter leuchten dem Kind unmittelbar ein und bewirkt eine positive Verhaltensänderung. Das ganze sechste Lebensjahr wird bei der Ury von der Puppenwelt bestimmt. Dann kommt das erste Schuljahr und die Puppen geraten ins Abseits. Auch hier eine klar gegliederte Welt, eben die Nesthäkchen-Welt.

Der Vater der Annemarie Braun ist Arzt, die Mutter leitet den großen Haushalt mit Köchin, Stubenmädchen und Kinderfräulein. Die Mutter ist Neuerungen aufgeschlossen, begrüßt die Einrichtung von Kindergärten und öffentlichen Schulen für Mädchen, ist liberal und verständisvoll. Sie ist ganz und gar nicht die kaisertümelnde Schreckschraube, die sich die Serienmacher des ZDF als Mutterfigur ausgedacht haben. Die Mütter sind gebildete, menschliche, aufgeschlossene und erstaunlich selbstbewußte Frauen.

Außergewöhnlich an dem Kind Annemarie, dem Nesthäkchen, ist eigentlich wenig. Sie lebt wie viele andere höhere Töchter ihrer Zeit. Else Ury gibt ihr eine gute Portion Keßheit, Witz und Eigensinn, läßt sie mit Phantasie und Charme die geforderten Tugenden torpedieren und ihre kleinen Sehnsüchte ausleben: Hosen anziehen, wie ein Junge sein, die Welt erforschen, im Regen herumlaufen, weil der neue Regenmantel so schön ist, mit dem Milchjungen am Urlaubsort vor Tagesanbruch Kannen ausfahren, den größten Mohrenkopf vom Kuchenteller stibitzen und auf der für kleine Mädchen verbotenen Straße eben mal den Musikanten um ein paar Häuserecken begleiten, am Kindergeburtstag alles und alle bestimmen und bei der Verlosung das schönste Geschenk abkriegen. Auch als Backfisch stellt die Heldin keine Ansprüche jenseits der Konvention. Sie lernt fleißig auf dem Gymnasium, feiert mit Pfannkuchen im Kreis der Kränzchenfreundinnen ihren Geburtstag und bekommt die erste Gesamtausgabe von Gerhart Hauptmann geschenkt. Sie schippt im härtesten Winter der Inflationsjahre im Klassenverband auf Geheiß des Schuldirektors Schnee, und der Konditor lädt die fleißigen Mädchen zu Kakao und Kuchen ein, was ihnen einen schweren Tadel der stets schlecht gelaunten Klassenlehrerin beschert. Nach dieser ungerechten Ermahnung wird Annemarie aktiv und will einen Schülerrat gründen, was aber kläglich am Einwand des erzkonservativen Schulleiters scheitert. Widerspiegelung der Rätebewegung im Klassenzimmer? Die Geschichte ist amüsant und vervollständigt das Bild des ungebärdigen Wildfangs, der mit Charme die Probleme des Alltags anpackt und selber keine ernsthaften hat. Aber auf dem Hintergrund der geforderten Bravheit sind die Streiche der Annemarie immer etwas besonderes. Keine der Freundinnen traut sich so viel wie Annemarie Braun. Sie ist die unbestrittene Wortführerin. Nach dem Abitur darf sie ein Jahr nach Tübingen, um dort ihr Medizinstudium zu beginnen. Vaters Assistentin will sie werden. Auch dort erobert sie die Herzen der Menschen Sie bleibt wie sie ist: schlagfertig, schusselig, unordentlich, aufbrausend, schlank, hübsch, witzig und kinderlieb. Else Ury erzählt mit viel Zeit- und Lokalkolorit. Inflation und Kohlenknappheit, Generalstreik und Stromsperren, Gerhart Hauptmann und die Meistersinger, die Wandervogelbewegung und die neusten Entdeckungen der Medizinischen Wissenschaft. Alle Neuheiten des Lebens haben bei der Ury einen Platz, sie sind farbige Pinselstriche und bilden den Stoff für heitere Anekdoten in schwerer Zeit. Die Welt ist so, wie sie ist, und die Ury will sie nicht ändern. Aber vom kleinen, menschlichen Lebensglück versteht sie etwas. Das macht ihre Bücher so beliebt. Der Kreis der Leserinnen wächst. Viele Mädchen möchten auch so kess, so schnoddrig und doch so geachtet sein.

Die Verhältnisse sind klar und übersichtlich. Die Köchin ist fleißig und herzensgut, das Stubenmädchen etwas dumm, der Hausmeister wohnt in der Kellerwohnung und ist ein Grobian. Diese »kleinen Leute« berlinern mit grammatisch fehlerhaften Wendungen, und Else Ury läßt keine Möglichkeit aus, sie in einer speziellen Lautumschrift zu Wort kommen zu lassen. Demgegenüber sprechen die »Herrschaften« einschließlich Kinderfräulein das typische Mittelstandshochdeutsch, oft mit lateinischen oder französischen Begriffen besonders aus dem Burschenschaftsjargon gewürzt. Da kommt die Fidelitas zu Wort, da entladen sich Lachsalven, die Evastöchter schlagen die Augen schamhaft nieder, die Herren der Schöpfung bleiben unter sich, beim Abitur regieren die Examensfurien ... Die Kinder fallen nur selten ins Berlinern. Sie benutzen zwar typische Wendungen, doch die schichtenspezifische Wortwahl haben sie früh gelernt. Berlinern ist etwas für Dienstboten.

Anders als in vielen Backfischromanen der Zeit kennt Nesthäkchen auf dem Weg vom Mädchen zur Frau keine Wirrnisse. Die schwierige Zeit der Pubertät bewältigt die Doktorentochter mit Bravour. Sie bleibt die Unberührbare und doch reißen sich alle Tanzstundenjünglinge um sie. Noch zum Abiturball ist der älteste Bruder ihr beliebtester Tänzer. Wieder heißt er Hans wie der eigene Lieblingsbruder. Am Studienort ist Annemarie Braun die umschwärmte Studentin, aber die jungen Studenten blitzen ab, wenn sie zu nahe kommen. Cool, wie sie das macht. Nicht putzsüchtig, aber immer hübsch anzusehen und auch noch eine eifrige Studentin. Schließlich will sie Assistentin in Vaters Klinik werden. Das hat sie fest versprochen.

Und dann lernt sie den erfahrenen, reifen Mann, die Vater- bzw. Bruderfigur kennen. Erst jetzt verändert sie sich. Zärtliche Gedanken an Dr. Hartenstein, stille Träumereien und schamvoll gesenkte Augenlider charakterisieren die neue Phase. Nesthäkchen wird bald eine Frau werden. Sie ist 19 Jahre alt und zum ersten Mal ahnt sie innere Konflikte. Wie schon bei der Hilde in *Studierte Mädel* spielen die Naturgewalten dann die ehestiftende Rolle. Hilde wurde von ihrem zukünftigen aus einer Gletscherspalte gerettet, Annemarie ereilt die Rettung durch Dr. Hartenstein in einer Tropfsteinhöhle, als sie in Gefahr gerät, in einem Höhlensee zu versinken. Nur in extremen Situationen wird Dornröschen wachgeküßt. Der sexuelle Tiefschlaf kann nur unter äußersten Natureinflüssen beendet werden. Erste zaghafte körperliche Liebesbezeugungen werden benannt, aber nicht beschrieben. Wichtiger ist, daß die Tochter dem Vater doch versprochen hat, das Studium zu Ende zu führen und in seine Fußstapfen zu treten. Dies Gelöbnis treibt die fast zwanzigjährige um. Pflichterfüllung hat sie schließlich bei ihrem Vater gelernt! Es dauert einige Monate, bis das Mädchen Annemarie sterben darf und die Frau Dr. Hartenstein zum Leben erweckt wird. In den Semesterferien arbeitet sie als Famulus, wie man das nannte, unter Aufsicht des heimlich geliebten Arztes in der Kinderklinik, ärgerte sich über seine »männliche Sachlichkeit und Strenge« und beweist - wir kennen das schon von Daisy - bei der Pflege kranker Kinder ihre mütterlichen und somit weiblich-reifen Qualitäten. Ein zweites Unwetter, diesmal im Schloßpark Charlottenburg, direkt bei den üppigen Armorstatuen, und die Ehe ist besiegelt. Naturkatastrophen als Geburtshelfer bürgerlicher Liebesheirat.

»Knallt ab den Walther Rathenau - die gottverdammte Judensau!« stand seit Monaten an den Hauswänden und in den einschlägigen Zeitungen zu lesen. Am Morgen des 24. Juni 1922 vollführten bezahlte Killer auf der Königsallee am deutschen Außenminister die Bluttat. »Rache für Rapallo« schallte es aus der rechten Presse. Nur die Helfershelfer, unter ihnen der Schriftsteller Ernst von Salomon, kamen vor Gericht. Die Mörder und ihre Auftraggeber hielten sich wie immer im Hintergrund. Reichskanzler Wirth sagte im Reichstag: »Der Feind steht rechts.« Das stimmte, aber diese Erkenntnis veränderte nichts.

Mag sein, am Abend des Attentats wurde in der Kantstraße im Hause Ury folgendes Gespräch geführt.

Else: Ich habe eben die Sonderausgabe der Vossischen gekauft. Schrecklich, dieses Attentat. Furchtbar!

Hans: Bald ist hier niemand mehr sicher. Erst Erzberger, jetzt Rathenau.

Mutter: So schlecht, wie die Welt heute ist, war sie noch nie. Gut, daß Vater das nicht mehr erleben mußte. Politiker werden auf offener Straße ermordet.

Hans: Ich bin sicher, dahinter stecken immer die gleichen Drahtzieher. Und immer sind es ... (Er räuspert sich.)

Else: Sag schon, wer ist es immer?

Hans: Na eben Juden, Juden sind es immer, oder die man dafür hält, die ermordet werden.

Else: Das stimmt, aber was soll das? Ist es nicht egal, ob Christ oder Jude? Es sind eben Politiker.

Hans: Ja, mir ist die Politik auch egal. Ich bin Arzt. Aber wenn es einmal nicht mehr nur um Politiker geht? Wenn es um Juden allgemein geht? Hetze gegen jeden, der so aussieht oder so angesehen wird, dann wird es schlimm.

Else: Das ist doch lange vorbei. Das ist Mittelalter, Bruderherz. Da brauchst du dir keine Gedanken zu machen. So altmodisch wird es nicht mehr werden. Das wäre doch gar nicht vorstellbar.

Hans: Hoffentlich!

Mutter: Kinder hört auf. Das Leben ist schwer genug! Bei den Preisen und der Unsicherheit. Hört bloß auf, über Politik zu reden. Endlich hat heute mal die Sonne geschienen, das ist doch auch was erfreuliches in diesem verregneten Sommer.

Else: In einem Monat geht es nach Krummhübel. Da sehe ich endlich meinen kleinen, herzigen Klaus wieder. Ach, wie ich mich darauf freue.

Hans: Wie gut, daß wir noch was zu freuen haben. Trotz alledem! Aber Angst macht mir das schon.

Else: Nun hör schon auf. Mutter wird schon ganz unruhig. Laß uns diesen milden Abend genießen und die Sommerfrische planen. Mutter, möchtest du noch auf dem Balkon liegen und etwas ruhen?

Mutter: Gern, mein Kind. Die Luft ist so mild, und ihr solltet euch auch milde Gedanken machen.

In diesem Sommer 1922 gab es in der Öffentlichkeit zwei Themen: Der andauernde Regen und die galoppierenden Preise. Die Erfolgsschriftstellerin Ury konnte mit ihrer Mutter und ihrem Bruder sechs Wochen lang ein Ferienhaus in Krummhübel mieten und einen herrlich ruhigen Sommer verleben. Sie wurde von den Verlagen in Goldmark bezahlt und war fein raus. So gut hatte es der Schwager Hugo als Beamter nicht. Er mußte kofferweise sein Gehalt abholen, und am nächsten Tag wußte seine Frau Käthe oft nicht, ob sie damit noch Milch und Brot kaufen konnte. In Breslau war der Kampf um das Überleben ähnlich hart wie in Berlin. Schon im Juni kostete ein Kilo Roggenbrot über acht Reichsmark, ein Liter Vollmilch zehn Reichsmark und ein Kilo Butter gar 144 Reichsmark. Wie gut, daß Else versprochen hatte, den kleinen Klaus für die Ferien nach Krummhübel zu holen und aufzufüttern. Else liebte den Neffen mit mütterlicher Hingabe. So war beiden Seiten geholfen. Außerdem gab es wichtige Pläne mit dem Baumeisterschwager zu beraten. Der alte Traum vom Ferienhaus in Krummhübel nahm allmählich Gestalt an. Das Haus, inmitten von Weißdorn und Kleewiesen, von Fliederbüschen und alten Bäumen, war bisher eine Pension. Haus Emden hieß sie und lag so, wie Ury es sich gewünscht hatte. Aber die Verkaufs-verhandlungen zogen sich hin, da enorme Umbauten notwendig sein würden. Der Fachmann, Schwager Hugo, wollte mit ihr alle Einzelheiten besprechen. Zum ersten Mal in ihrem Leben würde Else Ury eine eigene Wohnung einrichten, die von ihrem Geld bezahlt worden war. Ein neues, ein wunderbares Gefühl. Eine Terrasse war ihr besonders wichtig. Hier wollte sie, umgeben von blühenden Sträuchern, im Liegestuhl ihre nächsten Bücher schreiben. Hier wollte sie Ruhe von dem lauten Berliner Alltag finden. Die Mutter konnte im Garten Radiomusik hören und lesen. Trotz der vielen Leiden - sie war seit einem Schlaganfall nach dem Tod ihres Mannes leicht gelähmt und durch eine Arthritis körperlich stark behindert - war die Omama noch geistig frisch und beweglich. Sie las jede noch so verrückte Neuerscheinung: Thomas Manns *Bekenntnisse des Hochstaplers Felix Krull*, Berthold Brechts *Trommeln in der Nacht*, von Ernst Sudermann *Bilderbuch meiner Jugend*, Kathrin Mansfields *Gartenfest*, die Gedichtbände von Benn und jeden neuen Bronnen. Und immer noch las sie die schönsten Stellen laut vor. Mit niemandem konnte Else so intensiv und sachkundig über literarische Fragen debattieren, und immer wieder lernte sie von der Mutter etwas Neues verstehen, was ihr erst fremd und modernistisch erschienen war. Manche Sensation auf dem Buchmarkt oder in der Theaterwelt kam ihr gekünstelt und schwer verdaulich vor. Wie da über Sexualität gesprochen, mit Wörtern jongliert wurde, stieß Else ab. Aber die 75jährige Mutter war unverdrossen interessiert, und die Tochter kam sich manchmal ganz alt vor mit ihrer Empörung über die Jungen. »Kind, so ist das Leben«, sagte die Omama, und Else staunte insgeheim, woher die Mutter das wissen konnte. Ihr Leben war doch gewiß nicht so. Sie hatte bald nach dem Lyzeum mit zwanzig Jahren geheiratet und vier Kinder großgezogen. Mit der Literatur aber wuchs sie immer neu über ihr eigenes, enges Leben hinaus.

Klaus, der vierjährige Neffe, erinnerte sich schnell der lieben Tante Else und vergoß keine Heimwehtränen. Auch nach Berlin wollte er kommen, um Tante Else und Omama zu besuchen. Er versprach es wie ein kleiner Gentleman, und so wurde es in den folgenden Jahren bis zum Umzug nach Berlin gehalten: Viele Monate durfte er in der Kantstraße wohnen, und die beiden Frauen blühten auf, wenn der kleine Junge sie in Atem hielt.

Die Ury arbeitete und plante, kochte und sorgte, und so ganz nebenbei entstanden auch in der Sommerfrische neue Manuskripte: *Nesthäkchen und ihre Küken, Nesthäkchens Jüngste, Nesthäkchen und ihre Enkel, Nesthäkchen im weißen Haar*. 1925 waren die zehn Bände fertig.

Nesthäkchen ist Ehefrau. Die blondgelockte Hausfrau und Mutter verschwendet nach der Heirat mit Dr. Hartenstein keinen einzigen sehnsüchtigen Gedanken an das aufgegebene Studium und den Beruf. Sie ist rundum glücklich. Wenn sie abends Strümpfe stopft, liest der Mann ihr etwas vor, oder sie hört mit ihm gemeinsam Radio. Sie hören Goethes Faust oder lauschen den Meistersingern, wie auch die Ury es so gern tat. Wenn sie mit dem Haushaltsgeld nicht auskommt, mal wieder ein Essen hat anbrennen lassen oder ein weißer Kragen beim Bügeln angesengt ist, dann tröstet der gute Ehemann. Denn seine frische, muntere Frau ist seine ganze Freude. Die drei Kinder werden mit Liebe, Geduld und Zärtlichkeit erzogen. Wie es sich gehört, ist der Vater etwas strenger, die Mutter ein wenig nachgiebiger und später dann die beste Freundin ihrer heranwachsenden Töchter. Viele Unterschiede zur eigenen Jugend von Nesthäkchen sind nicht feststellbar. Sicher, das Zeit- und Lokalkolorit hat sich gewandelt. Die Hartensteins wohnen in Lichterfelde, eher am Rand von Berlin, und die Eheleute müssen wesentlich sparsamer sein, als es in der guten alten Vorkriegszeit in ihren Kreisen üblich war. Nur das Aufbegehren der jüngsten Tochter, eines musikalisch begabten Mädchens, ist radikaler. Der Vater verordnet dem Mädchen eine Banklehre, sie aber will Gesang studieren. Der Konflikt spitzt sich heftiger zu, als es noch eine Generation zuvor denkbar gewesen wäre. Doch auch hier wird wieder einmal die Ehe zum Allheilmittel des Konflikts. Das Mädchen verliebt sich in einen reichen, musikbegeisterten Brasilianer und zieht sofort nach der Hochzeit ins ferne Südamerika. Else Ury versucht sich in der Beschreibung des Lebens in Brasilien und läßt die tiefe Spaltung zwischen Arm und Reich auf einer Kaffeeplantage vor den Augen ihrer Leserinnen erstehen. Soweit bekannt ist, war die Ury nie in Südamerika. Sie scheint sich informiert und nicht mehr einzig auf die vielfältigen Beobachtungen in ihrem unmittelbaren Freundes- und Bekanntenkreis gestützt zu haben. Die Quellen ihrer Gedankenreisen in die Ferne sind nicht bekannt. Die brasilianischen Enkelinnen besuchen für ein Jahr die Großeltern in Lichterfelde, und Else Ury versteht es, die so unterschiedlichen Lebensverhältnisse in amüsanten Anekdoten aufeinanderprallen zu lassen. Im Vergleich Brasilien - Deutschland ist selbstverständlich stets der deutsche Weg der gerechtere, menschlichere und kulturvollere. Da heißt es: Das Weihnachtsfest kam heran mit seinen Geheimnissen, seinen Überraschungen, mit seinen verschlossenen Türen und der Neugier der Kinder. Deutsche Weihnacht. Sie wob ihren Zauberkreis auch um die Tropenbewohner. Keine glühende Sonne wie daheim am Weihnachtsfeste - Schnee - Silberschnee, soweit das Auge reichte. Und drinnen im Wohnzimmer der Großeltern die lichterglänzende Weihnachtstanne von der Erde bis hinauf zur Zimmerdecke. Jubelnde Enkelkinder darunter. Alle hatte die Großmutter unter dem Weihnachtsbaum versammelt, Kinder und Enkel, keines durfte fehlen. Alle hatten für ihre Omama die Hände geregt zu Weihnachten, bis hinunter zum kleinsten mit seinem geflochtenen Lesezeichen. Selbst Anita hatte ein Filetdeckchen zustande gebracht. Wie in frühen Jahren sang Ursel den Eltern das Weihnachtslied. Marietta aber gab das deutsche Weihnachtsfest noch eine andere Erfahrung. Sie hatte geholfen, eine Armenkinderbescherung vorzubereiten. Der Vater hatte reiche Mittel zur Verfügung gestellt. Was war ihre eigene Freude über die schönen Gaben gegen die, die ihr aus den strahlenden Kinderaugen erwuchs?

I Portrait von Else Ury, 1938.

II Else Ury in Berlin, circa 1896.

III Else und ihre Schwester Käthe (sitzend), 23 und 19 Jahre alt.

Pflaum & Co. Hof-Photogr. Sr. Maj. d. Königs

VI Die Mutter Franziska Ury an ihrem 80. Geburtstag in der Kantstraße 30.

IV *links oben* Der Vater Emil Ury, circa 1860/1865.
V *links unten* Familienfoto von 1912/1913. Unten sitzend Else Ury, dahinter Mutter Ury, darüber Vater Ury, hinten stehend Bruder Hans.

IX Ein Bild vom Haus in Krummhübel heute Karpacz, 1968.

VII *links oben* "Haus Nesthäkchen" in Krummhübel, Sommer. 1928.
VIII *links unten* "Haus Nesthäkchen" in Krummhübel, im Winter.

XI *oben* Mutter und Tochter Ury im Garten von "Haus Nesthäkchen", 1928.
XII *unten* Im Garten des Hauses, 1929. Von links nach rechts: Olga Davidsohn, eine Kusine, Franziska Ury, Else Ury, die Freundin Grete Levy.

X Familienfoto auf der Veranda, 1928. Oben stehend: Else Ury.

XIII *oben*Kaffeetafel im Garten von "Haus Nesthäkchen" mit Franziska Ury, Else Ury, Käthe Heymann, Sommer 1931.
XIV *unten* Else mit ihrem Bruder Ludwig im Garten, 1932.

XV Else Ury im Liegestuhl im Garten von "Haus Nesthäkchen", 1931.

XVIII Else Ury mit ihrem Neffen Klaus Heymann an der Tower-Bridge in London, 1938.

XVI *links oben* Else mit ihrer Freundin Grete Levy, 1929.
XVII *links unten* Else Ury im Riesengebirge. Im Hintergrund die Schneekoppe, circa 1935/36.

XIX Der Grabstein der Familie Ury auf dem Friedhof Berlin-Weißensee.

XX *oben* Ausschnitt aus dem Grabstein mit dem Memoriam für Else Ury.
XXI *unten* Grabplatte für Dr. Hans Ury im Urnenfeld des Friedhofes.

XII Der Gedenkstein für die Deportationsstelle Große Hamburger Straße 26 in Berlin.

Es wimmelt in diesem Band nur so von deutschen Tugenden, die die staunenden brasilianischen Zwillinge bei den Großeltern lernen: Sparsamkeit, Pünktlichkeit, Ordnung, Fleiß und soziales Engagement für die Armen in der Gesellschaft. Eins der Mädchen entscheidet sich denn auch mit ihrer Kusine gemeinsam für eine Ausbildung an der sozialen Frauenschule. Sie will sich auf die Fürsorgearbeit in Brasilien vorbereiten, wird dann aber doch von einem der Vettern in Deutschland geheiratet. Mit einer Doppelhochzeit - die der geliebten Enkelin und die goldene Hochzeit des Ehepaars Hartenstein - endet die Nesthäkchen-Serie in einem großen sentimentalen Schlußakkord.

Aus der Erfahrungswelt des ersten Weltkriegs schrieb die Ury weitere Bücher. *Flüchtlingskinder*, eine Erzählung für Kinder von sieben bis elf Jahren. Auch ein sehr patriotisches Buch. Zwei ostpreußische Kinder verlieren in den Kriegswirren ihre Eltern und müssen getrennt in fremden Familien die Kriegszeit durchleben. Der kleine Junge knetet im Kriegskinderhort selbstverständlich »unseren Kaiser« und das Mädchen erzählt freudestrahlend, daß Hindenburg die ganze Ostmark schützt. Der Junge wird auch noch ein richtiger Held: Er belauscht russische Kriegsgefangene und erfährt dabei von einer Sabotageaktion an einem deutschen Militärtransport. Hans, so heißt der Held mal wieder, läuft todesmutig dem gefährdeten Zug entgegen und rettet die deutschen Soldaten. Seine Heldentat verbreitet sich in ganz Deutschland und die nach Sibirien verschleppte Mutter erfährt auf der Flucht von ihrem tapferen Sohn. Dank der großzügigen Hilfe des Prinzen bekommt die Familie Haus und Hof zurück und ist wieder glücklich vereint. Über das Schicksal der russischen Kriegsgefangenen - sicher werden sie zu Tode geprügelt, aufgehängt oder erschossen worden sein - erfahren die zarten Seelen der siebenjährigen Kinder selbstverständlich nichts.

1920 kam auch das bereits im »Kränzchen« abgedruckte Ostpreußenbuch *Lieb Heimatland* der Ury auf den Markt. Auch hier: Kriegsbegeisterung, kaisertreue, naive Parteilichkeit für die armen Ostpreußen und gegen die »Kosakenhorden«. Wo war die Menschlichkeit der Ury, wenn es um andere Völker ging? Kannte sie nicht wenigstens aus der Literatur die russischen Menschen? Von Dostojewski, Puschkin, von Gogol und Tolstoi? Was würde die Ury sagen, wenn ich sie fragen könnte?

Vielleicht dies: Ich schreibe nur auf, was mir andere erzählen. Die Menschen erzählen mir immer viele Geschichten, Erlebnisse aus der Kriegszeit, Erlebnisse von Flüchtlingen. Sicher, russische Kinder sind auch Kinder, bestimmt wie die deutschen liebenswert und nett. Aber so ist das Leben. Ich bin eine deutsche Schriftstellerin und schreibe für deutsche Kinder. Ich brauche auch nicht viel zu erfinden. Alles, was ich höre, sind Mosaiksteine zu meinen Erzählungen. Nicht mehr und nicht weniger. Diesen kleinen Helden hat es gegeben, er heißt nur ein bißchen anders. Warum sollte ich das nicht aufschreiben?

Traurig über so viel Naivität und Ignoranz einer doch erfahrenen und belesenen Frau wende ich mich der weiteren Entwicklung zu. Stichworte zu dem, was damals Deutschland in Atem hielt: Inflation, Ruhrbesetzung, Dawes-Plan, der Hitler-Putsch und Prozeß, kurze Phase der Stabilisierung der Weimarer Republik, der »Schwarze Freitag«, Wirtschaftskrise und millionenfaches Arbeitslosenheer.

Die Ury wurde eine geachtete und beliebte Person des öffentlichen Lebens. Am 1. November 1927 feierte sie ihren 50. Geburtstag. Die aufwendig gestaltete Geschenkausgabe der zehn Nesthäkchenbände sollte im nächsten Frühjahr erscheinen. Der Meidinger Jugendschriftenverlag in Berlin gab einen

Geburtstagsempfang. Die interessierte Presse stimmte schon Wochen vorher das Publikum auf den Ehrentag der Autorin ein. Als sie sich am Morgen des 1. November sorgfältig ankleidete, das eben von der Schneiderei fertiggestellte elegante Schwarzseidene anzog, die Goldketten umlegte und sich die grau werdenden Haare frisierte, war sie ein wenig beklommen, was der Tag alles bringen würde, aber doch mit sich und der Welt zufrieden. Die kleinlichen Selbstzweifel, die sie früher hin und wieder angefallen hatten, daß sie unverheiratet, nicht besonders gebildet, nicht attraktiv, etwas füllig und sehr klein von Gestalt war, daß sie nie eine eigene Familie mit glücklichen Kindern haben würde, daß ihr Schreiben eher banal und unwesentlich war, von manchem hämisch als Kitsch bezeichnet wurde und daß das Leben für sie im Grunde vorbeigegangen war, ohne daß es richtig angefangen hatte - all diese einst bohrenden Gedanken, die unter der Maske der freundlichen Haustochter gewuchert hatten, trieben sie nicht mehr um. Sie staunte selbst, wie reich und vielfältig ihr Leben sich entwickelt hatte. Die Schriftstellerei machte ihr keine Mühe, überall wurde sie herzlich empfangen, gelobt und geehrt, die Familie versammelte sich um sie, die Neffen und Nichten liebten sie herzlich, die Mutter und die Brüder achteten sie, besonders Hans war ihr unzertrennlicher Begleiter in die Theater und Konzertsäle Berlins, auf den langen Wanderungen im Riesengebirge. Sie hatte in ihrem Bruder einen Partner, der sie schätzte und das Leben mit ihr teilte. War sie nicht die eigentliche Nesthäkchenmutter und der Vater Dr. Braun dem Bruder Hans nachempfunden? Jedenfalls hatte sie eine Familie mit Nichten und Neffen, Brüdern, Schwester, Schwager und Schwägerin, lebhaft und erfolgreich, wie sie es sich immer gewünscht hatte. Sie konnte sich finanziell alles leisten, was sie sich wünschte: Schmuck und elegante Kleidung, Reisen und angenehme Diners in vornehmen Restaurants, ein Ferienhaus und viele kleine Freuden des Alltags. Nicht viele Frauen mit fünfzig konnten auf ein so erfülltes Leben und in eine sorgenlose Zukunft blicken.

Ein letzter prüfender Blick in den Spiegel, eine kurze ordnende Handbewegung über das Haar und die breite edelsteinbesetzte Kette, die den allmählich faltig werdenden Hals schmückte. Jetzt war sie fertig und konnte dem aufregenden Rummel des Ehrentages entgegengehen. Fünfzig rote Rosen hatte Hänschen für sie bereit, und das im kalten November! Die Familie war aus nah und fern gekommen, um ihr Glück zu wünschen. Beim Empfang im Verlagsgebäude ließ man sie hochleben, wünschte ihr noch viele weitere Erfolge, hatte wertvolle Präsente und lobende Worte für sie parat. Der Empfang wurde ein einziger Triumpf! Sogar Kurt Meidinger, der alte Verlagschef, hatte es sich nicht nehmen lassen, eine Laudatio auf sie zu halten und der Kinderbuchautorin auf alle erdenklichen Arten zu schmeicheln. Die Nesthäkchen-Serie war ein immenser Erfolg, wie der Verlag ihn sich nie hatte träumen lassen. Nachmittags dann die Gratulanten aus Berlin und der nahen Umgebung, Kinder und Erwachsene bunt durcheinander. Alle hatten sie einen Glückwunsch für sie. Das reichhaltige Büfett hatte man vom nahegelegenen Hotel Adlon kommen lassen. Bei so vielen Gästen wurde schon die große Küche in der Kantstraße zu klein. Else Ury beschloß den glücklichen Tag, wie sie ihn begonnen hatte, im Kreise der Familie. Selbstverständlich war auch die Freundin Grete dabei. Das Glück konnte ihr, so dachte sie, nichts und niemand streitig machen.

Und sie schrieb ihre nächsten Kinderbücher. Diesmal eine Serie über Zwillinge. Zwillingspärchen scheinen die Autorin immer fasziniert zu haben. Gleichgeschlechtliche Zwillinge kommen bereits bei Nesthäkchens brasilianischen Enkeln vor. Auch in anderen Jugendbüchern beschäftigt sie das Problem. Meist sind diese Kinder sehr verschieden von Charakter und Temperament, und Else Ury nützt die Verdopplung zu allerlei Verwechslungsanekdoten. Anders bei verschiedengeschlechtlichen Zwillingen. Da wird das gesamte Arsenal geschlechtsspezifischer Rollenklischees ausgekostet. So auch bei Professors Zwillingen Bubi und Mädi. Immer ist das Mädchen das schüchterne, zurückhaltende, ängstliche, brave und der Junge der tapfere, kluge, abstrakt denkende kleine Forscher. Die Kinder lieben sich selbstverständlich innig und sind - bei aller Verschiedenheit - unzertrennlich. Der Vater der Zwillinge hat einen wissenschaftlichen Auftrag an der Sternwarte in Neapel, und so zieht die Familie nach Italien. Es ist ungeklärt, ob dieses Buch der Ury die Anregung gab, selber nach Italien zu fahren. Vielleicht hat auch die eigene Reise sie zum Buch angeregt. Wie dem auch immer gewesen sein mag; bei Meidingers Jugendschriftenverlag erscheint 1927 der zweite Band der Serie *Professors Zwillinge in Italien.*

Italienreisen hatten seit Goethe im deutschen Bildungsbürgertum Konjunktur. Man reiste mit Goethe und der Kunstgeschichte von Winckelmann im Gepäck. Man wollte sehen, was Goethe beschrieben hatte, und engte den Blick auf die scheinbar zeitlosen Kulturdenkmäler ein. Zwar fuhr man nicht mehr mit der Kutsche, sondern mit dem Zug, aber das aktuelle, krisengeschüttelte, von Armut und Hunger gezeichnete Italien, in dem die Faschisten ihren Führer Mussolini an die Macht gebracht hatten und jede Opposition grausam verfolgten und außer Landes trieben, war nicht im Visier der deutschen Italientouristen. Der Blick auf die Armut war lediglich ein Blick auf das Lokalkolorit. Die marschierenden Schwarzhemden, die Ende der zwanziger Jahre unerbittlich das Straßenbild der italienischen Großstädte prägten und die früher so gepriesenen italienischen Nächte durch Ausgangssperren verdarben, gehörten auch dazu. Nicht nur Else Ury und ihr Bruder lenkten ihre Aufmerksamkeit einzig auf die zeitlosen Schönheiten des Landes.

Professors Zwillinge erlebten mit ihren Eltern ein traumhaft schönes Land, politikfrei und erfüllt von den allseits bekannten Kultur- und Natursensationen aller Jahrhunderte, den Vesuv, Pompeji, die Blaue Grotte von Capri und das Castel St. Elmo oberhalb von Neapel. Und wieder wird, wen sollte es wundern, auch in Neapel nach allen Regeln der Kunst Weihnachten gefeiert. Die Kinderherzen schlugen höher, eine niedliche, kleine Zypresse ersetzte den Tannenbaum, und der Onkel aus dem fernen Deutschland spielte den Nikolaus.

Im Familienalbum der Urys gibt es eine Postkartenfotografie. Zu sehen sind Else und Hans Ury auf dem Markusplatz, auf einer Bank, umgeben von Tauben. Die Geschwister hatten sich mit der Italienreise einen alten Traum erfüllt. Else war nun wohlhabend genug, um ihn verwirklichen zu können. Ich bin neugierig, wie sie logiert haben mögen? Waren sie Signor und Signora Ury? Wie ging man in Italien mit erwachsenen Geschwisterpaaren um, beide um die fünfzig, aber noch unternehmungslustig und bildungshungrig? Es wird niemanden interessiert und niemanden gestört haben, daß da zwei freundliche Touristen aus Deutschland ihre Streifzüge durch das Land machten. Und wie werden die beiden sich gefühlt haben? Offensichtlich, das zeigt das einzig überlieferte Dokument dieser Reise, ganz ausgezeichnet und sehr glücklich. Else Ury schreibt auf der Postkarte nach Hause: »Das Brautpaar sendet aus Venedig herzliche Grüße.«

1926 war endlich der Kaufvertrag für das Haus in Krummhübel fertig. Die Ury legte ihr Geld geschäftstüchtig in Wertpapieren an und sicherte umsichtig ihre Zukunft. Der ehemalige Leiter der Buch-, Musikalien- und Kunstabteilung beim Warenhaus Wertheim, dem sowohl der Globus-Verlag als auch der frühere Meidingers Jugendschriftenverlag Berlin gehörte, bezeugte noch 1960 vor dem Nachlaßverwalter der Ury, dem Notar Dr. Kurt Landsberger, daß die Auflagen der Nesthäkchenbücher und der Serie *Professors Zwillinge* insgesamt etwa eineinhalb bis eindreiviertel Millionen Exemplare betrug. Der Ladenpreis pro Band lag bei 2,80 RM. Sie bezog 6 Prozent des Ladenpreises als Autorenhonorar und hat in dem angegebenen Zeitraum von 1922 bis 1933 etwa eine viertel Million Reichsmark als Tantiemen erhalten. In den besten Zeiten erhielt sie pro Jahr 80 000 Reichsmark. Davon ließ sich auch ein Ferienparadies bezahlen.

Im Kellergeschoß des Hauses in Krummhübel, vormals Pension Haus Emden, wohnten die Hauswartsleute Neumann mit Sohn Fritz. Frau Neumann sorgte für das Reinemachen und hielt die Wohnung in Ordnung, wenn die Urys nicht da waren. Herr Neumann betreute den Garten, dafür wohnten sie mietfrei. Im Dachgeschoß lebte eine Familie Pförtner. Im ersten Stock gab es noch eine Wohnung mit Arztpraxis. Bis 1932 war die Wohndiele ein Laden, wo man Schokolade, später Fotoartikel kaufen konnte. Eine Heizung mußte eingebaut, ein Badezimmer installiert werden, die Toilette war auf halber Treppe. Kein Luxus also, aber ein Haus, um sich wohl zu fühlen. Bei Familienfeiern rückte man gern ganz eng zusammen. Den Umbau leitete der Schwager Hugo Heymann. Er hatte, zeichnerisch begabt, irgendwann Ende der Zwanziger Jahre, eine ganz große Überraschung für Else Ury bereit. Er übertrug den Schriftzug des Einbands der Nesthäkchen-Bücher - eine kindertümelnde Sütterlinschrift - auf die Hauswand. »Haus Nesthäkchen« war geboren. Nur knapp zehn Jahre hat dieses Glück gehalten. 1936 mußte der Neffe Klaus in die Emigration nach London gehen, 1940 wurde das Haus dem Vermögen des Deutschen Reiches überstellt, der Name Ury entfernt und bis zum Ende des Krieges dem Bürgermeister zur Verwertung überlassen.

Else Ury wurde in Krummhübel zum geehrten und geliebten Mittelpunkt des Dorfes. Der Ort, attraktiver Sommerfrische- und Wintersporttreffpunkt für das ganze Reich, besonders aber für die Berliner, war stolz auf seine prominente

Bewohnerin, deren Geschichten man jetzt sogar schon aus dem Radio kannte. Die kleine Dame mit dem freundlichen Lächeln machte es den Menschen leicht, mit ihr zu leben. Wer auch immer an ihre Tür klopfte, keinen wies sie ab. Für jedes Kind hatte sie ein nettes Wort, eine Tasse Kakao, einen Keks bereit, und sie signierte gewissenhaft die Bücher, die ihr beim Einkaufen oder beim Spaziergang in die Hand gedrückt wurden.

Inzwischen hatte Meidingers Jugendschriften Verlag seinen Kinderkalender erweitert und mit verlegerischer Geschäftstüchtigkeit eine Nesthäkchen-Post eingerichtet. Da durften die Kinder der Ury Briefe schreiben und Bilder zu den Geschichten malen. Else Ury beantwortete monatlich die Kinderpost. Das Nesthäkchen-Geschäft florierte, und es paßte ausgezeichnet, wenn die Ury direkt aus dem Hause Nesthäkchen weitere Geschichten schrieb und »ihre Nesthäkchenkinder« auch mal pressewirksam mit Kuchen und Schokolade im Garten versorgte. 1932, lange nach Abschluß der berühmten Serie, entstand, wohl auf Drängen des Verlages, noch einmal ein Buch mit diesem umsatzfördernden Namen im Titel *Für meine Nesthäkchenkinder*.

Krummhübel - die Sommerfrische, der Familientreffpunkt, Ort der Weihnachts- und Silvesterfeste, die Ausruhstation. Hier verbrachte der Neffe Klaus fast alle seine Sommer- und Osterferien, hier feierte die erweiterte Familie stets gemeinsam Silvester, hier konnte Else Ury eine kurze Lebensspanne lang das verwirklichen, was sie so liebte: die heile Welt der Familie. Auch die kranke Mutter wurde per Eisenbahn, mit Hilfe einer Dauerpflegerin, nach Krummhübel gebracht und konnte an den Freuden des Familienlebens mit Kindern, Schwiegerkindern und Enkeln teilnehmen. Hier war der Platz, wo die Ury sich wohl fühlte. Hier waren die Träume intensiver, das Älterwerden weniger schmerzhaft, quälte die Migräne nur selten. Sie konnte im Liegestuhl liegen, schreiben, plaudern, Tagträumen nachhängen, die Neffen und Nichten verwöhnen. Der kleine schlesische Ferienort im Riesengebirge war von Kindheit an vertrautes Gelände. Nirgendwo war die Familie so herzlich beeinander, nirgendwo wurden die Feste so lustig gefeiert. Sie liebte die kleinen Freuden des Lebens, verstand es meisterhaft, unerfüllbare Wünsche zu verdrängen und sich einzurichten in dem, was möglich schien.

In Berlin gab es fortwährend Unruhe und Bedrohung. 1932 wurde die Familie Ury durch Krankheit und Tod von Frau und Tochter des Bruders Ludwig zu einer neuen Lebenssituation gezwungen. Sie beschlossen, daß auch Ludwig mit Mutter, Bruder und Schwester in der elterlichen Wohnung leben und seine Rechtsanwaltspraxis aufmachen sollte. So zogen sie zum Kaiserdamm 24 in eine Neun-Zimmerwohnung. Dort konnte Bruder Hans als Arzt praktizieren und die Geschwisterfamilie mit Mutter und Pflegerin gemeinsam leben.

Else Ury teilte die Sorge vieler in ihrem Bekanntenkreis nicht, daß die neue Partei von Hitler eine Gefahr für Deutschland werden könne. Sie verteidigte sogar von Zeit zu Zeit deren neue Auffassungen. Die Weltwirtschaftkrise hatte viele Leute ins Elend der Arbeitslosigkeit gestürzt, in den Familien war die materielle Basis des häuslichen Glücks in Gefahr geraten. Die Ury begann, auf einen starken Mann zu hoffen, der Deutschlands Wirtschaft wieder flott machen und das Elend beseitigen könne. Der Demokratie traute sie eine wirkliche Änderung der Lage nicht zu. »Schwatzbude« schien ihr gar kein so falscher Begriff für das sinnlose Gerangel im Reichstag. Wenn diese neue Partei nur nicht so grobschlächtig und ihre Redner nicht so dröhnend laut und ungebildet gewesen wären, hätte sie ihnen leichteren Herzens zustimmen können. Denn nicht nur in ihrem Spott auf den zersetzenden Parlamentarismus und ihrer lauthals propagierten Liebe zu einem starken Deutschland war sie den Nationalsozialisten geistig verbunden. Auch ihre Begeisterung für alles technisch Moderne machte sie für diese Ideologie empfänglich. Else Ury interessierte sich von Jugend an für alles Neue, begeisterte sich für jeden technischen Fortschritt, träumte von der filmischen Bearbeitung ihrer Bücher, liebte Radio und Telefon, schnelle Eisenbahnen und die Errungenschaften der Flugzeugindustrie. So kann es sein, daß die Zukunfts-Visionen der Naziführer - Volkswagen und Volksempfänger für jedermann - sie sehr angesprochen haben. Demgegenüber war ihr die gesellschaftliche Moderne einer demokratischen Vielfalt und des Aushaltens von Widersprüchen fremd und feindlich. Ihr naives Gesellschaftsbild von einem festen Band zwischen Arm und Reich war zwar ganz und gar nicht identisch mit der Naziideologie von der germanischen Herrenrasse, aber der feudale Untertanenstaat in technologisch fortgeschrittenem Gewande behagte der Ury schon. Daß einmal sogar ihr mittelständisches Mädchenbild unter das Verdikt der Nazi-Zensoren fallen würde, konnte sie nicht ahnen, glaubte sie sich doch stets in Übereinstimmung mit den modernsten Anschauungen und liebte es, sich darin häuslich einzurichten.

Noch war das Massenelend nicht bis Krummhübel vorgedrungen. Arbeitslosigkeit gab es hier kaum. Die wohlhabenden Touristen sicherten den Wohlstand im Dorf. Krummhübel war ihr Paradies. Die Ury ließ ihre Leserinnen immer neu an diesen Herrlichkeiten teilhaben, ob in dem Geschichtenband *Für meine Nesthäkchenkinder*, den sie 1932 quasi im Liegestuhl von »Haus Nesthäkchen« aus verfaßte, oder in einem früheren Buch *Hänschen Tunichtgut*, geschrieben schon zu Beginn der zwanziger Jahre, als das eigene Haus noch ein Wunschtraum war.

Nach dem in Trivialromanen vielfach erprobten Muster der Pensionsgeschichte ist die Erzählung vom Hänschen gebaut. Ein ungestümes, widerborstiges Mädchen von 14 Jahren ist bei der schwachen Mutter zu Hause nicht mehr zu bändigen. Sie wird in eine Pension gegeben, wo sie mit Liebe und Strenge unter dem segensreichen Einfluß der Gemeinschaft junger Mädchen zu einer vernünftigen, gezähmten und für die Ehe gut gerüsteten jungen Dame heranreift. Hänschen Tunichtgut ist kein kleiner Hans, sondern eine Johanna, die gern ein Junge gewesen wäre. In der Pension Hirschberg im Riesengebirge nimmt die Verwandlung ihren Lauf. Das Mädchen fährt mit der Bahn nach Krummhübel hinauf, genießt die Abendsonne über der glitzernden Schneekoppe und kann sich, trotz aller Verzweiflung über das Ausgestoßenwerden von Zuhause, dem Reiz des schönen Ortes nicht entziehen. Das Lokalkolorit erweitert die Ury durch die Begegnung des Mädchens mit dem von ihr hochverehrten Gerhart Hauptmann, der unweit von Krummhübel in Agnetendorf seinen Wohnsitz hat. Immer wieder begegnen wir in den Ury-Büchern diesem Dichternamen. Nesthäkchen bekommt zum 16. Geburtstag die Gesamtausgabe von Hauptmanns Werken geschenkt, das Hänschen freut sich über eine unverhoffte Begegnung mit ihm und erhält zu ihrer großen Freude eine ganz persönliche Visitenkarte. Man kann sich vorstellen, daß die Ury selbst so eine zu ihren Schätzen zählte.

Beim Schreiben der Geschichte gingen die Gedanken weit zurück in die Zeit der schwärmerischen Verehrung, der ersten Aufführungen der Dramen Hauptmanns im Deutschen Theater in Berlin, als der Dichter noch ein Umstürzler, ein sozialer Revolutionär, ein fast Verbotener war. Damals war Else mit ihrer Mutter im Theater gewesen. Trotz oder wegen der öffentlichen Aufregung um die *Weber* hatten sich die Urys eine der ersten Aufführungen angesehen. Der berühmte Regisseur Otto Brahm hatte das umstrittene Stück inszeniert. Mehrere Gerichtsverhandlungen waren der Aufführung vorausgegangen. Die damals in Preußen herrschende Polizeizensur nahm das Drama ernst. Sie beharrte darauf, daß das Stück politische Wirkungen haben würde, auch wenn der Anwalt von Gerhart

Hauptmann in seinem Plädoyer der Darstellung von Vorgängen aus den vierziger Jahren keinerlei aktuelle Bedeutung zumessen wollte. Die Theaterzensoren schrieben: »Es steht zu befürchten, daß die kraftvolle Schilderung des Dramas zweifellos durch die schauspielerische Darstellung erheblich an Leben und Eindruck gewinnen würde, in der Tagespresse mit Enthusiasmus besprochen, einen Anziehungspunkt für den zu Demonstrationen geneigten sozialdemokratischen Teil der Bevölkerung Berlins bieten werden.« Auch der Polizeipräsident argumentierte in der zweiten Verbotsverfügung, daß der »historische Abstand unwesentlich sei, da die im Stück beschriebene Gesellschaftsordnung noch die gegenwärtige ist«. Ein offenes Wort des obersten Polizisten der Kaiserstadt! Hauptmann schaltete sich in die Gerichtsverhandlung ein und versicherte, »daß es ihm vollständig fern gelegen habe, mit den Webern eine sozialdemokratische Parteischrift zu verfassen, in einer derartigen Absicht würde er eine Herabwürdigung der Kunst sehen«. Schließlich wurde die öffentliche Aufführung 1894 mit der Auflage erlaubt, daß die Preise der Theaterplätze für Arbeiter unerschwinglich zu sein und die Aufführungen nicht an Sonntagen stattzufinden hätten, damit die Arbeiter weder Geld noch Zeit hätten, die *Weber* auf der Bühne zu sehen. Pikant an der Affäre war überdies die Haltung des Kaisers. Er kündigte, wütend über die gerichtliche Genehmigung der öffentlichen Aufführung, seine königliche Loge im Deutschen Theater. Sein Zorn auf Hauptmann war andauernd und nachtragend. Zweimal, 1896 und 1899, scheiterte die Verleihung des Schillerpreises an Gerhart Hauptmann am Einspruch Wilhelms II. Erst 1914, nach öffentlichem Engagement für den obersten Kriegsherren und den patriotischen Krieg, konnte Hauptmann den Roten Adlerorden IV. Klasse vom versöhnten Kaiser in Empfang nehmen.

Für die Urys werden diese Vorgänge nur beiläufig interessant gewesen sein. Sie gehörten nicht zum »gefährdeten Publikum«. Mutter und Tochter saßen voller Erwartung in einer Loge des Deutschen Theaters. Else, ungefähr 17 Jahre alt, ließ sich von der dramatischen Darstellung der Armut und des Elends der schlesischen Weber tief rühren, durchlebte mit Abscheu die Hartherzigkeit des Fabrikanten Dreißiger, litt mit den hungernden Kindern und ließ sich von der tödlichen Kugel, die den wackeren Weber Hirse traf, erschüttern und zu Tränen rühren. Immer wieder sah sie in den folgenden Jahren, so läßt sich vorstellen, die berühmten Dramen. Las mit der Mutter gemeinsam alle Werke. Als Hauptmann 1912 den Nobelpreis für Literatur erhielt, wird sie sich mit ihm gefreut haben. Endlich hatte ihr Dichter die höchste Ehrung erhalten, die die literarische Welt zu vergeben hatte. Das war im gleichen Jahr, als der 50. Geburtstag Hauptmanns im Hotel Adlon in Berlin glanzvoll gefeiert wurde. Stand die Ury auch draußen vor dem Hotel, bei der jubelnden Menge, von der die Presse berichtete? Und später? Hat sie wie viele andere gehofft, Gerhart Hauptmann würde sich für eine Kandidatur zur Präsidentschaftswahl der ersten Republik bereit erklären? Ein herrlicher Gedanke war das gewesen: ein Dichter auf dem Prä sidentenstuhl. Aber die Ury machte ihm wegen der Ablehnung der Kandidatur sicher keine Vorwürfe. Sie hatte ihn verstanden. Kunst und Politik vertrugen sich nicht. Als Thomas Mann in seiner Laudatio zum 60. Geburtstag Hauptmann den geheimen König von Deutschland nannte, war die Ury sicher begeistert. Ein König in der Kunst war er, doch aus der Tagespolitik sollte er sich raushalten. Gerhart Hauptmann verstand es, die Herzen der Menschen zu rühren, das Mitleid mit den Ärmsten der Armen anzufachen. Wenn Parteien ihn für ihre Zwecke in Anspruch zu nehmen trachteten, zog er sich zurück, blieb er der Dichterfürst, ganz wie sein Vorbild Goethe, dem er auch äußerlich immer ähnlicher wurde. Nicht Aufruhr und Parteienstreit waren sein Geschäft - die Kunst sollte nicht befleckt werden. Else Ury war nicht erschreckt, als Hauptmann 1914 patriotische Kriegsgedichte geschrieben hatte. Dies war ihr Ansporn und Ermutigung für die eigene Position gewesen. Jenseits von Parteipolitik war Krieg in ihren Augen immer eine Sache des ganzen Volkes. Und später: Daß Hauptmann sich zur Gallionsfigur der nationalsozialistischen Kulturpolitik hat machen lassen und dem Treiben dieser Herren unwidersprochen zu Diensten war, konnte sie noch nicht wissen. Vorwürfe würde die Ury ihm deshalb nicht gemacht haben. In der Anpassung ans jeweils Herrschende war sie dem alternden Dichter ähnlich.

Jahre der Erniedrigung
1933 - 1943

Else Urys ganz persönlicher Kalender war in diesem Jahr 1933 gleichgeschaltet mit dem nationalen Siegeskalender der neuen Herrschenden. Für sie war das Jahr der nationalen Erhebung angebrochen. Endlich war das Elend der Nachkriegsjahre zu Ende, eine neue Zeit begann. In diesem Geist schrieb Else Ury *Jugend voraus*, eine Erzählung für Jungen und Mädchen.

Das Buch bietet bis auf den für die Ury etwas ungewöhnlichen Titel im kategorischen Imperativ erst einmal nichts Sensationelles. Wieder steht im Mittelpunkt des Geschehens eine ganz normale Familie. Felsing heißt sie. Diesmal ist die Geschichte im kleinbürgerlichen Milieu angesiedelt und die Ury nimmt sich erstmals des wichtigen Problems der Arbeitslosigkeit an. Das scheint ihr am Herzen gelegen zu haben.*

Der Vater Felsing ist ein braver Bankbeamter, die Mutter eine umsichtige, fröhliche, sparsame und gebildete Mutter und Hausfrau. Die vier Kinder, zwei Jungen, zwei Mädchen, gehen auf das Gymnasium, und jedes ist auf seine Art patent, begabt und liebenswert, wie Urys Helden stets zu sein pflegen. Doch der pausbäckige Familienalltag ist im Frühjahr 1932 empfindlich gestört. Der Vater wird »abgebaut«, und so gerät die Familie »unverschuldet« in Not. Der immer korrekte, fleißige Bankbeamte ist fassungslos über seine Entlassung, und nach einem Monat muß er den schweren Weg zum Wohlfahrtsamt gehen. Es war der schlimmste Tag, den Felsings bisher erlebt hatten, als der Vater zum ersten Mal stempeln ging. Einzig um der Familie willen geht er diesen entwürdigenden Gang. Doch die liebende Ehefrau und die tapferen Kinder bemühen sich nach Kräften, den Vater aufzuheitern und zu unterstützen. Die Grö-

*)Ab jetzt benutze ich fast ausschließlich Originalzitate aus *Jugend voraus.*

ßeren suchen sich kleine Verdienstmöglichkeiten, helfen im Haushalt und nörgeln nicht über die wachsenden Unbequemlichkeiten, die das Untervermieten von zwei Zimmern der Wohnung mit sich bringt. Bisher waren die Eltern bemüht, ihren Kindern alle erdenklichen Ausbildungschancen zu bieten, auch wenn es für sie materielle Einschränkungen bedeutete. Selbst sportliche Veranstaltungen unterstützten sie, weil sie der körperlichen Ertüchtigung dienen. Nun können sie in schwerer Zeit auf das Verständnis und die Hilfsbereitschaft ihrer Kinder bauen. Die Mutter kann den Einschränkungen auch manches Gute abgewinnen: es stählt den Charakter und macht für das Leben tauglich.

Im Laufe der Geschichte wird von der Ury immer häufiger ein Vokabular verwendet, wie wir es zuletzt in ihren Kriegsbüchern fanden: Das Vaterland, und immer wieder das Vaterland wird beschworen, selbst bei so banalen Alltagsdingen wie der Kinderlandverschickung oder der Annahme einer Schreibarbeit.

Der Untermieter der Felsings, ein japanischer Wissenschaftler, sucht eine Sekretärin und wundert sich, daß Mutter Felsing bereit ist, seine Arbeit zu tippen. Er wendet ein, daß in Japan eine Frau der Schmuck des Hauses sein soll und selbstverständlich nicht arbeitet. Darauf entgegnet Frau Felsing: »Das wollen wir deutschen Frauen auch sein. Aber unser Vaterland braucht die Arbeit von allen, ob Mann oder Frau, um wieder zu erstarken.«

Die Unsinnigkeit dieser Entgegnung liegt auf der Hand: Bei sieben Millionen Arbeitslosen kann eigentlich niemand davon reden, daß die Arbeit aller gebraucht wird. Außerdem braucht das Vaterland nicht Frau Felsing, sondern die Mutter braucht schlicht das Geld für die nächste Miete. Diese allgemein-politische Überhöhung von Alltagsvorgängen nimmt in dem Buch von Kapitel zu Kapitel mehr Raum ein.

Die Ferienarbeit des dreizehnjährigen Peter auf einem Bauernhof wird zur »Vaterlandsverteidigung« und zur Unterstützung des Bauernstandes als Grundstein des deutschen Volkes. Die Eltern erlauben die Fahrt auf das Land, weil es gut ist, wenn die Jugend der deutschen Scholle ihren Ertrag abzugewinnen hilft. Als es beim Kartoffelbuddeln heiß und staubig ist, ermuntert der Junge sich mit dem Gedanken an deutsche Heldentaten. Hatten andere nicht viel größere Anstrengungen und Schmerzen für ihr Vaterland ertragen? Hatten sie nicht ihre gesunden Gliedmaßen, ja ihr Leben geopfert? Und da wollte er sich um das bißchen Kreuzschmerzen haben? Die Scholle, aus der er die Kartoffeln buddelte, war deutsche Erde. Er half, dem Heimatboden seinen Ertrag abzugewinnen. Also Zähne zusammenbeißen und feste drauf los. Auch der Älteste zeigt mit vaterländischem Stolz einem amerikanischen Geschäftsmann Berlin, und als der Amerikaner nach fünf Tagen Berlin verläßt, hat er den denkbar günstigsten Eindruck von Deutschland und der deutschen Jugend bekommen. Die Einladung des freundlichen Untermieters, nach Japan zu kommen, lehnt Wolfgang stolz ab, denn: Unser deutsches Vaterland braucht jetzt seine Jugend. Jeder von uns hat die Pflicht, am Aufbau mitzuhelfen. Keiner darf eigenen Wünschen nachgeben und fahnenflüchtig werden.

Diesmal wird nicht nur deutsche Weihnacht gefeiert, daß es den Japaner zu immer neuen Begeisterungsstürmen treibt, nun soll auch gut protestantisch Konfirmation gefeiert werden.

Und während Winter und Vorfrühling miteinander um die Herrschaft rangen, während Herr Felsing sich wunderte, daß noch immer keine Nachricht von der Staatslotterie da war, während Frau Felsing überlegte und rechnete, ob man wohl ein kleines Familienfest zu Renates im März stattfindender Konfirmation geben könnte, hielt der Vorfrühling in Deutschlands Staatsregierung seinen Einzug. Plötzlich war sie da, die allgemeine nationale Erhebung Deutschlands. Die aufbauwilligen Deutschen schlossen sich unter Führung des Reichskanzlers Hitler zusammen. Mithelfen wollten sie alle, Deutschland wieder groß und stark zu machen, es aus seiner wirtschaftlichen Not zu befreien. Das ganze deutsche Volk einte sich, um dem Elend der Nachkriegsjahre ein Ende zu bereiten.

Und offensichtlich in Anspielung an den 30. Januar 1933 schreibt die Ury: Berlin war ein Flaggenmeer. Alles hoffte wieder auf bessere Zeiten. Allen voraus die Jugend, die Hoffnung des deutschen Volkes.

Die Konfirmation darf bei so viel neuer Hoffnung auch gebührend gefeiert werden. Renate, ein ernstes, fleißiges Mädchen, hat sich intensiv auf diesen Schritt vorbereitet und alle Sprüche brav auswendig gelernt. Das Geleitwort, das ihr der Pfarrer mit auf den Weg gibt, klingt schon deutlich nach den patriotischen Bekenntnissen der Deutschen Christen: »Sei getreu bis in den Tod, so will ich dir die Krone des Lebens geben.« Ja, so heißt es weiter, sie wollte getreu sein, ihrem Glauben, ihrem Volke, ihrer Pflicht. So steht Renate denn auch am 1. Mai 1933 treu mit ihrer kleinen Schwester und einem Fotoapparat dicht bei der Reichskanzlei, um den Moment, wenn der Reichspräsident und der Reichskanzler erscheinen, festzuhalten. In der Familie ist die Hoffnung auch wieder eingekehrt: Der Vater hat die Arbeit bei der Staatslotterie bekommen. Der 1. Mai erscheint plötzlich als ganz besonderer Freudentag. Leuchtender Sonnenschein vergoldet das Fest der nationalen Arbeit. Frühlingsgrüne Girlanden schmücken die Häuser, Kirchen und Plätze, schlingen sich quer über die Straßen Berlins. Fahnen flattern farbenfreudig im Frühlingswind. Draußen auf dem Tempelhofer Feld herrscht fieberhafte Tätigkeit. Schon in der Frühdämmerung beginnt das Treiben. Lieferwagen rattern, um die Lebensmittel für die Riesenmengen herbeizuschaffen, die das Fest hier begehen wollen. Am Eingang der Linden ein großes Transparent mit der Inschrift »Dem deutschen Menschen kann nur ein starkes Deutschland Arbeit geben«. Die frühlingsgrünen Linden hinab, die schon so manche große Stunde geschaut, bis zum Lustgarten hinunter ein wogendes Meer von Schulkindern. Die Jugend marschiert.

Und während zum Tempelhofer Feld all die Formationen, Verbände, Vereine, Gilden, Innungen und Betriebe, das ganze arbeitende Berlin, hinausziehen, während von außerhalb Tausende und Abertausende zum nationalen Fest der Arbeit in umkränzten Sonderzügen, blumengeschmückten Autos und Flugzeugen in die Hauptstadt befördert werden, sammelt sich die Jugend zur nationalen Kundgebung im Lustgarten. Jungdeutschland erwartet den greisen Reichspräsidenten und den Reichskanzler. Das fröhliche Stimmengewirr der Kinder verstummt plötzlich. Von der Schloßrampe herab erklingt vom Berliner Sängerbund feierlich das Lied »Deutschland, du mein Vaterland«. Riesenlautsprecher übertragen die Kundgebung. Nur mit Mühe kann der Wagen, der den Reichspräsidenten und den Reichskanzler, das alte und das junge Deutschland verkörpernd, an der lebendigen Mauer der ihnen zujubelnden Jugend vorbeiführt, bis zum Lustgarten gelangen. Ein neuer Jubelsturm, als der Reichspräsident die Rednertribüne betritt.

Von hunderttausend hellen Kinderstimmen klingt es ihm entgegen:

»Ich hab mich ergeben mit Herz und mit Hand
Dir, Land voll Lieb' und Leben, mein Vaterland.«

Der alte Generalfeldmarschall spricht. Er begrüßt die Jugend, die sich hier aus allen Volksschichten versammelt hat, um sich zum gemeinsamen Vaterlande, zur pflichtreuen Hingabe an die Nation, zur Achtung vor der schaffenden Arbeit zu bekennen.

»Ihr seid unsere Zukunft! Ihr müßt erst das Erbe der Väter auf euere Schultern nehmen, um es zu erhalten, zu festigen und auszubauen. Nur wer gehorchen lernt, kann später auch

B.W.

befehlen. Nur wer Ehrfurcht vor der Vergangenheit unseres Volkes hat, kann dessen Zukunft meistern.«

Mit dreifachem Hurra auf Deutschland schließt der greise Reichspräsident. Das Deutschlandlied erbraust. Das ganze deutsche Volk - alle wollen sie geeint an der nationalen Arbeit mithelfen. Jugend voraus!

Jugend voraus ist das letzte Buch der Ury. Und nach seiner Lektüre möchte ich eigentlich aufhören, mir ein Bild von ihr zu machen.

Was kann sie nur getrieben haben, die sie umgebende Realität gänzlich zu leugnen, den Plattheiten von der nationalen Erhebung Deutschlands Glauben zu schenken und sie für Knaben und Mädchen gefällig aufzubereiten?

Gab es am Kaiserdamm keine SA, die gröhlend durch die Straßen zog und »vom Judenblut, das vom Messer spritzt« brüllte?

Wo war sie am 1. April, dem Boykottag gegen jüdische Geschäfte, dem brutalen Vorboten späterer Pogromnächte?

Kannte sie das erste Rasse-Gesetz der Hitler-Regierung nicht, das Juden den Beamtenstatus entzog? Wußte sie nichts von dem Entzug der kassenärztlichen Zulassung für jüdische Ärzte vom 22. April?

Sollte sie nichts von den Verboten der legalen Parteien und Gewerkschaften, nichts von Verschleppungen und Ermordungen Tausender Oppositioneller nach dem Reichstagsbrand gehört haben?

Nichts von der Bücherverbrennung vor der deutschen Oper am 10. Mai? Sie hörte doch sonst so gern Radio!

Else Ury hat - so will es die Familiengeschichte wissen - gegen die Hakenkreuze auf einem Bild vom Maifeiertag auf den letzten Seiten des Buches heftig protestiert. (siehe Abbildung.) Diese Symbolik hat sie abgelehnt. Ihr Protest ist aber, so sagt Herr Heyman, nicht gehört worden. So weit - so klar. Aber das

Buch selbst scheint in der Familie Ury nicht weiter Gegenstand der Auseinandersetzung gewesen zu sein. Von Protesten gegen eventuell vom Verlag erzwungene Formulierungen ist jedenfalls nichts bekannt. Sollte gegen Else Urys Willen dem Buch eine nationalsozialistische Tendenz verordnet worden sein?

Vom Verlag ist nur bekannt, daß er gut an Else Ury verdiente und sein Name 1941 erloschen und sein Bestand vom Globus-Verlag übernommen worden ist Es könnte sein, daß dies eine »Arisierungsmaßnahme« war, weil der Verlag nach den Rassegesetzen als »jüdisch« galt. Vielleicht hat der Verlag 1933 wirklich unter politischem Druck gestanden. Aber Else Ury hatte es finanziell nach 38 erfolgreichen Büchern eigentlich nicht nötig, Hitler gegen ihren eigenen Willen öffentlich Referenz zu erweisen.

Das kann nicht der Grund ihrer nationalistischen Schreibe gewesen sein.

Else Ury war eine unpolitische, konservative Frau des deutschen Bürgertums, die mit großer menschlicher Anteilnahme das Massenelend der Arbeitslosigkeit sah und im Sog der Massenbegeisterung Hitler für eine mögliche Lösung aus der tiefen Staatskrise hielt. Sie hat 1933 die Augen vor der politischen Wirklichkeit verschlossen, wie sie es für die Geschehnisse im öffentlichen Raum ihr ganzes Leben getan hat. Sie hat einmal mehr der heilen, deutschen Familie ein Denkmal setzen wollen. Nationalsozialistische Machtergreifung ist hier nur Lokalkolorit!

Gehörte sie denn zu den deutschen Frauen, die Hitler zujubelten, weil er versprach, die Arbeitslosigkeit zu beseitigen?

Gehörte sie zu den deutschen Frauen, die Hitler zujubelten, weil er für Deutschland Stärke und Größe versprach?

Diese Frauen soll es gegeben haben - wenn auch sicher nicht in dem Ausmaß, die manche Historiker unterstellen und naive Jublerinnen zu geschichtsträchtigen Subjekten hochstilisieren.

Was hat die Ury gedacht, als Hilter von der Verschwörung des Weltjudentums und der germanischen Rasse als Herrenrasse brüllte und die Juden als Ungeziefer, als Krebsgeschwür am arischen Leib, das es auszuradieren gelte, bezeichnete?

Hat sie dies alles als vorübergehende Überhitzung oder als Nebensache angesehen? Hat sie gemeint, der Zweck, Beseitigung der Arbeitslosigkeit, heilige die Mittel? Und als den jüdischen Ärzten die Kassenzulassung entzogen wurde? Hat sie nur die Ausnahme der ungeheuerlichen Regelung zur Kenntnis genommen, daß Ärzte, die einmal Frontkämpfer waren, von dieser Verordnung nicht betroffen sein sollten. Es hat nicht wenige jüdische Ärzte und andere jüdische Intellektuelle gegeben, die durch die infamen Ausnahmeregelungen in ihrem Glauben bestärkt wurden, daß Hitler nur die »undeutschen«, die national nicht zuverlässigen, die nicht genügend assimilierten Juden meinte und gegen sie vorginge, die »guten« deutschen Juden aber nichts zu befürchten hätten.

So könnte sie es verstanden haben. Unter den jüdischen Bürgern Berlins gibt es 1933 solche Auffassungen. Man hält die eigene Position für relativ sicher, hofft, daß sich der Antisemitismus gegen die verachteten Ostjuden austoben wird, ermahnt sich untereinander, Reichtum und Wohlstand nicht zu aufdringlich nach außen zu kehren, bescheiden und der ökonomischen Not der Mehrheit angemessen zu leben und sich der nationalen Erhebung zur Verfügung zu stellen.

Else Ury hat sehr bald erfahren müssen, daß sie sich in der Einschätzung der Lage grundlegend getäuscht hatte. Ein Brief, den der Bankbeamte Kast von der Commerzbank in Halensee 1948 an den Neffen Klaus Heymann schrieb, zeigt, daß sie 1938 ihre Situation als Jüdin bewußt begreift. Else Ury soll damals auf seine Vorhaltungen, doch das Land zu verlassen, gesagt haben:

»Wenn meine Glaubensgenossen bleiben, dann habe ich so viel Mut und Charakter und die feste Entschlossenheit, ihr Los zu teilen.«

Sie hat ihr Los teilen müssen. Unzählige antijüdische Verordnungen, Gesetze und Erlasse des faschistischen Deutschlands treiben die deutschen Juden ins unsichtbare Getto und später in die Vernichtungslager. Der leidvolle Weg der Austreibung Else Urys aus Deutschland beginnt, noch während *Jugend voraus* gedruckt wird.

Gab es jemanden in der Familie, der bewußt die Situation erfaßte, der die Nazis durchschaute? In erster Linie könnte das der Bruder Hans gewesen sein. Hans war sehr sensibel, wurde immer stärker depressiv, quälte sich in Alpträumen mit den SA-Horden, ging kaum noch aus dem Haus, war manchmal nicht ansprechbar, weigerte sich vielleicht, das Buch der Schwester zu lesen. Im Hause Ury wurde traditionell nicht über Politik diskutiert. Diese von der Omama hochgehaltene »gute Regel« wurde plötzlich immer häufiger durchbrochen. Der Alltag schwemmte die verachtete Politik ins Haus. Daran zerbrachen auch die grundlegendsten Gewohnheiten der Urys. Selbst in Krummhübel und zu den hohen Feiertagen.

Silvester 1933: Die Familie ist versammelt. Man sitzt bei Berliner Pfannekuchen und Kaffee beieinander. Omama, trotz der körperlichen Gebrechen hoch aufgerichtet im Sessel, in feierlichem Schwarz mit Brosche und Goldkette ganz oben am festlich gedeckten Tisch, rechts und links nach der Tradition die Brüder Hans und Ludwig, dann Käthe mit Schwager Hugo, neben Hans die Schwester Else. Tante Olga. Die Söhne und Töchter, und Klaus, der Jüngste am unteren Tischende. Vielleicht noch Kurt, der Sohn eines verstorbenen Vetters. Er ist seit langem Waise, und bei Tante Else ein gerngesehener Gast.

Frau Neumann, die Hauswartsfrau, hat vormittags geholfen. Jetzt sitzt sie mit Mann und Sohn in der eigenen Stube im

Kellergeschoß. Familienfeste gehören der Familie. Man denkt wie stets an das vergangene Jahr zurück. Vielleicht aber ist heute die Stimmung bedrückt, keiner traut sich so recht an die traditionellen Anekdoten heran. Mag sein, daß am Vormittag beim Spaziergang durch den Schnee alte Bekannte aus dem Dorf den Kopf zur Seite drehten, nicht mehr grüßten, mag sein, daß man wieder einmal von antijüdischen SA-Übergriffen aus dem Nachbardorf gehört hatte.

Am Vormittag könnte sich diese Szene in Haus Nesthäkchen abgespielt haben: Im Radio peitschte Goebbels wieder einmal unmißverständlich den Haß auf die jüdischen Bürger hoch, seine Stimme überschlug sich in Beschimpfungen, gnadenlos forderte er die Errichtung eines germanischen Staates und einer germanischen Kultur, und die Omama hatte den Volksempfänger erst abgestellt, als Hans mit schweißnassem Angstgesicht heruntergelaufem kam und sagte: »Mutter, ich bitte dich, müssen wir uns das auch noch anhören!«

Das Gespräch am Kaffeetisch nimmt anfangs seinen typischen Verlauf. Man freut sich über die witzigen Bemerkungen vom Jüngsten, lauert gespannt, wer den Pfannkuchen mit Senf erwischt, und lacht liebevoll-schadenfroh, als Tante Else ihr Gesicht mit senfgelbem Mund angewidert verzieht. Und dann schwappt die zurückgehaltene Politik doch in die Runde. Vielleicht hat Tante Ola erzählt, daß wieder ein Freund nach Südamerika geht, daß auch Freunde aus Krummhübel oder Breslau Visa beantragt haben für die USA oder England.

Hans: Das neue Jahr, ich sag es euch, wird keine Besserung bringen. Wir müssen raus. Ludwig, was denkt denn ihr in Juristenkreisen?

Ludwig: Hans, es stabilisiert sich. Die Verordnungen sind teilweise so gegen die Rechtsordnung, daß sie zurückgenommen werden müssen. Das alles war wohl der erste Überschwang. In anderen Zeiten haben Umwälzungen auch immer anfänglich Chaos gebracht. Das ordnet sich.

Hans: Nichts ordnet sich. Die SA ordnet mit den Stiefeln.

Else: Bruderherz. Du siehst das zu pessimistisch. Als wir neulich Lessings *Nathan* sahen, habe ich gedacht: Das ist die ganze Wahrheit. Gleich, ob Christ, ob Jude, Mensch zu sein, darauf kommt es an. Und das werden die oben auch noch einsehen. Man kann doch nicht die ganze Intelligenz ausdünnen, rausekeln. Die deutsche Kultur ist viel zu wertvoll, um so behandelt zu werden.

Mutter: Kinder, laßt es doch wenigstens heute, das Politisieren. Und außerdem, diese neue Staatsregierung ist nicht von Dauer, in wenigen Monaten ist sie weggefegt. Ich bin da ganz sicher.

Else: Ja, Mutter, das glaube ich auch. Gebt mir noch etwas Kaffee, der Senfgeschmack ist scheußlich. Dir, lieber Klaus, dir hätte ich ihn gegönnt!

Und sie lacht ihr ansteckendes Lachen, und die Familie ist froh, die dumpfen Zukunftssorgen für einen Augenblick weglachen zu können. Sie lachen mit. Sie feiern Silvester, wie sie auch Weihnachten gefeiert haben. Mit vagen Hoffnungen, daß der Spuk bald zu Ende sei, mit stillen Plänen, daß man doch ausreisen und die Heimat Deutschand für immer verlassen müsse, mit Vermutungen, daß die eigene Position gesichert und auf Dauer nicht gefährdet sei.

1934 quollen die Straßen über von SA-Aufmärschen ungeahnten Ausmaßes. SA-Chef Röhm zielte auf Machtzuwachs und wollte eine zweite Revolution. Hitler setzte auf eine zukünftige Reichswehr, die ihm nach dem bevorstehenden Tod des alten Reichspräsidenten Hindenburg unterstellt sein würde und die für seine Welt-Eroberungspläne tauglich gemacht werden sollte. Der Mord an Röhm mag die Urys eher beruhigt und erleichtert haben. Der war ein Krakeeler und

Hetzer. Die SA war in den bürgerlichen Kreisen verhaßt und verpönt. Die Reichswehr aber war eine vertraute Größe. Ihre Stärkung konnte man nur begrüßen.

Schrieb die Ury in dieser Zeit noch weitere Mädchengeschichten? Bot sie den Verlagen Manuskripte an oder war ihr schon angedeutet worden, daß sie als Jüdin keine Druckerlaubnis mehr bekommen würde? Vielleicht aber hatte sie, besonders nach dem Tod des von ihr immer noch verehrten Reichspräsidenten Hindenburg, im August 1934, erkannt, daß es gegen die Alleinherrschaft Hitlers kein Mittel mehr gab und sie als Jüdin immer mehr ins Abseits der Gesellschaft zu geraten drohte. Es soll einen Freund oder Bekannten in der Reichsschrifttumskammer gegeben haben. Hat der ihr klaren Wein eingeschenkt?

Wir wissen es nicht genau und können nur ahnen, daß ihre immer wieder beschworene Lessing-Weisheit vom Mensch-Sein, unabhängig von Herkunft und Konfession, keine geistige Abwehrkraft bot, die ganze Brutalität der Gettoisierung und Vernichtungspolitik der Nazis zu erkennen und sich von Deutschland abzuzwenden.

»Wer Hitler wählt, wählt den Krieg!« hatten jüdische Intellektuelle schon 1931 propagiert und für sich daraus Schlüsse gezogen. Bis zum Frühjahr 1935 emigrierten ungefähr 60 000 Juden aus Deutschland, hauptsächlich nach Palästina, was für die Ury keine Perspektive sein konnte. Noch war sie Mitglied des Reichsverbands deutscher Schriftsteller, noch wurden ihre Bücher frei verkauft und auf den Buchmessen und in den Katalogen angeboten. Noch ging Klaus fast unbehelligt ins Gymnasium und bereitete sich auf das Abitur vor. Noch konnte die Familie einträchtig beieinander sitzen und deutsche Weihnachten feiern.

Station 1
Ausschluß aus der Reichsschrifttumskammer

Das genaue Datum ist bekannt: 6. März 1935 (Dokument 1). Nach den Anordnungen des Reichspropagandaministers Dr. Goebbels für die Entfernung von Volksfeinden aus dem deutschen Kulturleben reichten für die einfachen Fälle von Ausschluß Formblätter, in die die Namen der Betroffenen einzutragen waren. Per Post als Einschreiben sollten die Adressanten das Schreiben erhalten. Solch einen Formbrief wird die Ury bekommen haben. Einziges Rechtsmittel gegen den Ausschluß aus dem Reichsverband Deutscher Schriftsteller: Beschwerde beim Präsidenten der Reichs-kulturkammer. Er allein entschied über Aufnahmen und Ausschlüsse.

Was wird Else Ury gedacht haben, als sie den als Einschreiben wichtig gemachten Amtsbrief gelesen hatte? Unfug? Wahnsinn! Mißverständnis? Gemeinheit! Ich werde mich beschweren! Ich werde Protest einlegen! Das kann man mit mir doch nicht machen, gerade nach meinem letzten Buch. Irgendeine untere Charge hat da einen Fehlgriff getan. Von ganz oben kann das nicht kommen.

Wird sie mit ihrem Bruder, dem Juristen, über juristische Schritte beraten haben, von denen der dann traurig abgeraten hat? Wird sie voller Empörung dieses lügenhafte, widerliche, grausame Regime verflucht haben? Wird sie sich, wie oft in Krisen, in ihr Zimmer, in ihre Migräne verzogen haben, stumm leidend, um dann nach einigen Tagen entschlossen zu sagen: »Ich schreibe nie mehr eine Zeile«? Wird sie auch jetzt die oft geübte Kunst der Anpassung an die Verhältnisse praktiziert und sich entschlossen dem Haushalt, der Pflege der Mutter, den vielfältigen Verwandten in Not und der schwieriger werdenden Alltagsorganisation gewidmet haben?

Else Ury schreibt nicht mehr. Staatlich verordnetes Schreibverbot. Im Katalog des Deutschen Börsenvereins, Band 1931-1935, werden die Titel ihrer Bücher letztmalig erwähnt, zu ermäßigten Preisen selbstverständlich.

Will man nur die Jüdin treffen oder auch ihre Bücher?

Die nationalsozialistische Erziehungsideologie hatte keinen Bedarf an Mädchenbüchern à la Ury. Im Gegenteil: Sie verdrängte sie per Verordnung, Erlaß und mit gezielten Säuberungen der Bibliotheken. Wer hätte das gedacht? Die Ury selbst nicht, aber wir Heutigen auch nicht. Waren wir nicht der Auffassung, es gäbe eine sehr enge Verbindung zwischen dem Mädchen- und Frauenideal der Nesthäkchen-Serie und der nationalsozialistischen Schwärmerei von gesunder Familie, natürlicher und heiliger Bestimmung der Frauen als den Müttern künftiger Soldaten? Doch die nationalsozialistischen Wunsch-Mädchen sollten nicht frech, nicht kess, nicht fraulich, nicht widerspenstig und schon gar nicht studiert sein. Mädchenbücher machten weichlich und verschroben und erzogen die heranwachsenden Soldatenmütter nicht zu Kampfgefährtinnen der deutschen Männer. Die neue Frau mußte hart sein, ihre Pflicht eisern erfüllen, dem Soldaten eine echte Lebenskameradin werden, kein Mitleid kennen und ihre Kinder im soldatischen Geiste erziehen. Nur wenige spezielle Mädchenbücher finden die Gnade der Zensoren, nur wenige entstehen neu. Ihre Titel sind Programm: *Mädel im Kampf um die Ostmark, Zickezacke - Landjahr Heil!, Friedel im Pflichtjahr, Flink wie Windhunde, Der Bund deutscher Mädel.*

Doch auch nach der Verfemung der Ury werden die Nazi-Ideologen das Interesse an ihren Büchern in der Bevölkerung nicht los. In der Geschichte des deutschen Jugendbuches von 1942, erschienen in Leipzig, mahnte die anfangs schon erwähnte Irene Graebsch nachdrücklich vor dieser Gattung Mädchenliteratur, »deren nachhaltige Wirkung wir noch immer (1942!) verspüren. Diese Literatur führe«, so schreibt sie weiter,

»zu den ebenso törichten, aber weit verbreiteten Fortsetzungsgeschichten von Emmy v. Rhoden *Trotzkopf* und den Nesthäkchenbänden der jüdischen Verfasserin Else Ury, die hier deshalb ausdrücklich aufgeführt wird, weil sie noch heute gelesen wird, ohne daß man über ihre Abstammung unterrichtet ist«.

Alltag in Berlin 1935. Kaiserdamm. Else Ury ist 57 Jahre alt. Sie ist eine Berühmtheit. Die Kinder kennen sie, begrüßen sie auf der Straße und erzählen am nächsten Tag stolz in der Schule: »Ich hab die Ury gesehen, sie hat mir zugenickt.« Und die Mütter und Großmütter freuen sich mit und möchten auch einen Gruß der prominenten Frau erhaschen. Man kennt doch ihre Bücher, ihre Radiostimme, auf die »Kränzchen-Zeitschrift« war man von Kindheit an abonniert, die Nesthäkchenpost hat man in der Schule mit den Freundinnen ausgetauscht. Und jetzt das: Jüdin soll sie sein. Hat das jemand gewußt? Das hat niemand geahnt. Aussehen tut sie auch nicht so. Aber wenn man jetzt so ganz genau hinsieht, dann ist das nicht von der Hand zu weisen. Blond ist sie nicht, aber sehr klein, und eine starke Nase hat sie auch. Doch ihre Heldinnen sind alle immer sehr blond gewesen, besonders das Nesthäkchen, die Annemarie Braun. Also, was es alles gibt! Else Ury - eine Jüdin. Nicht zu fassen! Man wird die Kinder ermahnt haben, jetzt nicht mehr gleich loszulaufen, wenn man der Ury flüchtig begegnet. Die Zeiten sind kompliziert, und man kann ja nie wissen. Sie ist aus der Reichsschrifttumskammer ausgeschlossen. Der Dr. Goebbels scheint sie nicht zu mögen. Da muß man vorsichtig sein, nicht gleich auf sie zuspringen, wenn man sie sieht. Weggucken sollte man auch nicht. Aber auf sie zugehen wie früher, das muß nicht sein. Heute haben die Wände Ohren und das Straßenpflaster Augen.

So wird man 1935 in Berlin geredet haben. Es war die Kontaktvermeidung unter Zwang, die Abwendung der Mehrheit von der Minderheit, ein Antisemitismus des Wegguckens, der die folgenden Verbrechen erst möglich werden ließ.

Ich stelle mir in dieser Situation ein Interview mit Else Ury vor. Als deutsche Journalistin wird es nicht mehr möglich sein - das hätte keine Zeitung gekauft, nicht mal die Frankfurter -, also als Korrespondentin des »Amsterdamer Dageblats«, Wochenendausgabe. In den Niederlanden sind mehrere ihrer Bücher erschienen. Man kennt sie dort. *Benjaminnetje en haar poppen* war ein großer Erfolg.

Else Ury, ich danke Ihnen, daß dieses Gespräch doch noch zustande gekommen ist. Am Telefon sagte ich Ihnen schon, daß ich für die Wochenendausgabe des »Amsterdamer Dageblats« arbeite und unsere Zeitung in Berlin akkreditiert ist. Ich habe von entsprechender Stelle die Erlaubnis eingeholt, mit Ihnen zu sprechen.

Gut, fragen Sie. Bisher war ein Interview, mit wem auch immer, kein Problem. Bis in mein Ferienhaus in Krummhübel sind die Journalisten mir gefolgt. Ich bin daran gewöhnt und scheue kein Gespräch.

Bitte erklären Sie unseren Lesern in Amsterdam, warum bleiben Sie in dieser Situation in Berlin? Warum reisen Sie nicht aus?

Ausreisen, ausreisen, jeder spricht jetzt von Ausreisen. Ich kann das schon nicht mehr hören. Ich bin eine Deutsche und reise nur, wenn ich in Urlaub fahre. Ist jetzt Urlaubszeit? Und dann kehre ich auch hierher zurück. Das hier ist meine Heimat.

Verehrte Frau Ury, die Regierung des Deutschen Reiches hat sie mit Schreibverbot belegt und Sie aus der Reichsschrifttumskammer ausgeschlossen. Wie stehen Sie dazu?

Das ist eine neue Situation. Ich hatte nicht damit gerechnet.

Als Jüdin hatten Sie nicht damit gerechnet?

Nein, in unserer Familie spielte dies keine Rolle. Wir sind eine alte Berliner Fabrikantenfamilie, eine deutsche Familie, wenn Sie so wollen.

Wie stehen Sie als Autorin von *Nesthäkchen* und besonders von *Jugend voraus* zu dieser Maßnahme?

Ich stehe gar nicht dazu, aber ich kann es mir erklären. Man ging eben einheitlich vor. Der Kammer blieb aufgrund der Ahnenunterlagen keine andere Wahl. Mancher aus diesen Kreisen hat mir versichert, daß man mich nicht persönlich treffen wollte.

Aber man hat Sie doch getroffen!

Sicher, man hat mich getroffen. Aber wissen Sie, junge Frau, ich bin alt. Über drei Millionen verkaufte Exemplare meiner Bücher habe ich erlebt, 39 Bücher geschrieben, zahllose Artikel, Interviews, Radiogeschichten. Mit diesem Erfolg habe ich selbst nie gerechnet. Wenn ich jetzt nicht mehr schreiben soll, gut denn, dann schreibe ich nicht mehr. Ich werde mich nicht über Langeweile zu beklagen haben. Es gibt so viel zu tun, und ich lebe gerne mit meiner Familie, den vielen Freunden und Bekannten.

Frau Ury, Sie haben besonders mit *Nesthäkchen* großen Erfolg gehabt. Wie erklären Sie sich, daß die neue deutsche Regierung auch diese Erfolgsserie mit Verbot belegt hat?

Ach, wissen Sie, das ist eher so eine Kurzsichtigkeit oder auch ein Übereifer unterer Chargen. Die Nesthäkchen-Serie wird Bestand haben. Da bin ich ganz sicher. Mädchen wie Annemarie Braun werden immer neu geboren, und solche werden stets ihr Bestes geben, um einem Volk auch in seinen schwierigsten Zeiten beizustehen. Davon bin ich fest überzeugt.

Frau Ury, erlauben Sie mir bitte zum Schluß noch eine Frage: Werden Sie Protest gegen das Schreibverbot einlegen?

Nein, mit Sicherheit nein. Ich habe in meinem Leben, wie ich Ihnen schon sagte, sehr viele Bücher geschrieben und bin darüber eine eine bekannte Schriftstellerin mit gutem Einkommen geworden. Aber ich hatte es nie nötig zu schreiben. Jetzt werde ich meinen vielen häuslichen Verpflichtungen nachkommen, für die Pflege meiner alten Mutter mehr Zeit und Muße haben. Die Zeiten sind aufregend und schwer. Da tut es gut, nicht ans Schreiben zu denken, keinen Termindruck zu haben. Und jetzt möchte ich mich von Ihnen verabschieden. Die Pflicht ruft. Grüßen Sie die Leser Ihrer Zeitung, unter denen sicher auch Leserinnen meiner Bücher sind.

Selbstverständlich. Sehr viele sogar. Ich danke Ihnen für das Gespräch.

Station 2
Nürnberger Rassegesetze - Olympiade in Berlin - Der Neffe Klaus geht ins Exil

1935 »Reichsbürgergesetz« in Nürnberg erlassen.

Juden sind Staatsangehörige minderen Rechts. Die rassische Definition der Juden erklärt alle zu Semiten, die drei oder vier jüdische Großeltern haben. Als Mischling gilt, wer nur zwei jüdische Großeltern hat, aber sich zur jüdischen Religion bekennt (Geltungsjude) und alle, die einen jüdischen Ehepartner haben. Ohne Ariernachweis ist z.B. eine Immatrikulation an einer deutschen Universität unmöglich.

Das Gesetz zum Schutze des deutschen Blutes und der deutschen Ehre verbietet Ehen zwischen Deutschen und Juden und stellt jeden zwischengeschlechtlichen Kontakt unter Strafe. Zur Verhinderung von »Rassenschande« dürfen in jüdischen Haushalten keine weiblichen, »arischen« Angestellten unter 45 Jahren beschäftigt sein.

Verbot der Sozietätsbildung jüdischer Rechtsanwälte mit »arischen« Anwälten.

Wie wird diese schrittweise Entrechtung und Ausgrenzung in Else Urys Leben hineingewirkt haben?

Bis zur Abfahrt von Klaus nach London, direkt nach seinem Abitur, lief für sie das Leben fast noch normal. Das war 1936. Es gab Willkürmaßnahmen, die den Alltag bedrohlich machten, Verhaftungen, einfach von der Straße weg, ohne daß Frau und Kinder von ihrem Manne und Vater hörten, Enteignungen und Demütigungen, die man früher nicht für möglich gehalten hatte. Es gab Berufseinschränkungen und Existenzvernichtungen, die ungeheuerlich waren. Da wurde der Schwager Heymann, der Vater von Klaus, aus dem Amt entlassen. Der Bruder Ludwig als Rechtsanwalt fiel zwar unter die »Ausnahmeregelung für ehemalige Frontsoldaten«, doch auch ihn trafen die Ausnahmegesetze. Kein »arischer« Deutscher durfte mit einem Juden eine Sozietät gründen. Schilder an Geschäften und Restaurants tauchten auf: »Juden unerwünscht«. Sogenannte Judenbänke, gelb gestrichen, wurden in den Parks aufgestellt und niemand setzte sich drauf. Aussonderung in jeder Selbstverständlichkeit des Alltags. Jahrelang vertraute Patienten kamen nachts durch die Hintertür zum Bruder in die Praxis. Alte Bekannte und Freunde grüßten auf der Straße nicht mehr, kamen nicht einmal mehr zu den Geburtstagen in die Wohnung, wechselten auf die andere Straßenseite, wenn ein Ausweichen unmöglich war. Und die Ury wird mit verzeihendem Lächeln die Freunde ermuntert haben, sie auf der Straße nicht zu beachten, weil das doch nur unnütze Schwierigkeiten brächte. Bitter weh wird ihr diese Ausgrenzung und Isolierung getan haben. Aber die Freunde und Bekannten werden sich an ihre verständnisvolle Empfehlung gern gehalten haben. So machten die deutschen Juden es der Mehrheit meist sehr leicht, an ihrer totalen Absonderung mitzuwirken. Das Hausmädchen mußte gehen, weil »Arische« unter 45 Jahren nicht bei Juden arbeiten durften. Rassenschande! Ein empörendes Wort. Diese staatshoheitlich verordneten Beleidigungen und Demütigungen kränkten tief und machten die Urys und mit ihnen die vielen unpolitisch konservativen Menschen im Innersten schutzlos und verletzbar gegen eine nie geahnte Brutalität des Alltagslebens. Wer einmal Hitler für den Mann zur Rettung Deutschlands gehalten hatte und von ihm erhoffte, daß endlich Arbeitslosigkeit, Chaos und Not beseitigt würden, hatte wenig Abwehrkräfte gegen die fortgaloppierende Gettoisierung.

Die Urys wurzelten nicht in der jüdischen Glaubensgemeinschaft, ihre Verankerung und Liebe zur deutschen Kultur als ihrer eigenen machte sie heimatlos, bevor sie gänzlich aus Deutschland ausgetrieben waren. Widerspruch bestimmte nicht ihr Denken, Widerstand war nie ihre Reaktionsform auf die öffentlichen Angelegenheiten gewesen. Else Ury war in ihrem Leben auf Harmonie und Anpassung gestimmt. Sie wird die Gegnerschaft eines ganzen Staates gegen ihre (Un-)Person als tiefe Kränkung und Verunsicherung erlebt haben.

Gesetze wurden gemacht, die mit Recht nichts zu tun hatten. Die Rassengesetze verfolgten gnadenlos das Ziel, den Juden ihre Mitgliedschaft in der deutschen »Volksgemeinschaft« unmöglich zu machen und sie zu Ausländern in Deutschland zu stempeln. Die besten unter den deutschen Künstlern wurden aus Theatern, Orchestern und Filmstudios entlassen.

Erschreckt von dem Ausbluten der Orchester schrieb der Dirigent Wilhelm Furtwängler im April 1933 an Reichsminister Goebbels:

»Nur einen Trennungsstrich erkenne ich letzten Endes an: den zwischen guter und schlechter Kunst. Während nun aber der Trennungsstrich zwischen Juden und Nichtjuden, auch wo die staatspolitische Haltung keinen Grund zu klagen gibt, mit geradezu theoretisch unerbittlicher Schärfe gezogen wird, wird jener andere, für unser Musikleben auf die Dauer so wichtige, ja entscheidende Trennungsstrich, der zwischen gut und schlecht, allzu sehr vernachlässigt.«

Sein Appell verpuffte. Goebbels verfolgte jeden jüdischen Künstler kompromißlos. Er hatte ein klares Ziel: jüdische Kultur zur Gettokultur zu degradieren.

Nur im Jüdischen Kulturbund, unter strengster Aufsicht der Gestapo, durften die entlassenen Künstler noch auftreten. Der Mitgliedsausweis des Kulturbundes verbot »Ariern« den Eintritt in die Veranstaltungen, die Juden sollten erzwungenermaßen unter sich bleiben. Der Jüdische Kulturbund wurde zuerst als Selbsthilfe- und Notorganisation für die arbeitslosen Künstler gegründet, dann aber als Getto jüdischer Kultur mißbraucht und die Veranstalter streng verpflichtet, »keine deutsche Kultur« in ihr Programm aufzunehmen.

Und doch erlebte Else Ury dort manchen unvergeßlichen Abend: *Nathan, der Weise* mit Kurt Katsch in der Hauptrolle, Shakespeare- Aufführungen, Opern, Konzerte mit großartigen Interpreten. Für kurze Zeit konnte man die Schmähungen vergessen, kulturelle Freuden genießen. Und schon auf dem Heimweg kroch die Angst wieder hoch, die ab jetzt jeden Weg nach draußen begleitete.

Noch konnte der Ury keiner die Ferien in Krummhübel, im »Haus Nesthäkchen« streitig machen. Dort feierte die Familie weiter gemeinsam Weihnachten und Silvester, dort traf man sich in der Sommerfrische und versuchte, einige Tage der Sorglosigkeit zu erleben. Der alten Mutter ging es gleich noch mal so gut, wenn sie erst in Krummhübel angekommen waren. Sorgen machten die Zukunftsaussichten der Jugend. Sie hatten keine Chance mehr in Deutschland. Sie mußten raus, kostete es, was es wolle. Und es kostete viel. Die Alten schränkten sich ein. Lebten bescheiden. Der nationalsozialistische Staat bediente sich grenzenlos der Konten derer, die das Land zu verlassen gezwungen waren. Reichsfluchtsteuer nannten sie den Raub. Aber die Jugend mußte gehen. Fritz war bereits in London etabliert, und auch Klaus wollte nach London. Er machte gerade das Abitur. Die meisten Lehrer verhielten sich noch anständig. Sie waren nicht dem Rassenwahn verfallen, hielten die humanistische Bildung hoch. Aber einige wurden auch schon ausfällig, kamen in Uniform zur Schule, ließen die jüdischen Jungen in der letzten Reihe sitzen, drangsalierten und beleidigten sie. Auch solche von der Hitler-Jugend gab es schon am Gymnasium, die nichts im Kopf, aber alles in den Fäusten hatten. An Studium war ohne Arier-Nachweis nicht mehr zu denken. Wer von den Jungen eine Zukunft haben wollte, mußte das Land verlassen.

Der Vater von Klaus wurde 1936 in den vorzeitigen Ruhestand versetzt, seine Bezüge gekürzt. Gerade jetzt, wo der Sohn für London ausgestattet werden mußte. Das Leben in London würde teuer sein, auch Studiengeld mußte aufgebracht werden. Tante Else versprach, ihren Beitrag zu leisten und regelmäßig Geld auf das Londoner Konto zu schicken. Unter großen Schmerzen, aber auch mit Hoffnung auf eine Zukunft, wurde der geliebte Neffe verabschiedet. Immer häufiger hieß es jetzt Abschied nehmen. Noch wußte sie nicht, daß es meist ein Abschied für immer war. Erst zwei, drei Jahre später wird Else Ury in Briefen über die vielen Abschiede berichten und traurig hinzufügen, daß es wieder mal ein Abschied für immer war.

In dieser Zeit könnte es gewesen sein, daß die Ury neue Aktivitäten entfaltete, um »die Jugend« - wie sie es immer nannte - zu unterstützen. Sie ging daran, ihr Schulenglisch aufzufrischen und einige ihrer Märchen und Erzählungen ins Englische zu übersetzen. Sie hatte sich wohl überlegt, daß es günstig wäre, zusätzlich zu den erworbenen englischen Staatspapieren in London selbst eine direkte Geldquelle zu haben. Mit regelmäßigen Einkünften aus verkauften Büchern wäre das Studiengeld für ihren Neffen wesentlich besser abgesichert. Und damit hatte sie recht, denn bereits am 10. Juni 1938 konnte sie zum letzten Mal Geld nach London schicken. Danach verbot die NS-Regierung jeden Geldtransfer von Juden ins Ausland.

Sie kaufte sich also eine Schreibmaschine und ging mit der bewundernswerten Haltung einer Mutter Courage daran, die Märchensammlung *Goldblondchen* ins Englische zu übertragen und in die Tasten zu hacken. Eine Freundin half ihr manchmal beim Übersetzen. Das Ergebnis soll - verständlicherweise - nicht besonders überzeugend gewesen sein. Jedenfalls ist in England trotz Bemühens keine Ausgabe ihrer Märchen veröffentlicht worden. In einem Brief vom November 1938 fragt sie bei ihrem Neffen an, ob sie noch einmal an Mr. Swiften schreiben soll. Offensichtlich war ein Kontakt zu einem Verlag zustande gekommen, aber das Resultat war negativ (Brief 1).

1936 schmückte sich Berlin für die Olympiade. Die häßlichen Schilder an den Parkbänken und Geschäften verschwanden für eine Weile. Das Ausland sollte keinen Anlaß zur Kritik haben. Mancher jüdische Bürger dachte schon, das Schlimmste sei überstanden, die anfänglichen Überspitzungen wären vorbei, man hätte wieder eine Zukunft und das Leben ginge nun doch wieder seinen normalen Gang. In den Reden, den Zeitungen, den Radioberichten kamen die Juden einfach nicht mehr vor. Da schwärmten die neuen Machthaber von dem gigantischen nationalen Aufbauwerk, das das deutsche Volk zusammengeschmiedet hätte, von seinen unnachahmlichen Leistungen und dem großen Friedenswunsch der Deutschen. Sie beschworen die anderen europäischen Mächte, Deutschland die Früchte seiner Arbeit ohne Neider von außen verzehren zu lassen. Und Else Ury wird trotz der Bitternis, die ihr die letzten Jahre zugefügt haben, diesen beruhigenden Worten gerne Glauben geschenkt haben. Ähnlich den vielen ausländischen Gästen Berlins wird sie staunend das reichhaltige Warenangebot, die sauberen Grünanlagen, die phantastischen Sportanlagen und die höflichen Polizisten auf den Straßen erlebt haben. Es ist ein Rausch des Organisierens. Willkür und braune Horden sind vergessen. Man möchte glauben, die Jugend der Welt trifft sich friedlich in Berlin und erprobt sich in sportlichen Wettkämpfen. Auch das zahlreiche Gold für die deutschen Athleten wird die Ury begeistert haben. Noch ist sie nicht gänzlich aus Deutschland ausgetrieben. Noch möchte sie die Illusion dazuzugehören nicht aufgeben.

Kaum sind die Sportanlagen freigeräumt, die ausländischen Reporter in ihre Heimatländer gefahren, beginnt die antijüdische Hetze von Neuem. Auf die Ämter werden die jüdischen Menschen beordert, müssen stundenlang unter entwürdigenden Umständen Schlange stehen, um kleinlich-bürokratischen Meldepflichten zu genügen.

Assimilation hieß einst das Zauberwort der gebildeten Juden in Deutschland. Sie wollten gleiche politische Rechte. Anpassung und Wohlverhalten bedeutete es für Menschen wie Else Ury. An diesen Tugenden mangelte es nicht. Jetzt aber nützte kein Wohlverhalten. Assimilation galt als der ärgste Feind der Rassenideologie der Nationalsozialisten. Die jüdischen Bürger sollten durch alle erdenklichen Zwangsmaßnahmen, Schikanen und Gewaltaktionen dazu gebracht werden, Deutschland für immer zu verlassen.

Im Sommer 1937 traf Else Ury tiefes, persönliches Leid. Ihr geliebter Bruder Hans nahm Tabletten und starb. Er war 64 Jahre alt und hatte häufig an depressiven Zuständen gelitten, die unter dem Druck des Naziterrors weiter zunahmen. Er hatte wohl am hellsichtigsten die Brutalität der Nazis vorausgesehen und schon 1928 gedrängt, doch die Zelte in Deutschland abzubrechen und in die Schweiz zu ziehen, aber die Familie, allen voran seine Schwester Else, hatten ihn immer wieder beruhigt und zum gemeinsamen Bleiben bewegt. Auch trieb ihn die Angst zu erblinden in den Selbsttod. Bruder und Schwester hatten sich sehr geliebt. Ihre Lebensmuster waren innig miteinander verwandt. Beide unverheiratet, ein interessanter Beruf, der Familien- und Freundeskreis, gemeinsame Reisen und Erfahrungen. Die Ury wird sich nach dem Verlust des Bruders noch einsamer und schutzloser gefühlt haben. Später, im November 1938, wird sie ihrem Neffen Klaus nach London schreiben, daß die größte Freude ihres 61. Geburtstages ein Bild von Onkel Hans war, das der Vater von Klaus vergrößert und aquarelliert hatte. Und sie fährt fort: »Weißt Du, Klaus, ich stehe jetzt auf dem Standpunkt, daß es für Onkel Hans tausendmal besser ist, daß er es nicht mehr erlebt hat, daß man ihm die Approbation aberkannt hat.«

Im Juli 1938 wurde allen jüdischen Ärzten die Fähigkeit abgesprochen, Ärzte zu sein. Der Eisenring um jedes jüdische Leben in Deutschland wurde von Monat zu Monat enger.

Dr. Hans Ury, Facharzt für Magen- und Darmkrankheiten, hatte im Testament eine Feuerbestattung gewünscht. In der jüdischen Gemeinde gab es früher heftige Auseinandersetzungen über Feuerbestattungen, da diese für orthodoxe Juden nicht mit dem Religionsgesetz vereinbar waren. Auf dem jüdischen Friedhof in Weißensee, weit ab von den Erbbegräbnissen, wurde ein Feld für Urnengräber freigegeben und eine besondere Trauerhalle errichtet. Das war schon 1926. In diesem Urnenfeld erinnert noch heute eine flache Gedenktafel, von Efeu fast ganz überwuchert, an den Arzt.

Der Nationalsozialistische Lehrerbund propagierte im Laufe des Jahres 1937 gemäß einem Erlaß des Reichserzie-hungsministers die Säuberung des Altbestands der Schülerbüchereien. Unter Punkt 7 der Richtlinien wurden Bücher von Juden und Verfassern jüdischer Abstammung genannt: »(...) Frank, Leonhard (...) Heine, Heinrich (...) Ury, Else (...) Werfel, Franz.« Die Jugendschriftenwarte, ausgerichtet auf die nationalsozialistische Erziehungsideologie, kämpfte jetzt verstärkt gegen »die Zersetzung des deutschen Geistes durch jüdisches Gift«.

Station 3
Pogromnacht

März 1938: Kultstätten der Juden wird der staatliche Schutz entzogen.

April: Sämtliche Vermögen von Juden müssen bei den Behörden angezeigt werden.

Juni: Verhaftung von 1 500 Juden in Berlin. 146 Juden werden in Buchenwald umgebracht.

Juli: Juden werden in »Verkehrsfallen«, d.h. polizeilichen Kontrollen an Ampeln usf. verhaftet und tagelang festgehalten.

August: Zwangsvornamen Sara und Israel als Zweitnamen verordnet.

September: Juden ist der Beruf des Rechtsanwalts verschlossen. Sie müssen sich »Konsulent« nennen und dürfen lediglich »zur rechtlichen Beratung von Juden« auftreten.

Oktober: Gesetz zur Kennzeichnung der Reisepässe: in alle jüdischen Pässe wird ein »J« eingestempelt.

9. November: Pogromnacht als angebliche Rache für die Erschießung des Legationsrats vom Rath.

12. November: Verpflichtung zur Beseitung aller Schäden der Pogromnacht durch die Juden selber, Auferlegung einer Sondersteuer in Höhe von einer Milliarde Reichsmark.

Dezember: Verbot des Besuchs von Theater, Zirkus, Konzert, Kino, Schwimmbad, Park und Wald für Juden.

Im April 1938 konnte Else Ury nach London fahren und ihren Neffen Klaus zum letzten Mal sehen. Sie wird diese Reise mit großer Energie vorbereitet und sich sehr darauf gefreut haben. Sie wohnte bei ihrem Neffen Fritz Ury, der bald seinen Vater, den Rechtsanwalt, nach London holen wird, weil es in Berlin für ihn keine Existenzmöglichkeit mehr gab.

Eine Woche war sie in London. Von dieser Reise existiert ein Bild: Else Ury und Klaus Heymann an der Tower-Bridge of London. Ein Schnappschuß. Da geht die kleine Frau, mit Hut und Mantel, die Handtasche an sich gedrückt und neben ihr, entschlossenen Schrittes, der Neffe, zwei Köpfe größer. Er hat sie locker untergehakt. Die berühmten Plätze, von Bildern und Filmen lange vertraut, die lärmende Stadt mit ihrer freundlichen Gleichgültigkeit gegenüber Fremden werden ihr gefallen haben. Hier gibt es keine Schilder, die »unerwünscht!« signalisieren, hier gibt es keine Braunhemden, keine Monumentalarchitektur und keine Ausstellungen entarteter Kunst, keine schrillen Progagandatöne und Hetztiraden. Hier lebt ein Vielvölkergemisch von Menschen, die aneinander vorbeieilen und in der Weltstadt ihren Alltagsgeschäften nachgehen.

Der Kurzbesuch bei den Neffen linderte Else Urys Sorgen. Beruhigt konnte sie zurückreisen. Die Jugend kommt zurecht, hat sich arrangiert in der Fremde, weiß zu leben, studiert fleißig und hat wieder eine Zukunft.

Im August 1938 zwang die Regierung alle Juden, einen zweiten Vornamen anzunehmen. Alle Frauen mußten mit Zweitnamen Sara, alle Männer Israel heißen. Der Name mußte in die Pässe eingetragen und bei jeder amtlichen Unterschrift benutzt werden.

Stellen wir uns einen Augenblick vor, was diese Maßnahme für Else Ury mit ihrer alten kranken Mutter bedeutet hat. Sie mußten beide zum Einwohnermeldeamt, Abteilung Judenregistration, gehen. Dort würden die Leidensgenossen in langen Schlangen aufgereiht stehen. Endlos würden sie stehen und warten müssen, bis sie schließlich unter den üblichen Beschimpfungen und Beleidigungen der Beamten ihre erzwungene Neuerung im Paß eingetragen hatten. Mutter Ury aber konnte den Weg bis zum Amt nicht allein laufen. Ein Wagen, der eine alte Jüdin zu fahren bereit war, mußte erst gefunden werden. Oder sollte Else Ury ein ärztliches Attest besorgen, daß ihre Mutter von dem Gang ins Amt befreite? Jüdische Ärzte durften keine Atteste ausstellen. Welcher nichtjüdische Arzt war bereit, diese Hilfe zu leisten? Ungezählte Schwierigkeiten im Alltag, bis diese erneute Schikane bewältigt war. Aus Else Ury wurde die amtlich registrierte Jüdin »Else Sara Ury«.

Im November 1938, wenige Tage vor dem Pogrom, schrieb sie an Klaus (Brief 1): »Froh bin ich, daß ich London noch kennengelernt habe. Jetzt wäre es damit Essig.« Und mit einem Lebensmut, der uns staunen läßt, schreibt sie weiter: »Ich finde die Gegenwart auch interessant, wenn es ein Film wäre. (...) Man gewöhnt sich hier, nur dem Augenblick zu leben.«

Im selben Brief vom 4. November, wenige Tage nach ihrem Geburtstag, heißt es weiter: »Wir merken doch die intensive Erholung (gemeint ist der Urlaub in Krummhübel). Man hat Abwehrkräfte gegen vieles durch die Stärkung (...) Ich erhielt aus allen Weltteilen Post. Aus Gratulanten werden Briefe. Trotzdem waren wir nachmittags so nach und nach zwanzig Personen. Heinz und Kurt als einzige Vertreter der Jugend (...). Neulich waren wir zum Abschiedszusammensein bei Dr. Löwenstein (...). Wenn man heute gesellig in einem Kreise sitzt, hat man das Gefühl, sich in einem Wartesaal zu befinden. Jeder hat ein fernes Ziel vor sich und spricht von Ausreise. Es fehlt der ruhende Punkt im Wirbel des Geschehens. Am Vorabend meines Geburtstages hatten wir eine fabelhafte Rigoletto-Aufführung im Kulturbund. In diesem Monat wird ein englisches Lustspiel gegeben.«

In der Nacht vom 9. auf den 10. November beginnt gegen 1 Uhr nachts in Berlin der Pogrom, nachdem Fachleute zuvor die jüdischen Hauptgebäude isoliert haben, indem sie Telefonleitungen abgeschnitten, die Strom- und Heizungsanlagen abgestellt haben und der Verkehr von den »neuralgischen Punkten« durch die Polizei umgeleitet worden ist. Tobende

Gruppen bewerfen die jüdischen Geschäfte mit Pflastersteinen und holen aus den Schaufenstern alle Gegenstände, die als Geschoß dienen können. Sieben große Synagogen der Hauptstadt stehen in Flammen, darunter die in der Fasanenstraße, wohin Oberkantor Davidsohn eilt, um daraus zu retten, was noch zu retten ist. »Warum spritzen Sie nicht?« ruft er dem Feuerwehr-Hauptmann zu, der mit seinen Leuten mit leeren Schläuchen dasteht. »Was wollen Sie denn hier?« erwidert dieser. »Sie werden hier nur totgeschlagen.« »Ich war hier in dieser Synagoge 27 Jahre tätig.« »Tut mir leid, aber ich kann Ihnen nicht helfen. Wir sind nur hier, um die Nebenhäuser zu schützen.« »Um Gottes Willen, ich möchte wenigstens noch das Nötigste herausholen.« Doch plötzlich hört er Schläge und sieht den Synagogenpförtner Wolfsohn im Hemd in den Hof laufen. Da er sich weigert, die Schlüssel auszuhändigen, wird er bis aufs Blut geprügelt. Dann werden die Tore des Gebethauses eingeschlagen, die Orgel mit 78 klingenden Registern über die Brüstung geworfen, die vor dem Altar stehenden Bronzegegenstände in Stücke geschlagen. Der Schrank, der dem Kantor Davidsohn gehört, wird aufgebrochen, sein kostbarer Talar und die Gebetbücher, darunter das seiner Mutter, werden in Stücke gerissen. SA- und SS-Männer kommen mit Kanistern und übergießen alles, was aus Holz ist, mit Benzin, so daß nun auch das Innere der Synagoge lichterloh brennt. »Ich wollte hinein«, erklärte Davidsohn, »wurde aber festgehalten. Bis 5 Uhr früh stand ich dabei, dann rückte die Feuerwehr ab, das Feuer verglimmte und ich sagte: Kaddisch.«*

Ruth Andreas-Friedrich, eine Hitler-Gegnerin, berichtet in ihrem Tagebuch *Der Schattenmann*: »Berlin. Freitag, 11. November 1938: Sie haben sie alle weggeschleppt. Alle jüdischen Männer, deren sie habhaft wurden nicht nur in Berlin, sondern im ganzen Reich. Ohne Haftbefehl (...). Am Nachmittag besuche ich Lisel Hirschberg. Sie sitzt, vor Kummer ver-

*Kaddisch ist das jüdische Totengebet.

steinert, auf einer umgestürzten Truhe, inmitten von Scherben und Trümmern. Gestern nachmittag haben zwei Kriminalbeamte Kurt abgeholt, sagt sie mit leeren Augen. Er durfte nicht einmal mehr seinen Hut aufsetzen. Eine Stunde später klingelte es an der Tür. Als ich öffnete, dringen zehn Rowdies herein, fragen: Wohnt hier der Jude Hirschberg? Ich bringe kein Wort heraus, nicke nur mit dem Kopf. Dann geht es los. Wie Vandalen haben sie gehaust. Mit einem Griff das ganze Silber vom Büfett gefegt, die Bücherregale umgeworfen, die Wäsche aus dem Schrank gezerrt. Unsere hölzerne Madonna haben sie mit der Axt zerhackt, auf dem Dürerschen Kupferstich sind sie herumgetrampelt, haben Kurts kostbare Holzschnittsammlung ins Küchenfeuer geworden. Dreißig Minuten dauerte der Spuk.« »Mittwoch, den 4. Januar 1939: Er ist da. Er ist da! Zwei Stunden später sitzen wir an Kurt Hirschbergs Bett. Der Arzt hat ihm Kopf und Arme verbunden. Zwischen den weißen Binden sieht sein geschorener Schädel wie eine wächserne Maske aus. Ist es sehr schlimm gewesen? - Schlimm, kommt es aus dem Kissen, Schlimm, wenn man fünfzehn Stunden in Reih und Glied stehen muß. In Kadern zu Dreihundert. Aufgepflanzt wie preußische Rekruten. Hut in der Hand. Wertsachen im Hut. Fünfzehn Stunden ohne zu essen, ohne zu trinken. Ohne ein einziges Mal aus der Reihe zu treten. Drei sind gestorben in dieser Nacht. An Herzkrämpfen. An Harnversetzung. Schlimm ... schlimm ... sehr, sehr schlimm. Schlimm, wenn man in übervollen Baracken liegt. Auf der Erde zusammengepackt, wie in einer Ölsardinenbüchse. Dreht sich einer um im Schlaf, müssen hundertfünfundsiebzig sich mit ihm drehen. Das Strohlager raschelt. Neben dir ächzt der Kamerad. Hundertfünfundsiebzig Menschen, Knie an Knie. Arm an Arm. Du schläfst nicht, du wachst nicht, du liegst wie benommen. Schlimm ... schlimm, trostlos schlimm. Schlimm, wenn sie einen zwingen, froststarr die Glieder, Verzweiflung im Herzen, sentimentale Lieder zu singen: »Schwarzbraun ist die Haselnuß, schwarzbraun bist auch du«. Man hat keinen Mantel. Man hat keine Handschuhe. Der Kopf ist geschoren. Man steht in der Kälte. Man friert und man singt: »Schwarzbraun ist die Haselnuß«. Schlimm, wenn sie im Lustrausch ihrer Macht ihr Mütchen an dir kühlen. Faust in die Fresse. Gewehrlauf zwischen die Beine. Hoppla! Verfluchter Jude! Wer nicht pariert, wird an rückwärts gefesselten Armen aufgehängt. In den Stehkamin gesperrt. Geprügelt, geschunden, gerüttelt, bis ihm die Zähne aufeinanderschlagen. Wir haben gefroren, wir haben pariert, wir haben stramm gestanden, als man neben dem brennenden Christbaum zwei unserer Kameraden am Galgen aufknüpfte. Wir haben »Schwarzbraun ist die Haselnuß« gesungen. »O Tannenbaum« und »Aber der Wagen rollt«. Wir haben, weil wir uns Zeitungspapier unter das Hemd stopften, um nicht ganz zu erstarren, zur Strafe zwei Stunden vor dem Tor gestanden. Hände an der Hosennaht. Nackte Hände in achtzehn Grad Frost. Wir haben ... Er bricht ab. Schlimm, wenn man nicht weinen kann. Schlimm, schlimm, unausdenkbar schlimm, wenn ... wenn man ... kein Mensch mehr ist. Er sagt es ohne Pathos. Er sagt es ohne Zorn. Als ob er eine naturwissenschaftliche Entdeckung registriert.«

Im Dezember 1938 wird über bestimmte Bezirke der Reichshauptstadt der Judenbann verhängt. Alle in solchen Bezirken liegenden Straßen, Plätze, Anlagen und Gebäude dürfen von Juden deutscher Staatsangehörigkeit und staatenlosen Juden fortan weder betreten noch befahren werden. Wer zufällig dort seinen Wohnsitz hat, muß sich zum Überschreiten der Banngrenze einen polizeilichen Erlaubnisschein besorgen. Charlottenburg und der Kaiserdamm gehören zum Sperrbezirk. So wird also die Ury nach der Pogromnacht auf dem Amt gestanden haben, um sich einen polizeilichen Erlaubnisschein ausstellen zu lassen. Eine entwürdigende, grausame Angelegenheit, die nächtelang umtrieb und den

Schlaf raubte, zusätzlich zu all den anderen infamen Maßnahmen der Isolation und des alltäglichen Terrors.

Else Ury ging viele Wege der Erniedrigung und Demütigung, auf denen ihr ihre unerwünschte Heimatliebe tausendfach vergällt wurde. Zu den unzähligen perfiden Maßnahmen der Machthaber gehörte nach dem November-Pogrom auch der Zwang, sofort die Veranstaltungen des Jüdischen Kulturbundes wieder aufzunehmen. Der Beauftragte von Goebbels, Hinkel, teilte der Leitung unter Androhung von Zwangsmaßnahmen mit, sie müßten innerhalb von drei Tagen die Räume des Kulturbundes wiederherstellen und das vorgesehene Programm (es war das im Brief erwähnte englische Lustspiel *Regen und Wind*) durchführen. Die jüdischen Veranstalter, die selbstverständlich aus Trauer über die Opfer der Pogromnacht alle Vorführungen abgesagt hatten, mußten reagieren. Sie forderten mutig, daß zweihundert der verhafteten Glaubensbrüder freigelassen würden, unter ihnen namhafte Künstler, sonst könnten sie nicht arbeiten. In eitler Selbstherrlichkeit gewährte das Büro Hinkel bei der Reichskulturkammer dann auch die Freilassung einiger Verhafteter. Die nationalsozialistische Strategie der Gettoisierung der deutschen Juden auf allen Gebieten sollte nicht unterbrochen werden, auch nicht nach der »Nacht der langen Messer«, wie die Pogromnacht großmäulig in SA-Kreisen genannt wurde.

In dieser Situation des brutalen Terrors wird das Gespräch mit dem Bankbeamten Kast geführt worden sein. Else Ury mußte vielleicht gerade ihre Konten anmelden, damit die nationalsozialistische Staatsmaschine sich am Eigentum der Juden bedienen konnte.

Georg Kast schreibt 1948 an Heymann: »Ich stand persönlich sehr gut mit Ihrer Tante und wir gingen in unseren Ansichten sehr conform. Meine noch zu einer Zeit, wo es möglich war, an Frl. Ury gerichtete Mahnung, auszuwandern, lehnte sie mit den Worten ab, die ich bis heute nicht vergessen habe:

'Wenn meine Glaubensgenossen bleiben, dann habe ich so viel Mut, Charakter und die feste Entschlossenheit, ihr Los zu teilen.'« Und, so fährt er fort: »Dieses Los ist ihr ja wohl leider zuteil geworden.«

Wurde die Wohnung der Urys am Kaiserdamm in jener Pogromnacht auch geplündert, die Menschen dort geschlagen und geschunden? Und Else Ury selbst, ihre Mutter, ihre Pflegerin? Auf diese Frage gibt es keine Antwort. Doch wird Else Ury nach der Pogromnacht mit erschreckender Klarheit den Charakter des Hitler-Regimes erkannt haben. »Mut, Charakter und feste Entschlossenheit« nennt sie laut Herrn Kast das, was sie brauchen wird für die kommenden Jahre.

In der zynischen Bezeichnung »Reichskristallnacht«, die einzig auf die Zerstörung von Luxusgütern der Reichen und nicht auf die Ermordung und Peinigung von Menschen hinweist, zeigte sich ein weitverbreitetes Mißverständnis über den 9. November auch unter gutwilligen Bürgern: Sie empörten sich über die Zerstörung von Sachwerten, bezeichneten sie als sinnlos und abscheulich.

Die jüdischen Menschen aber hatten diese Nacht als direkte Bedrohung ihres Lebens erfahren müssen. Viele begriffen jetzt mit ganzer Wucht die unhaltbar gewordene Situation. Eine Massenfluchtwelle aus Deutschland setzte ein. Doch die Möglichkeiten der Auswanderung für die gejagten Juden aus Deutschland wurden immer ungünstiger.

Vielleicht hätte Else Ury mit viel Geld noch einen Unterschlupf in einem europäischen oder außereuropäischen Land gefunden, wenn sie gewollt hätte. Doch standen die konkreten Verhältnisse dagegen: Es gab keinen nahen Verwandten, der sie »anfordern« konnten, wie das Fritz für seinen Vater Ludwig und die Heymann-Tochter Lisbeth für ihre Eltern nach dem 9. November taten. Da zählten nur Verwandte ersten Grades. Bis auf England, das sein Kontingent erlaubter jüdischer Einreisen nach der Pogromnacht erhöhte, waren die anderen Länder nicht bereit, noch mehr jüdische Auswanderer aufzunehmen, zumal die Juden durch die massive Enteignungswelle der NS-Regierung oft nicht mehr wohlhabend und häufig nicht einmal in der Lage waren, die hohen Kosten einer Ausreise zu bezahlen. Auch die geforderten Garantien für den zukünftigen Lebensunterhalt im Ausland konnten viele aufgrund der Devisenausfuhrbestimmungen nicht mehr geben. Außerdem war da die kranke, alte Mutter, die auf ihre Tochter angewiesen war. Die Pflegerin Fräulein Wolf half täglich bei der Versorgung, aber Else Ury konnte und wollte ihre 91 Jahre alte Mutter auf keinen Fall im Stich lassen. Viele unverheiratete Jüdinnen sind aus ähnlichen Gründen nicht ins Exil gegangen. Ihre Kindespflicht - die Pflege der alten Eltern - stand im Vordergrund, selbst als ihr Leben schon direkt bedroht war.

Und dann gab es bei der Ury, und nicht nur bei ihr, einen Grad des Hierhergehörens, des Verwurzeltseins in Deutschland, der jeden Fluchtgedanken ausschloß.

Station 4
Umzug in die Solingerstraße - Letzter Aufenthalt in Krummhübel

Dezember 1938: Zwangsverkauf von jüdischem Grundeigentum und jüdischen Betrieben - Wertpapiere müssen auf Sperrkonten übertragen werden.

Januar 1939: Aufhebung des Mieterschutzes.

April: Schaffung von Judenhäusern.

1939 war die Wohnung am Kaiserdamm 24 mit acht oder neun Zimmern für die Urys zu groß geworden. Die Räume der Arztpraxis von Bruder Hans standen leer. Ludwig Ury, 69 Jahre alt, konnte als Anwalt nicht mehr arbeiten und ging ins

Exil. Wohin sollten Mutter und Tochter ziehen? Die nationalsozialistische Regierung ging daran, »Judenhäuser« einzurichten, in denen die registrierten Juden unter der direkten Aufsicht des Staates »leben« sollten. Die Wohnungsberatungsstellen der jüdischen Gemeinden bewirtschafteten diese Wohnungen im Auftrag der Gestapo und wurden dann Zug um Zug gezwungen, an den Deportationen mitzuwirken.

Bereit zur Vernichtung?! So weit war es noch nicht. Die Gestapo- und SS-Hauptquartiere bereiteten die Maschinerie der Vernichtung zwar bereits vor und erprobten an den sogenannten »lebensunwerten Leben« ihre Tötungskapazitäten. Aber auch jetzt war es - wenn auch unter äußerst schwierigen Bedingungen - immer noch möglich, daß jüdische Menschen ins Exil entkamen.

Eine angenehme kleine Wohnung im Berliner Westen war für jüdische Bürger unter Ausnahmerecht auf keinen Fall mehr zu bekommen. Else Ury zog 1939 mit ihrer Mutter nach Alt-Moabit in die Solinger Straße. Nie zuvor hatte sie diese Straße betreten. Noch heute ist es eine trostlose Gegend. Das Haus Nr. 10 der Solinger Straße gibt es nicht mehr. Aber das Umfeld hat sich kaum verändert. Keine Grünanlagen, wenig Licht und Sonne.

Die Wohnung hatte vier Zimmer und lag im ersten Stock. Die Pflegerin wohnte bei ihnen. Drei alte Frauen in einem Judenhaus. Der Besitzer lebte in der Friedrichstraße, hieß Herr Nagel und kassierte über seinen Hausverwalter die Miete: 127, 40 Reichsmark. In den anderen Stockwerken wohnten jüdische Ehepaare, alt und gebrechlich auch sie. Es sind die Übriggebliebenen des Austreibungsfeldzuges der Juden aus Deutschland.

Im Juni 1939 schrieb Else Ury an Klaus (Brief 2): »Nun bin ich wieder in meinem lieben Nesthäkchen und es könnte alles so schön sein, wenn nicht ... Ich bin eine Woche allein hergefahren, um selbst zu sehen, ob ein Sommeraufenthalt noch möglich ist. (...) Ich schreibe in der Veranda bei weit geöffneten Fenstern im Liegestuhl. (...) Es ist unsagbar schön hier, aber ich kann dessen nicht richtig froh werden (...) Ich habe hier sehr gegen Erinnerungen anzukämpfen, hoffe aber, ihrer Herr zu werden. Ich war schon in den verschiedenen Lebensmittelgeschäften, die beinahe ohne Ausname das Schild, das uns den Zutritt verwehrt, tragen. Ich soll meine Hausmeistersfrau schicken oder telefonieren, dann bekomme ich alles.«

So gehen sie also mit der berühmten Jugendbuchautorin um, die Leute aus Krummhübel. Unter der Hand kann sie einkaufen, aber öffentlich haben sie das Schild ausgehängt. Da sind sie nicht anders als die Leute in Berlin und überall. Und Else Ury bleibt in der Tradition ihrer Familie. Das Wort »Jude« wird nicht benutzt. Es ist »das Schild, das uns den Zutritt verwehrt«.

Sie schaffte es, im Juli 1939 noch einmal mit Mutter und Pflegerin nach Krummhübel zu fahren. In die Restaurants und Cafés der Umgebung konnten sie nicht mehr einkehren. Auch hier verwehrte das Schild den Eintritt. In den Ferienorten im Riesengebirge hatte es - wie überall im Reich - antisemitische Ausschreitungen gegeben. So blieben sie meist im - noch - schützenden Haus und Garten. Aus dem Liegestuhl schrieb sie einen Brief an Klaus, ging interessiert und sachkundig auf Informationen über das Architekturstudium ihres Neffen ein, machte ihm Mut zu lernen und tröstete ihn wegen seiner Schmerzen am Weisheitszahn. Sie war mit der Auflösung des Haushalts in Krummhübel beschäftigt und bedachte fürsorglich jede Kleinigkeit. Die Windjacken und die Skianzüge, die Tennisschläger und die Skistiefel. Irgendwann blitzte dann die tiefe Traurigkeit doch auf (Brief 3): »Ach, wenn es mal wieder wie früher wäre ...« Das Haus mußte verkauft werden. »Gar nicht vorstellbar, daß in unserer Veranda Fremde sein sollen. (...) Ich hätte es behalten (...).« Das ganze Ausmaß ihrer Rechtlosigkeit als Jüdin spiegelt der Brief nicht. In Wahrheit war es ein Zwangsverkauf, den sie einleitete. Laut Verordnung über den Einsatz des jüdischen Vermögens vom 3. 12. 1938 wurde der Zwangsverkauf jüdischen Grundeigentums bestimmt.

Und dann könnte sich folgende Szene in Haus Nesthäkchen abgespielt haben:

Es klingelt drohend an der Haustür. Mit ihrer nicht zu besiegenden Freundlichkeit hat sie den NS-Obmann des Dorfes ins Haus gelassen. Die Mutter, auf der Terrasse liegend, fragt: »Was ist los Else, wer ist da?« »Nichts Mutter, der Herr Obmann ist gekommen.« Sie bittet den Braunberockten ins Wohnzimmer. Da steht sie vor ihm, er hat umständlich auf dem zugewiesenen Stuhl Platz genommen. Jetzt sind sie ungefähr Auge in Auge. Er, der Staatsbeauftragte, sitzt vorn auf der Stuhlkante, sie bleibt stehen. Er senkt den Blick, räuspert sich. Dann rückt er raus mit der Sprache der Verordnungen. »Zu spät angemeldet. Fünf Reichsmark Strafe.« Sie widerspricht eindringlich. Er beharrt auf der Anmeldepflicht, wie aufgetragen. Schweigend greift sie in die Schublade, holt das Geld heraus. Er füllt umständlich auf dem mitgebrachten Block die Quittung aus. »Da ist noch was«, beginnt er seinen Auftrag vom Bürgermeister herunterzuhaspeln. »Wollen Sie häufiger hier leben?« »Warum fragen Sie das?« »Falls das so ist, habe ich Ihnen mitzuteilen, daß Sie dann in einem Judenhaus untergebracht werden müssen, mit Ihrer Mutter, versteht sich.« Schweigen. Die Ury sammelt ihre Kräfte. Ruhig holt sie aus: »Die Verordnung, auf die Sie sich beziehen, ist mir bekannt. Sie besagt aber ganz klar, das dies hier ein Judenhaus ist. Ich bin die Besitzerin, ich bin Jüdin, also ist dies Haus ein Judenhaus. Wenn die Nichtjuden weiter hier zu wohnen gedenken, ist es ihnen nach der Verordnung freigestellt.« Sie legt dem Obmann, der sich auf seinem Sitz ziemlich unwohl fühlt, die Verordnung bündig aus. Er steht auf. Meterlang ragt er über ihren Scheitel. Er sagt: »Ich werde es weiterleiten«, schnarrt etwas, was wie »Heilitle« klingt, und verläßt das Haus. Da steht sie, die kleine, grauhaarige Jüdin, streicht sich mit dem Handballen über die Stirn. Sie hört die Tür klappen und seufzt. Sie hat dem Nazigewaltigen die Naziverordnung bündig erklärt, und er hat still und leise das Haus verlassen.

Vor gar nicht langer Zeit stand der gleiche Mann mit der Jüngsten an der Hand im Garten der Ury, um die Nesthäkchen-Bände signieren zu lassen. Die Zeiten ändern sich ...

Bis zur Bürgermeisterei läßt der Mann seine arische Wut über die freche, alte Judenhure wachsen. Die erdreistet sich doch tatsächlich, ihm, dem Vertreter der Staatsmacht, eine arische Verordnung auszulegen. Frechheit ist das. So sind diese Juden, frech und anmaßend. Gleich wird er im Amtszimmer erzählen, wie er es ihr gegeben hat und daß die es nicht mehr lange in ihrem »Haus Nesthäkchen« aushalten wird. Dafür wird er schon sorgen. Im Dorf sind sie bei der Ury alle so zimperlich. Ihm aber reicht es. Wenn die nicht mehr herkommen darf, dann geschieht es der alten Judenhexe ganz recht. Damit muß Schluß sein!

Der Zwangsverkauf des Hauses klappt anscheinend nicht so recht. Vielleicht hat sich kein Käufer gefunden, oder der Bürgermeister spekuliert auf kostenlose Inbesitznahme. Jedenfalls wird das Haus am 9. April 1942 beschlagnahmt, der Name Else Ury entfernt und das Deutsche Reich als Eigentümer eingeschrieben.

Der letzte Aufenthalt in Krummhübel im Sommer 1939 brachte keine weiteren Probleme. Trotz alledem. Die Ury kaufte sogar selbst im Ort ein. Der Schutzmantel der Beliebtheit funktionierte noch. Die Hauswartsleute Neumann scheinen anständige Menschen gewesen zu sein und halfen nach Kräften. Sie waren Zeugen Jehovas und ließen sich nicht durch die verordnete Mehrheitsmeinung von ihrer Freundschaft und Hilfsbereitschaft zu den Urys abbringen. Mutige Leute! Sie hatten schon Ärger bekommen und waren bei der Gemeindeverwaltung negativ aufgefallen. Der Mutter Ury, jetzt 92 Jahre alt, ging es - wie immer in Krummhübel - erstaunlich gut.

Station 5
Beginn des 2. Weltkriegs - Die Mutter stirbt

1. September 1939: Beginn des 2. Weltkriegs.

Ab sofort werden Lebensmittelmarken eingeführt.

Der Krieg verschärft die Entrechtung: Juden bekommen ab sofort keine Kleiderkarte mehr. Juden müssen ihre Radios abliefern. Juden in Berlin dürfen nur zwischen 16 und 17 Uhr einkaufen. Für Juden ist Ausgangssperre ab einsetzender Dunkelheit.

»Ab 4 Uhr 30 wird zurückgeschossen.« Polen ist überfallen und aufgeteilt. Alle Hoffnungen auf Frieden sind zerstört. Für die kleine Minderheit der Juden in Deutschland, meist Alte, besonders viele alte Frauen, wird der Alltag immer schwieriger. Abgeschnitten von allen Verbindungswegen nach draußen, bald sogar von allen Briefkontakten zu den Kindern und Geschwistern, wird das Leben ein düsteres Dasein des täglichen Überlebenskampfes ohne Hoffnung.

Mit großem propagandistischem Aufwand wird von den NS-Größen verkündet, daß die in Deutschland verbliebenen Juden eine Gefahr für den Kriegserfolg des Reiches darstellen und jeder Jude als Reichsfeind anzusehen ist. Schon 1938 hatte Göring gedroht, daß im Falle eine Krieges die Juden Deutschlands restlos vernichtet würden.

Die Hälfte der deutschen Juden hatte sich unter teilweise schwierigsten Bedingungen ins Ausland retten können. Auch die Schwester Käthe war mit ihrem Mann von der Tochter nach Amsterdam geholt worden. Hoffnung auf Rettung. Doch nur für sehr kurze Zeit.

Im April 1940 starb Else Urys Mutter. Ihren 93. Geburtstag hatten sie noch kurz zuvor gefeiert. Nur wenige Freundinnen aus vergangenen Tagen werden dabei gewesen sein können. Franziska Ury, geboren am 16. 3. 1847, wurde auf dem Jüdischen Friedhof Weißensee von ihrer Tochter Else, der Pflegerin und einigen Nachbarn beerdigt. Else Ury brach nach dem Tod der Mutter zusammen und war lange Zeit krank. Jetzt war sie ganz allein. Der Bruder und die Neffen in London, Schwester, Schwager und Nichte in Amsterdam. Alles, was ihr wichtig war: Familie, Freunde, Feste feiern - vorbei. Das Leben wurde täglich schwerer. Die Herzbeschwerden quälten sie. Die Zukunft war ohne Hoffnung. Briefe an ihren geliebten Neffen Klaus konnte sie nur noch kurze Zeit über Amsterdam schikken. Möglicherweise Ende April 1940 gelang der Transport eines Briefes (Brief 4). Wieviele gescheiterte Versuche wird sie unternommen haben? Sie gratulierte in ihrem Brief Klaus von ganzem Herzen zu seinem so glänzend bestandenen Architekturexamen, gedachte der verstorbenen Omama und schrieb: »Ich bin jetzt wieder gesund. Nur schlafen kann ich noch nicht. Aber auch das wird in Ordnung kommen (...)« und ermahnte den Neffen, sich nach dem anstrengenden Examen doch ja gut zu erholen. Bis Mai 1940, als Holland von den deutschen Truppen besetzt wurde, konnte die Post über die Adresse der Schwester nach London weitergeleitet werden. Dann ist auch dieser Verbindungsweg abgeschnitten.

Station 6
Zwang zum Tragen des Judensterns - Deportationen aus Berlin beginnen

März 1941: Lebensmittelrationen für Juden werden erheblich gekürzt.

April: Juden haben kein Recht auf einen Sitzplatz in öffentlichen Verkehrsmitteln.

September 1941: Pflicht zum Tragen eines Judensterns. »Ab 15. 9. 1941 ist es Juden, die das sechste Lebensjahr vollendet haben, verboten, sich in der Öffentlichkeit ohne einen Judenstern zu zeigen. Juden ist es verboten, ohne schriftliche polizeiliche Erlaubnis ihre Wohngemeinde zu verlassen und Orden, Ehrenzeichen oder sonstige Abzeichen zu tragen.«

Oktober: Beginn der Deportationen aus Berlin

Vorgeschrieben war das feste Aufnähen des Sterns an der linken Brustseite in Herzhöhe. Die jüdischen Wohlfahrtsämter hatten jedem Juden vier solche Sterne gegen Entgelt abgeben müssen. SS-Leute machten sich auf den Straßen einen sadistischen Spaß daraus, mit einem Bleistift die Nähte zu prüfen, und wer zu locker genäht hatte, wurde ins KZ verschleppt. Die Juden sind vogelfrei.

Jede Nacht fuhren Abholautos durch die Stadt. Manche Juden campierten Nacht für Nacht in einer anderen Unterkunft, in Laubengärten oder bei »arischen« Freunden. Sie sind Gejagte, Getriebene. Jeder Gang auf die Straße konnte der letzte sein, jedes Klingeln konnte die Deportation bedeuten. Das Getto der Entrechtung beherrschte jede Stunde des Tages. Über das Rote Kreuz gelang 1941 noch einmal eine Verbindung zwischen Else Ury und ihrem Bruder Ludwig in London (Brief 5). Ludwig schrieb auf der Vorderseite des Formulars an

Else Ury am 8. April 41. Es war der Todestag der Mutter. Auf der Rückseite des Formulars wurde die Antwort des Empfängers geschrieben. Hier lautete sie: »Innige Grüße, mein Junge ... Bin gesund. Hatte Erholung bei Frau Richter. Allen Grüße 26. 7. Else Ury«

Wer war Frau Richter? Soweit bekannt, war sie keine Jüdin. Unklar bleibt deshalb, warum Else Ury sie brieflich mit Namen erwähnt, denn der Kontakt zu Juden ist allen »Ariern« bei strengster Strafe verboten. Vielleicht hat sie einen Decknamen benutzt. Diese Frau Richter hat jedenfalls bis zuletzt für Else Ury gesorgt. Ist sie eine der wenigen Menschen in Berlin, die die Juden nicht gänzlich allein lassen?

Am 17. September 1941 mußte Else Ury eine Vermögenserklärung abgeben. Sie unterschrieb und füllte aus: »Ich bin Jüdin, gez. Else Sara Ury. Kennwort: Berlin. Kenn-Nr. 340714.« Bei den Deportationsakten liegt die Abschrift vor. Die Erklärung geht an das Finanzamt Hansa, Berlin. Sie ist von Else Ury selbst mit Schreibmaschine ausgefüllt. In der Anlage sind die verschiedenen Konten und Wertpapiere genannt. Die Commerzbank vermerkt zu Posten 16 Deutsche Reichsschätze: »Der Posten ist zugunsten des Finanzamts Hansa, Berlin, gesperrt.« Doch nicht nur die Reichsschätze sind gesperrt. Die Wertpapiere waren den Juden schon im Dezember 1938 mit der Begründung entzogen worden, daß gesamte Vermögen von Juden gehöre rechtmäßig dem deutschen Volke. Die Vermögenserklärung vom Herbst 1941 zeigt, daß Else Ury gänzlich ausgeplündert, ihres Hauses in Krummhübel und ihrer durch das Bücherschreiben erarbeiteten Kapitalanlagen beraubt war. Sie hatte noch ein Bargeldkonto, von dem sie einen sogenannten Freibetrag von 700 RM monatlich abheben konnte.

Das war alles, was der Schriftstellerin Ury mit 63 Jahren geblieben war. Unter Beruf, Art der Tätigkeit schrieb sie: »ehemalige Schriftstellerin«. Bei der Frage: »Welche der genannten Personen sind Juden?« schrieb sie den Satz: »ich bin Jüdin« (Dokument 2).

Jom Kippur 1941: In der überfüllten Synagoge in der Levetzowstraße in Moabit, eine der wenigen Kultstätten, wo sich nach dem Pogrom noch Juden versammeln durften, fand wie jedes Jahr an diesem höchsten Feiertag ein Gottesdienst statt. Else Ury wohnte nicht weit von dieser Synagoge, und es könnte sein, daß sie die Gemeinschaft ihrer jüdischen Leidensgenossen dort suchte. Dieser Gottesdienst aber war der letzte in der Synagoge. Anschließend forderte die Gestapo ultimativ vom Synagogenvorstand den Schlüssel, und die Synagoge wurde ab sofort Sammellager für Deportationen. Noch am gleichen Abend wurden die Angestellten der Reichsvereinigung der Juden in Deutschland gezwungen, Listen mit zu deportierenden Juden zusammenzustellen, Verpflegung und medizinische Betreuung zu organisieren. Dieser ersten Deportation folgten weitere. Schlag auf Schlag. Ein Angestellter der jüdischen Gemeinde berichtet: »Die Transporte umfaßten immer 1 000 bis 2 000 Personen, welche sich meist in den späten Abendstunden bereithalten mußten und von Glaubensgenossen aus der Wohnung abgeholt und zum Sammelplatz geleitet wurden. Dieser war in der letzten Zeit in der Synagoge Levetzowstraße. Dort saß ich mit einem Stab von Mitarbeitern die ganz Nacht, um Vermögensverzeichnisse aufzunehmen und Listen zu führen. Nie werde ich die Nächte vergessen, die ich dort verbringen mußte. Herzzerreißende Szenen spielten sich ab. Stets kam es zu Selbstmorden oder Versuchen hierzu. Manche Frauen stürzten sich von der Empore auf den Marmorfußboden herab.«

In der Presse Berlins stand nur eine kurze Notiz: »In den letzten Tagen haben viele Juden unter Hinterlassung von Schulden Deutschland fluchtartig verlassen.«

Ab Oktober 1941 ist unter den jüdischen Bewohnern Berlins kaum noch Zweifel möglich, daß ihre Vernichtung geplant ist. Else Ury wird als bekannte Frau aus einer weitverzweigten jüdischen Bürgerfamilie viele Freunde und Bekannte gehabt haben, die sich untereinander von den schrecklichen Nachrichten der Deportationen und der immer neuen, unfaßbaren Grausamkeiten aus den Vernichtungslagern informiert haben. In den Berichten aus dieser Zeit wird auch erwähnt, daß manche Juden sich bewußt voneinander isolierten, weil sie die vielfältigen, grausamen Berichte nicht mehr ertragen konnten und zu ihrem Überlebensschutz Gespräche mit anderen Juden mieden. Zugleich erzählen die Berichte der wenigen Überlebenden, daß die jüdischen Menschen enger zusammenrückten, sich untereinander intensiv halfen und sie Informationsnetze entwickelten, um über Angehörige und Freunde und ihr Schicksal Nachricht zu erhalten.

Else Ury wird nicht zu denen gehört haben, die jeden Kontakt abbrachen. In einem ihrer letzten Briefe von 1939 erzählte sie, daß ungefähr zwanzig Freunde an ihrem Geburtstag um sie versammelt waren. Auch hatte sie bis Ende 1942 nachweislich Kontakt zum Rechtsvertreter der Reichsvereinigung der Juden in Deutschland, Dr. Kurt Landsberger, bei dem sie auch ihr Testament hinterlegen wird. Dieser berühmte Anwalt, der sich nach den Rassegesetzen »Konsulent« nennen mußte und der Gestapo zu Willen die Rechtsgeschäfte zu führen gezwungen war, hatte sicher vielfältige Informationen über die konkrete Entwicklung der antijüdischen Maßnahmen der Naziregierung, war er doch tagtäglich mit der Drohung konfrontiert, beim geringsten Fehler selbst deportiert zu werden. Diese wenigen Hinweise auf ihr Leben in der dunkelsten Zeit von 1941 bis Januar 1943 machen es wahrscheinlich, daß Else Ury in engster Verbindung mit Menschen stand, die in diesen Monaten deportiert wurden, und wußte, daß es auch für sie keinen Ausweg gab.

Station 7
Else Ury bereitet sich auf das Ende vor

Januar 1942: Geheime Wannseekonferenz über die weitere systematische Ausrottung der Juden in Europa.

April: Juden müssen an ihre Wohnungstüren den Judenstern: schwarze Buchstaben auf weißem Grund anbringen. SS macht täglich Jagd auf jeden Juden in Berlin. Der Berliner Gauleiter verspricht, zum Führergeburtstag im April 1943 Berlin »judenrein« zu machen.

Wie muß man sich den Alltag einer alten Frau in der Solinger Straße 1942 vorstellen? Ruth Andreas-Friedrich berichtet in ihrem Tagebuch von dem elenden Alltagsleben:

»Berlin, Freitag, 19. Juni 42: Jetzt hat man sämtliche Juden in der Lebensmittelzuteilung auf Sonderregelung gesetzt. Keine Fleischmarken mehr. Keine Eierkarte, keine Rauchwaren, keine Extraaufrufe. Gemüse und Obst sind in den Bezugsnummern so weit zurückdatiert, daß für die nächsten Monate praktisch alles abgekauft ist.« Die 700 Reichsmark Freibetrag, die die Ury jeden Monat einschließlich der Mietzahlung von ihrem Konto abheben durfte, nutzten da wenig. Milch, Obst und Gemüse bekam sie als Jüdin einfach nicht. Wenn ihr nicht irgendjemand geholfen hat ... Die Folgen dieser Maßnahmen waren Hunger, Vitaminmangel, Herzbeschwerden ohne Aussicht auf Medikamente.

Nach 20 Uhr durfte kein Jude mehr auf der Straße sein. Und wenn dann ein Herzanfall die Frau überfiel? Kein jüdischer Arzt durfte sie besuchen. Das Telefon war seit langem geraubt. »Arischen« Ärzten war jeder Kontakt mit jüdischen Patienten verboten. Die Strafandrohungen gegen Arische mit »Judenkontakt« wurden immer drastischer. Wie ist Frau Richter mit den Drohungen umgegangen?

Die letzte Nachricht über Else Ury erreicht Klaus Heymann erst nach dem Ende des Weltkriegs (Brief 6). Sie ist von Hugo Heymann am 29. 9. 1942 geschrieben und im Februar 1943 ergänzt worden. Else Ury hat ihr Testament gemacht und Klaus als Alleinerben eingesetzt.

Alle Juden wissen, daß ab jetzt jeden Tag der Bote kommen kann, um die Formulare zu überbringen. Das ist der Anfang vom Ende. Kurz danach kommen die Beauftragten, um zur Deportationssammelstelle abzuholen.

Weihnachten. Das war das Fest der Ury. In ihren Büchern und im Leben. Immer wieder Weihnachten. In diesem Fest sind für sie alle lebenswerten Dinge vereinigt: Familienverbundenheit, Kindheitsfreuden, Feierlichkeit und Gemütlichkeit, Heimatliebe und deutsche Kultur. Kein Buch, in dem nicht mit ganzer Hingabe Weihnachten gefeiert wird, und der Familienkreis in Harmonie beisammen ist.

24. Dezember 1942. Weihnachten. Sie weiß, daß es ihr letztes sein wird. Sie ist 65 Jahre alt. Sie hat erfahren müssen, daß dieser Tag einem anderen Leben angehört, daß sie mit ihm nichts mehr gemein hat. Er ist ihr geraubt worden. Man hat ihr sogar diesen Tag enteignet. Das Radio mußte sie laut Verordnung abliefern. Nicht mal »Stille Nacht ...« dringt in die notdürftig geheizte Wohnung in der Solinger Straße. Die Sperrstunden für Juden lassen nur kurze Zeit zum mageren Einkauf in den wenigen zugelassenen Geschäften. Im kommenden April soll Berlin »judenrein« sein. Ein makaberes »Geburtstagsgeschenk« des Berliner Gauleiters an den Führer.

Sie weiß das alles.

Und doch ist sie ganz gefaßt und ruhig. 55 Jahre war sie eine Deutsche. Dann wurde sie zur Jüdin gemacht. Jetzt ist sie eine alte Jüdin in Berlin, die ihr Ende erwartet. Deutschland - das ist für sie nicht mehr hier, im Judenhaus Solinger Straße, wo sie allein sitzt und ihren dünnen Tee trinkt. Hier nicht mehr. Das

Land liegt begraben. Im Grab des Bruders, der sich 1914 freiwillig als Arzt an die Kriegsfront meldete und 1937 starb. Im Grab der Mutter, die die deutschen Klassiker und die Moderne liebte und kannte wie kaum sonst jemand. In dem ärmlichen Zimmer des Neffen Klaus in London, von dem nun keine Zeile mehr durch die Kriegsfronten dringt. In der kümmerlichen Stube in Amsterdam, wo Schwager und Schwester wie sie auf die Deportation warten. In dem schweigenden Haus im Erzgebirge, wo Gerhart Hauptmann den Krieg überwintert. Gleich wird sie, so kann man vermuten, mit den anderen jüdischen Nachbarn im Haus zusammentreffen, den Rosenstocks, den Birnbaums ... Man hat sich verabredet. Jeder bringt etwas. Einen Kuchen, einige Kekse, Tee, etwas zu rauchen. Keiner nennt den Tag beim Namen, und doch will gerade heute keiner allein sein.

Sonderzuteilungen gab es selbstverständlich nicht für Juden. »Das ich nicht lache, Weihnachtszuteilung für Juden! Dieses Pack kennt doch kein deutsches Weihnachten!« hatte der Berliner Gauleiter schon 1940 gebrüllt.

Seit 1939 lebt sie in dieser dunklen schäbigen Straße. Seit dem Tod der Mutter ist sie ganz allein. Einige Freundinnen stehen zu ihr, Frau Richter zum Beispiel. Sie pflegte sie nach dem Tod der Mutter. Und die Nachbarn. Schicksalsgemeinschaft. Seit einigen Monaten hat niemand mehr Zweifel, daß der Tod bevorsteht. Zuerst werden die Formularbögen zugeschickt (Dokument 3). Das ist die Aufforderung, sich mit vorgeschriebenem Gepäck bereitzuhalten. Dann kommen - meist in den Abendstunden - die Beauftragten der Reichsvertretung der Juden in Deutschland. Juden wie sie selbst und von der Knute der Gestapo getrieben, die Abtransporte ohne Aufsehen zu organisieren. Helfershelfer wider Willen. Alte sind es, vor allem Frauen, die in die Lastwagen steigen. Das erste Ziel ist bekannt. Große Hamburger Straße, vormals Altenheim der jüdischen Gemeinde. Jetzt Deportationssammelstelle. Dann wird es weitergehen im Viehwaggon in Richtung Osten. Von Auschwitz haben sie alle gehört. Niemand wird zurückkehren.

Mit Frau Richter hat sie von ihrem Wunsch gesprochen, sich zu stellen und freiwillig in die Sammelstelle in der Großen Hamburger Straße zu gehen. Frau Richter, die letzte Helferin, wehrt ab. »Allein, zu Fuß. Das ist unmöglich. Sie machen Jagd auf Juden. Auch ist der Weg viel zu weit. Du bist geschwächt.« Else Ury gibt nach. Gut wäre es schon gewesen, nicht stündlich auf das Klingeln warten zu müssen. Selbst den Zeitpunkt des Abschieds zu bestimmen. Sie kennt viele Freunde, die durch Freitod den Zeitpunkt bestimmten. Das Warten ist grausam. Am 6. Januar, sie sitzt auf dem vorschriftsmäßig gepackten Bündel, die Vermögenserklärung und die Inventarlisten sind ordnungsgemäß ausgefüllt. Da klingelt es. Der Lastwagen steht vor der Tür. Er bringt sie zur Deportationssammelstelle. Sechs Tage muß sie dort zubringen.

Jacob Jacobson, Jüdischer Historiker und bis zu seiner Verhaftung Leiter des jüdischen Gesamtarchivs in Berlin, berichtet über die Große Hamburger Straße wenige Monate später, im Mai 1943: »Der Aufenthalt im Sammellager war in keiner Weise erbaulich, obgleich ein paar junge Leute mit Klampfen die Inhaftierten über ihre Situation hinwegzubringen suchten. Im Aufenthaltsraum grüßten Freunde und Bekannte einander schweigend, beinah getröstet durch den Gedanken, daß sie alle dasselbe Schicksal teilten; aber in Wirklichkeit taten sie es nicht, denn die einen waren für den Osten bestimmt, die anderen für Theresienstadt. Diejenigen, die eine T-Registration empfingen, atmeten auf, die anderen mit einem O-Zettel wurden blaß; denn obgleich nicht viele Einzelheiten über Theresienstadt bekannt waren, und die Gerüchte über die Verhältnisse dort sich widersprachen, eines ist sicher, daß es dort viel besser war als im Osten.«

Else Ury bekam keine T-Registration.

Warum nicht? Nach den Festlegungen der Wannseekonferenz gehörte sie als alte Frau von 65 Jahren eigentlich in den Kreis derer, die in das »Altersgetto« nach Theresienstadt überstellt werden sollten. Tatsächlich bedeutete Theresienstadt jedoch keine Rettung. Von den über 140 000 Menschen sind dort mehr als 33 000 gestorben und 88 000 deportiert worden. Überlebt haben am 9. Mai 1945 nur 16 832 Menschen. Das Reichssicherheitshauptamt zwang in der Regel alte und prominente Juden, ihr gesamtes Vermögen bereits vor der Deportation nach Theresienstadt, als Heimeinkaufsverträge getarnt, abzuliefern. Hintergrund dieser Perfidie war das Interesse der Gestapo, nicht den Finanzbehörden des Reiches allein die Ausbeute an dem Eigentum der Juden zu überlassen.

Es gibt keine bündige Erklärung für Else Urys Deportation nach Auschwitz.

Am 11. Januar erreichte sie in der Großen Hamburger Straße 26 die amtlich vorgedruckte »Zustellungsurkunde« des Gerichtsvollziehers mit dem Bescheid über den Verlust ihrer Staatsangehörigkeit und der daraus folgenden Vermögenseinziehung. Der Obergerichtsvollzieher in Berlin kannte sich mit dem Vorgang aus. Er hatte die Urkunde ordnungsgemäß ausgefüllt: »wohnhaft: Große Hamburger Straße 26« (Dokument 4).

Am 12. Januar 1943 wird Else Ury mit der »Welle XL« unter der Nummer 638 nach Auschwitz deportiert. Der Standort in Grunewald, wo die Waggons nach Auschwitz abgingen, ist bekannt. Else Ury wurde im Konzentrationslager nicht als Gefangene registriert. Das bedeutet, daß sie wahrscheinlich auf dem Transport im Viehwaggon gestorben oder direkt von der Rampe aus in die Gaskammer getrieben und ermordet worden ist.

Epilog

Die nationalsozialistische Verwaltung bearbeitet den »Vorgang Ury« penibel weiter. Ordnung muß sein. Jeder Beleg wird sorgfältig abgeheftet. Der Vollstreckungssekretär der Bezirksverwaltung holt sich vom Hausverwalter Solingerstraße 10 den Schlüssel der Judenwohnung Ury und schätzt das Inventar. Fünf Formblätter mit genauester Auflistung aller Gegenstände mit jeweiligem Schätzwert. 538 Reichsmark ergibt die Schätzung. Dazu werden 14, 80 RM Gebühren für Schätz-, Schreib- und Fahrkosten zugezählt und 20 % abgezogen. Der mitunterzeichnende Möbelhändler bekommt für 430, 40 Reichsmark den gesamten Nachlaß. »Nicht geschätzt: 1 gr. Posten Bücher, Familienbilder.« Den Posten bekommt er gratis. Auf der Vermögenserklärung ist das Datum der Wohnungsräumung handschriftlich eingetragen: »geräumt am 22. 3. 43« (Dokument 5).

Die Wohnung wurde bereits am 15. März 1943 angefordert. In einem Schreiben an den Stadtoberinspektor Mayer, Berlin-Schöneberg heißt es unter »Betreff: Räumung der Judenwohnung Else Sara Ury, Bln. NW. Solingerstraße 10: Die Wohnung der vorgenannten Jüdin ist dem total-fliegergeschädigten O.Z.I. Herrn Oskar Heinrich (...) zugewiesen worden«.(Dokument 6). Der Hausbesitzer Nagel mahnt die Wohnungsmiete für Februar und März an und der Oberfinanzpräsident Berlin-Brandenburg verfügt auf einem weiteren Formblatt: »Die Wohnung der abgeschobenen Jüdin (...) ist am 22. 3. 43 geräumt. Die Wohnungsmiete bis zur Räumung wird bezahlt. Zwei Mal 127,40 RM an Hausbesitzer Nagel in der Friedrichstraße. 254,80 RM sind es für Februar und März. Korrekt ist der Beleg abgeheftet (Dokument 7).

Die BEWAG, Berliner Kraft- und Licht Aktiengesellschaft errechnet auf einem Formular, das sie eigens entworfen hatte: »Meldung über evakuierte Juden« 43,41 RM Restguthaben. Die Oberfinanzkasse erhält den Betrag von der BEWAG und vermerkt dies wiederum auf dem Formblatt: betreff Vermögensbeschlagnahmesache mit Datum 20. Mai 1943 (Dokument 8).

Damit nicht genug. Am 16. April 1943 wird vom Finanzamt Hansa Berlin, Vollstreckungsstelle, folgender Brief an die Commerzbank, Berlin-Charlottenburg, Kaiserdamm 95 verfaßt: »Auf Grund des Reichsfluchtsteuerbescheides vom 16. April 1943 gegen Fräulein Else Sara Ury, früher in Berlin NW, Solingerstraße 10, jetzt im Ausland (Osten), ersuche ich, die mir am 18. Dezember 1940 verpfändeten[es folgen die Reichswertpapiere in Höhe von 48 000 Reichsmark] auf das Konto »Reichsfluchtsteuer« bei der Preußischen Staatsbank (...) umzulegen und meiner Finanzkasse Abrechnung in dreifacher Ausfertigung zu übersenden« Nach Übersicht über die Konten stellt das Finanzamt fest: »Der Annahmewert der bezeichneten Wertpapiere übersteigt meine Forderung um 1 779,20 RM. Dieser Betrag wird durch meine Finanzkasse Berlin-Brandenburg ... überwiesen werden« (Dokument 9). Somit hat - nachdem alle Konten geplündert sind - die Finanzkasse Berlin-Brandenburg von Else Sara Ury als Reichsfluchtsteuer 46 539 Reichsmark erhalten

Dr. Kurt Landsberger stellt für seine Tätigkeit bei der Regelung der Vermögensangelegenheiten eine Kostenrechnung auf. Es sind 222,70 RM. In dem Dokument heißt es unter Betroffene: »Else Sarah Ury, geb. 2. 11. 1877 (was falsch ist, sie wurde am 1. November 1877 geboren) in Berlin, wahrscheinlich deutsche Staatsangehörige ... abgewandert 12. 1. 43 mit unbekanntem Aufenthalt«. Dr. Landsberger muß im August die unbezahlte Rechnung noch mal anmahnen. Die Vermögensverwertungsstelle beim Oberfinanzpräsidenten, die bereits Zehntausende aus dem Vermögen der Ury herausgeholt hat, schafft es dann endlich im September, diesen Betrag an »den Juden Dr. jur. Kurt Israel Landsberger« anzuweisen (Dokument 10).

Die Deportationsakte Else Sara Ury ist im Landesarchiv Berlin aufbewahrt. Der brutale Bürokratismus der faschistischen Machthaber spiegelt sich in jedem Formblatt und in jeder Verfügung.

In Krummhübel weiß die Verwaltung auch schon Bescheid. Der zuständige Regierungspräsident in Liegnitz informiert den Oberfinanzpräsident in Berlin am 1. Juni 1943 wie folgt: »Nach Mitteilung der Staatspolizeileitstelle Berlin ist die genannte Jüdin im Januar d. Js. evakuiert worden (40/23027)«. Im Mai 1944 richtet der Oberfinanzpräsident Niederschlesien unter dem Betreff: »Verwaltung und Verwertung des Vermögens von Reichsfeinden, hier Else Sara Ury«, an den Oberfinanzpräsidenten Berlin-Brandenburg - Vermögensverwertungsstelle - folgendes Schreiben: »Durch Schreiben vom 16. 3. 43 haben Sie mir das Grundstück Krummhübel, Haus »Nesthäkchen« zur Verwaltung und Verwertung übertragen. (...) Der Bürgermeister von Krummhübel hat einen Antrag auf unentgeltliche Übertragung des Grundstücks auf die Gemeinde Krummhübel aufgrund des Führererlasses vom 29. 5. 41 vorgelegt « (Dokument 11).

Der Bürgermeister von Krummhübel wird das Haus bekommen haben. Aber nicht für lange. Seit 1945 heißt der Ort Karpacz und liegt in Polen. Das Haus steht noch. Die Nesthäkchen-Inschrift ist lange verwittert.

Else Urys Tod und der Ort des Verbrechens sind viele Jahre für ihren Neffen, Herrn Ernest K. Heyman in London, ohne dokumentierten Beleg. Vom letzen Brief seiner Eltern, den er erst nach Kriegsende erhält, weiß er: »Am 6. 1. 1943 ist Tante Else evakuiert worden, bis heute wissen wir noch nicht, wohin. Diese Nachricht kam hier gerade am 13. 1. 1943, durch Tante

Setta übermittelt, an.« Sein Vater, der mit Else Urys Schwester Käthe in einem kümmerlichen Zimmerchen täglich auf die Deportation wartet, schreibt weiter: »Hier noch die Mitteilung, daß Tante Else uns am 20. IX. 42 schrieb, daß sie ihr Testament, daß für Dich, lieber Klaus, von Bedeutung ist, beim Amtsgericht Charlottenburg niedergelegt habe. Der Anwalt, Dr. Kurt Landsberger, Berlin, hat von ihr Generalvollmacht erhalten für den Fall, daß sich bei Tante Else irgendetwas ändert.« (Brief 6)

Klaus Heymann hat das Testament von Rechtsanwalt Landsberger bekommen. Es ist am 28. September 1942 unterschrieben. Else Ury verfügt darin, daß Ernst Klaus Heymann der alleinige Erbe sein und ersatzweise Fritz Ury das Erbe antreten soll. Sie macht den Erben zur Auflage:

»1. Meine Schwester Frau Käthe Pauline Heymann, geb. Ury und deren Ehemann ... in Amsterdam aus dem Nachlaß zu unterstützen. 2. Meiner Kusine Olga Davidsohn z. Zt. Bogota, Kolumbien (Südamerika) bei Wallenberg einen einmaligen Betrag von 5 000 DM Reichsmark zu zahlen«. Weiter führt sie aus:

«Mein Vermögen besteht heute im wesentlichen aus

a) meinem Guthaben bei der Commerzbank YZ in Berlin-Charlottenburg, Kaiserdamm 95.

b) meinem Effektendepot bei der gleichen Bank.

c) meinem Grundstück in Krummhübel/Riesengebirge »Haus Nesthäkchen«.

d) meinen Honoraren für Neuauflagen oder Übersetzungen meiner Bücher in andere Sprachen, soweit solche in Zukunft noch fällig werden.

e) meinem Mobiliar und meiner persönlichen beweglichen Habe.

f) der Hypothek auf dem Grundstück in Berlin-Schöneberg, Gotenstraße 21.«

Das Testament spiegelt eindringlich wider, daß Else Ury fest davon ausging, daß die Herrschaft der Nazis bald ein Ende haben und der Raub ihres Vermögens nicht von Dauer sein würde. Denn sie vererbt Dinge, die lange ihrer Verfügungsgewalt entzogen und enteignet worden waren, und sie geht offensichtlich davon aus, daß auch ihre Bücher wieder erscheinen und die Zukunft ein anderes Gesicht haben wird.

Else Ury wurde aufgrund der Recherchen ihres Neffen 1948 für tot erklärt.

Eine Suchanzeige, die Herr Heyman beim Internationalen Roten Kreuz aufgab, wurde erst 1976 endgültig beantwortet:

»Ury, Else, 12. 1. 43, evakuiert zum Konzentrationslager Auschwitz durch geheime Staatspolizei (26. Osttransport).« (Dokument 12)

Zeittafel zum Leben von Else Ury

1877 Am 1. November wird sie in Berlin geboren. Ihre Mutter ist Franziska Ury, geb. Schlesinger (1947 - 1940). Ihr Vater ist Emil Ury (1835 - 1920), Tabakfabrikant. Sie hat zwei ältere Brüder. Ludwig (1870 - 1963) wird Rechtsanwalt und Hans (1873 - 1937) wird Arzt.

1881 Ihre Schwester Käthe (1881 - 1943) wird geboren.

1884 Schulbeginn in der Königlichen Luisenschule.

1894 Sie beendet das Lyzeum nach der Selecta.

1900 Sie schreibt wahrscheinlich erste Artikel in der Vossischen Zeitung unter Pseudonym.

1905 Ihre erste Buchveröffentlichung im Globus-Verlag in Berlin erscheint. *Was das Sonntagskind erlauscht*, Erzählungen und Märchen für Kinder im Alter von 6 bis 9 Jahren.

1906 Bei Union Deutsche Verlagsgesellschaft erscheint ihre Erzählung *Studierte Mädel*.

1908 Bei Meidingers Jugendschriftenverlag Berlin erscheint das Märchenbuch *Goldblondchen*.

1909 Sie hat Kontakt zu der Illustrierten Mädchen-Zeitung »Das Kränzchen«. *Die Erzählung Vierzehn Jahr und sieben Wochen* erscheint dort als Fortsetzungsgeschichte.

1910 Sie veröffentlicht zwei weitere Bücher. *Baumeisters Rangen* und *Babys erstes Geschichtenbuch* für die Kleinen. Beide Bände erscheinen bei Meidingers Jugendschriftenverlag.

1912 Sie veröffentlicht *Das graue Haus* als Fortsetzungsgeschichte.

1913 Die Jugendschriftenwarte empfiehlt *Goldblondchen* als lesenswert für die dritte Klasse. Bei Meidinger erscheint die Erzählung *Komerzienrats Olly.*

1914 Sie veröffentlicht *Huschelchen,* eine Sammlung von Schulmädchengeschichten und schreibt für »Das Kränzchen« *Dornröschen* als Fortsetzungsgeschichte. Der Erste Weltkrieg beginnt.

1914 - 1918 Sie schreibt an der Nesthäkchen-Serie und veröffentlicht im Kränzchen einen Kriegsroman Lieb Heimatland. Sie beteiligt sich an der Kriegsfürsorge des Nationalen Frauendienstes.

1918 Klaus Heymann, Sohn ihrer Schwester Käthe, wird geboren. Die ersten Bände von *Nesthäkchen* erscheinen. Außerdem veröffentlicht sie *Lotte Naseweis und andere Schulmädchengeschichten.*

1919 Sie arbeitet an weiteren Nesthäkchen-Bänden und veröffentlicht *Das Ratstöchterlein von Rothenburg.*

1920 Im Januar stirbt ihr Vater, Emil Ury.

1921 Sie arbeitet an weiteren Bänden der Nesthäkchen-Serie. *Lilli Lilliput* erscheint in der Kränzchen-Bibliothek.

1922 *Nesthäkchen im Kinderheim* und *Nesthäkchen und der Weltkrieg* erscheinen.

1923 Sie arbeitet an einer neuen Serie Professors Zwillinge.

1924 Weitere Jungmädchengeschichten erscheinen.

1925 Die zehn Bände der Nesthäkchen-Serie sind fertig.

1926 Sie unterschreibt den Kaufvertrag für das spätere »Haus Nesthäkchen« in Krummhübel. Im Radio werden ihre Geschichten vorgelesen.

1927 Das Buch *Professors Zwillinge in Italien* kommt heraus. Sie fährt mit ihrem Bruder Hans wahrscheinlich in diesem Jahr nach Italien.

1928 Weitere Bände der fünfteiligen Serie *Professors Zwillinge* werden veröffentlicht.

1929-1932 Im Kinderkalender von Meidinger beantwortet sie die »Nesthäkchenpost« und gibt weitere Kinderbücher heraus. Frau und Tochter ihres Bruders Ludwig sterben, und die Geschwisterfamilie zieht mit Mutter und Pflegerin zum Kaiserdamm 24.

1933 30. 1. : *Machtergreifung durch die Nationalsozialisten.*
27. 2. : *Reichstagsbrand.*
1. 4.: *Boykott jüdischer Geschäfte.*
7. 4.: *Gesetz erlassen, daß Juden vom Beamtenstatus ausschließt.*
22. 4.: *Kassenzulassung für jüdische Ärzte wird entzogen. Ehemalige Frontkämpfer werden noch von der Regelung ausgenommen.*
Else Ury schreibt *Jugend voraus.* Das genaue Datum ist nicht bekannt. Das Buch erscheint wahrscheinlich im Herbst.

1934 *Januar: Verbot der Sozietät mit »arischen« Rechtsanwälten.*
Dezember: Jüdische Rechtsanwälte, ausgenommen ehemalige Frontkämpfer, müssen sich Konsulenten nennen.

1935 *Frühjahr: Reichsverband jüdischer Kultur gegründet.*
September: Nürnberger Gesetze und Reichsbürgergesetze erlassen.
6.3. Ausschluß von Else Ury aus der Reichsschrifttumskammer und damit Schreibverbot.
15.9. Schwager Heymann wird amtsentlassen.
Die Tochter Ilse Heymann emigriert im Herbst nach Palästina.

1936 *Juden unerwünscht-Schilder wegen Olympiade in Berlin entfernt.*
Schwager Heymann wird zwangsweise in den Ruhestand versetzt. Der Neffe Klaus macht Abitur und geht ins Exil nach London.

1937 *Keine neuen antijüdischen Gesetze, aber harte Urteile gegen Juden wegen geringster Verstöße gegen die Gesetze.*
Im Sommer stirbt der Bruder Hans. Versuche, Übersetzungen ihrer Märchen in England zu verkaufen, sind erfolglos.

1938 *März: Kultstätten der Juden wird der staatliche Schutz entzogen.*
April: Jüdische Vermögen müssen registriert werden.
Juni: Verhaftung von 1 500 Juden in Berlin.
Juli: Alle jüdischen Ärzte verlieren ihre Praxis.
August: Zwangsvornamen Sara und Israel werden eingeführt.
September: Alle jüdischen Anwälte sind nur noch Konsulenten.
Oktober: In alle Reisepässe von Juden wird ein »J« gestempelt.
November: Pogromnacht.
Im April besucht sie ihre Neffen Klaus Heymann und Fritz Ury in London. Im Sommer ist sie mit der Mutter in »Haus Nesthäkchen«. Im September verliert der Bruder Ludwig die Rechtsanwalts-Praxis Kurz vor der Pogromnacht schreibt sie an Klaus Heymann.

1939 17. 1.: *Aufhebung des Mieterschutzes für Juden.*
24. 2.: *Ablieferungspflicht für Juwelen.*
30. 4.: *Schaffung von Judenhäusern.*
1. 9.: *Beginn des Zweiten Weltkriegs.*
20. 9.: *Juden wird verboten, ein Radio zu besitzen.*
Im März emigriert die Familie ihrer Schwester nach Amsterdam, der Bruder Ludwig nach London. Im August kann sie zum letzten Mal nach Krummhübel reisen. Umzug in die Solingerstraße 10.

1940 *Der Krieg verschärft die Entrechtung der Juden. Telefonanschlüsse werden entzogen, Kleiderkarten entzogen, kurze Einkaufszeiten und Geschäfte werden speziell vorgeschrie-*

ben. Für alle Juden herrscht Ausgehverbot nach 20.00 Uhr. Die Lebensmittelmarken werden weiter gekürzt.

Im April stirbt die Mutter mit 93 Jahren. Sie kann einen letzten Brief an Klaus Heymann nach London schicken.

1941 *September: Zwang zum Tragen des Judensterns.*

Weitere Kürzung der Lebensmittelrationen für Juden. Sie haben kein Recht auf einen Sitzplatz in Verkehrsmitteln.

Oktober: Beginn der Massendeportationen aus Berlin.

Im April wird Haus Nesthäkchen beschlagnahmt. Sie muß eine Vermögenserklärung abgeben. Im Juli geht über das Rote Kreuz ein letzter Brief an ihren Bruder.

1942 *Januar: Wannsee-Konferenz über die systematische Vernichtung der europäischen Juden.*

Die SS macht Jagd auf jeden Juden in Berlin.

Am 29 .9. bekommen Schwester und Schwager eine letzte Nachricht über Else Ury nach Amsterdam. Sie schreibt ihr Testament und hinterlegt es bei Dr. Kurt Landsberger.

1943 Am 6. 1. wird sie in die Große Hamburgerstraße - Deportationssammelstelle - gebracht. Dort wird ihr am 11. 1. die Verfügung über die Einziehung ihres Vermögens zugunsten des Deutschen Reiches überbracht. Am 12. 1. wird sie unter der Nummer 638 mit der »Welle XL« nach Auschwitz deportiert.

Briefe und Dokumente

Brief 1

Charlottenburg, d. 4. Nov. 38
Kaiserdamm 24

Mein lieber Klausemann,

diesmal beantworte ich Deinen Brief zuerst. Seit Krummhübel wollte ich Dir schon schreiben. Deine Warnungskarte kam am Morgen unserer Abreise an. Du siehst, wir haben sie prompt befolgt. Es ist nur gut, daß die Nervosität sich erübrigt hat. Wir merken doch noch die intensive Erholung. Man hat Abwehrkräfte gegen vieles durch die Stärkung. Nun will ich Dir zunächst mal herzlich für Deine guten Wünsche zum ersten danken. Sie kamen ganz pünktlich zu gleicher Zeit mit Fritz Brief an. Ich erhielt aus allen Weltteilen Post. Aus Gratulanten werden Briefe. Trotzdem waren wir nachmittags so nach und nach 20 Personen. Heinz und Kurt als einzige Vertreter der Jugend. Heinz mit einem Bein bereits draußen. Für das andere Bein fehlt noch das Kabel aus Bogota, das der holländischen Schiffahrtsgesellschaft nochmals, trotzdem die hiesige kolumbianische Gesandtschaft es schon bestätigte, die Einreise bestätigen muß, da seit dem 4. Oktober neue, verschärfte Einreisebestimmungen bestehen. Zum 19. hat er einen Platz ab Hamburg gebucht. Es geht über Amsterdam. Dort hat er fünf Tage Aufenthalt auf Schiffskosten. Er freut sich natürlich sehr, Jachmanns noch mal zu sehen. Und Holland war doch schon immer das Ziel seiner Wünsche für sein Skizzenbuch. Na, hoffentlich klappt es. Kurt würde ich auch wünschen, daß sich für ihn bald eine Möglichkeit ergibt. Er ist für Anfang Mai vorgemerkt. Aber das ist nur die Prüfung auf dem Konsulat. Dann dauert es noch mal Monate. Dabei sind laut gestriger Verfügung die Patentanwälte ab 30. November außer Kurs gesetzt, was dort sehr einschneidend ist.

Nun zurück zum Geburtstag. Ich wurde sehr verwöhnt, trotzdem jetzt wirklich nicht die Zeit dazu ist. Onkel Ludwig ist rührend darin, mir den Tag, der natürlich besonders wehmütige Erinnerungen auslöst, schön zu gestalten. Und die Omama war gottlob so frisch und vergnügt den ganzen Tag dabei, daß ich wirklich Grund habe, dankbar zu sein. Die größte Freude hat mir Vater gemacht. Ich weiß nicht, ob er Dir geschrieben hat, daß er Onkel Hans Bild, das früher in Krummhübel hing, vergrößert hat und es aquarelliert hat. Es ist ganz fabelhaft geworden. Direkt sprechend ähnlich. Der Ausdruck in den Augen und das Hautkolorit - ich hätte nie gedacht, daß man überhaupt ein so gutes Bild von Jemand herstellen kann. Weißt Du, Klaus, ich stehe jetzt auf dem Standpunkt, daß es für Onkel Hans tausendmal besser ist, daß er es nicht erlebt hat, daß man ihm die Approbation aberkannt hat. Sein Freund K. betreibt jetzt auch energisch die Auswanderung, trotzdem er noch zugelassen ist. Wenn es mit USA, wofür er das Affidavit hat, zu lange dauert, will er erst nach Ekuador, wo er gleich einen Wirkungskreis finden würde. Aber das Tropenklima ist für einen älteren Menschen nicht ganz einfach.

Neulich waren wir zum Abschiedszusammensein bei Dr. Löwenstein, dem Schwager von Onkel Ludwig. Der Heinz ist nach Buenos Aires gefahren. Der zweite, Werner, wohnte eine Woche bei uns. Sie mußten aus ihrer Wohnung raus und die neue hatte nicht genügend Platz, da er noch nachträglich zur Praxis zugelassen wurde. Wenn man heute gesellig in einem Kreise ist, hat man das Gefühl, sich in einem Wartesaal zu befinden. Jeder hat ein fernes Ziel vor sich und spricht von Ausreise. Es fehlt der ruhende Pol im Wirbel des Geschehens.

Von Ilse ist noch keine Nachricht, ob der kleine Ury einpassiert ist. Mutti ist natürlich ziemlich nervös, bis sie weiß, daß alles gut gegangen ist. Jedenfalls ist diese Woche die seit 5 Monaten stockende Rente freigegeben und abgegangen. Sie scheint wirklich sehr nötig zu sein. Mit Silberstein ist es unerhört, daß solch eine Bummelei vorkommen kann. Na, Mutti hat sich nicht schlecht aufgeregt Und Vater konnte das Wort »Kinderwäsche« nicht mehr hören.

Nun zu Dir, mein lieber Junge. Alle deine Briefe und Berichte lese ich natürlich mit größtem Interesse. Falls Du den Städtebaukursus, ohne Dich allzu sehr anzustrengen, durchführen kannst, ist es sicher ein Plus für später. Aber Du mußt auch richtig essen dabei. Eine warme Mahlzeit mußt Du am Tag nehmen. Wenn das Wetter einigermaßen ist, dann benutze nur möglichst den Sonntag zu Ausflügen. Ich erinnere mich an Latimer. Es war sehr schön dort und muß jetzt im Herbstlaub sehr malerisch sein. Froh bin ich doch, daß ich London noch kennen gelernt habe. Jetzt wäre es damit Essig. Dadurch, daß ich Urys Heim und Dein Zimmer so gut kenne, fühlt man sich viel näher, wenn man aneinander schreibt. Während ich jetzt klappere, steht Dein Photo vor mir - das mit ohne gebrannte Locken - da kann ich so schön mit Dir plaudern. Wie konntest Du Dich nur so darüber ärgern, Klaus. Bist doch sonst so vernünftig. Die Sache war doch wirklich nur zum Lachen, um so mehr als sie auf einem Irrtum beruhte. Der Film »Things to come« muß sehr interessant gewesen sein. Ich finde die Gegenwart auch interessant, wenn es ein Film wäre. Wird bei Euch auch der Film »Der Fall Deruga« gegeben? Wenn Du die Möglichkeit hast, sieh es Dir an. Sehr interessant und spannend bis zuletzt. Eine Detektivsache. Sowas hast Du doch gern. Am Vorabend meines Geburtstages hatten wir eine fabelhafte Rigoletto-Aufführung im Kulturbund. In diesem Monat wird ein englisches Lustspiel gegeben. Der Name ist mir im Augenblick entfallen.

Hast Du schon gehört, daß Grete Levi wieder nicht die Einreise nach S.A. erhalten hat? Dabei geht es ihrem Bruder drüben gut. Er hat sie angefordert. Es ist eben alles jetzt gesperrt und erschwert. Was wird nur aus den vielen Menschen, die heimatlos werden!

In Krummhübel war es bis zuletzt schön. Jetzt gibt es auch allerlei Stänkereien zwischen den Mietern und dem Haus-meister. Sie wollen ihn rausbeißen. Haben sich sogar schon bei der Gemeinde über ihn beschwert. Fritz hatte eine Blindarmoperation durchgemacht. Ist aber jetzt wieder gesund. Frl. Lina geht es auch besser. Nur nimmt sie nicht zu, trotzdem sie jetzt besser ißt. Das macht mir Sorge. Sie trägt sich auch mit Auswanderungsgedanken mit einer Schwester. Na, darüber können noch Jahre vergehen. Man gewöhnt sich hier, nur dem Augenblick zu leben.

Sehr traurig bin ich, daß wir uns wohl Weihnachten auch nicht sehen werden. Fritz Wallenberg hat angefragt an der zuständigen Stelle, ob er besuchsweise herkommen könnte. Von Mariannchen kam auch pünktlich der Glückwunsch an. Ach, es war doch noch hübsch, wie Ihr alle hier wart. Da hat man es als selbstverständlich hingenommen. Von Lisel kommen gute Nachrichten - gottlob. Hoffentlich hören wir auch bald von Ilse Gutes. Leb wohl, mein lieber Junge. Omama läßt Dich tausend mal grüßen. Auch Onkel Ludwig grüßt Dich.

Viel Erfolg bei Deiner Arbeit. Laß es Dir gutgehen. Herzlichst Deine Tante Else.

Klaus, ich wollte noch mal an Mr. Swiften schreiben, wie er über die Herausgabe meiner Märchenbücher denkt. Die sind doch interessanter. Ich würde ihm die geeigneten aus Sonntagskind und Goldblondchen zusammenstellen. Von der Filmgesellschaft habe ich noch keine Antwort. Wird wohl nichts sein. [Handschriftlicher Zusatz.]

Brief 2*

Krummhübel, den 17. VI. 39

Mein lieber Junge,

nun bin ich wieder in meinem lieben Nesthäkchen, und es könnte alles so schön sein, wenn nicht ... Ich bin auf eine Woche allein hergefahren, um selbst zu sehen, ob ein Sommeraufenthalt noch möglich ist, ob es sich einrichten ließe, ehe ich mit der Omama die Reise hierher mache. Ich schreibe in der Veranda bei weit geöffneten Fenstern im Liegestuhl, weil leiser Gewitterregen herabtröpfelt. Draußen blühen Flieder und die Weißdornhecken, Schwertlilien und wilde Rosen. Es ist unsagbar schön hier, aber ich kann diesmal dessen nicht richtig froh werden. Diesmal kannst du nicht anstimmen: »Sind wir alle mal wieder beisammen gewesen.« Wie schön wars damals. Ich habe hier sehr gegen Erinnerungen anzukämpfen, hoffe aber ihrer Herr zu werden. Denn ich glaube bestimmt, trotzdem Onkel Ludwig starke Bedenken hat, daß wir den Sommer hier noch zubringen können. Ich war schon in den verschiedenen Lebensmittelgeschäften, die beinahe ohne Ausnahme das Schild, das uns den Zutritt verwehrt, tragen. Ich soll meine Hausmeisterfrau schicken oder telefonieren, dann bekomme ich alles. Mein Vertrag für den Hausverkauf läuft noch; ich habe den Entwurf noch nicht bekommen. Auf alle Fälle habe ich mir das Wohnrecht bis zum 15. September gesichert. Ich muß ja auch den Haushalt hier auflösen und den größten Teil verkaufen. Das braucht auch Zeit. Ich habe angefragt, ob ich Garten- und Verandamöbel, Gartenschlauch etc. für Urys neues Haus aufheben soll. Es gibt doch immer mal eine Gelegenheit zum rüberschicken. Man wollte mir hier einem Verwalter vom Kreisobmann Hirschberg einsetzen. Mein früherer Verwalter ist ja in Amsterdam. Auch ein Architekt, den ich nicht kannte. Mein Hauskaufvermittler, ein Jurist aus Breslau, der schon öfter bei mir war, hat sich erboten, selbst die Verwaltung bis zum Verkauf zu übernehmen. Das wäre mir natürlich ungleich lieber. Sonst kann ich vielleicht noch Gott weiß was für meinen Nachfolger machen lassen.

Nun, mein Klausjunge, erst mal zu Dir. Ich habe mich sehr gefreut, daß Du eine Bauassistenzstelle gefunden hast, wo Du vielfältig beschäftigt bist und viel lernen kannst und die bezahlt ist. Meiner Ansicht nach gut bezahlt. Denn Du wirst Dir ja das Studiengeld, falls es Dir nicht erlassen wird, für das letzte Jahr zurücklegen müssen. Ich will ja noch einen letzten Versuch machen, durch einen Konsulenten, so heißen die zugelassenen jüd. Rechtsanwälte jetzt, eine Eingabe der Omama ans Devisenamt, die Studiengelder für ihren Enkel zu schicken, da sie eigenes Vermögen hat. Dr. B., der die Angelegenheit in Hilfe und Aufbau unter sich hat, verspricht sich nicht viel davon. Trotzdem werde ich es versuchen, da mir ein Fall bekannt ist, wo es dem Großvater bewilligt wurde. Allerdings hat der ausgewanderte Vater des Jungen keine Pension oder Sperrkonto mehr hier. Aber was nützt das, wenn Vater nicht davon schicken darf.

Du mußt ja rasend zu tun haben, Klaus, wenn für diese Riesenarbeit nur zweieinhalb Mann zur Verfügung stehen. Vielleicht arbeitest Du Dich so gut ein, daß Du Dich später mal mit ihm assoziieren kannst. Noch dazu, wenn es solch ein netter Mensch ist und Salisbury so schön und idyllisch liegt. Kannst Du nicht bei der Verpflegung nachhelfen mit Obst, Butter, Eiern, Kakao? Gut essen mußt Du, wenn Du so arbeitest. Auch zum regelmäßigen Spaziergang, und wenn es abends ist, mußt Du Zeit finden. Du mußt gesund bleiben. Kannst Du Akustik bis zum 5. Juli schaffen? Mutti schrieb mir, daß Du Dir für die Werkszeichnungen Frist bis Weihnachten hast geben lassen. Hoffentlich bekommst du sie.

Warst Du schon in dem Seebad Bournmouth über Sonntag? Du hättest jetzt vielleicht Dein Rad gebrauchen können zu Ausflügen. Schade, daß weder die Eltern noch Onkel L. Tante

Martha auf ihrer Durchfahrt sehen konnten. Sie hatte sich ja so auf sie gefreut. Das war auch wieder ein Abschied für immer.

Nein, Klaus, Du mußt Dich irren. Kurt hat sehnsüchtig auf die Beantwortung seines Briefes vor circa 6 Wochen, in dem er Dich bat, Dich für seine Angelegenheiten zu interessieren, gewartet. Er schrieb zugleich an den Herrn Weil. Von dem kam Antwort, von Dir nicht. Hast Du den Brief nicht erhalten? Kurt wird wohl um den Ersten herum fahren. Vielleicht seht Ihr Euch in London. Es ist sehr schade, daß er vorläufig nicht das Arbeitspermit wie sein Freund hat. Am Ende kommt er in ein camp. Neulich war er in dem neuen Anzug, den ich ihm geschenkt habe, bei uns. Er sah sehr gut aus. Auch Unterwäsche, Pyjamas,Strümpfe habe ich ihm zur Aussteuer geschenkt. Richtig, auch noch Schlipse. Die Bücher, die Du empfohlen hast, gefallen mir sehr. Ich habe Frl. Lina als Pflegerin das für Krankenhauseinrichtungen geschenkt. Auch Kurt hat eins bekommen.

Deinen Skianzug hat Mutti schon mitgenommen. Ich glaube auch die Skistiefel, bringe ich jetzt mit. Brauchst Du Deine Windjacke und die Blauleinene von Onkel Hans? Ich hatte Kurt trotz Deines Rates schon zwei Hemden mit abknöpfbaren Kragen gekauft, da die guten alle so waren. Ein billigeres habe ich mit festem Kragen. Vater schrieb, er hätte auch ein Siedlungsbuch. Aber ich hatte es schon besorgt. Klaus, daß Du mit den Patienten im Irrenhaus zusammenkommst, ist sehr anstrengend. Ich sollte die Vormundschaft über Tante Settas Schwester übernehmen. Aber ich habe es abgelehnt. Es regt mich zu sehr auf. Mit Heymanns bin ich viel zusammen, hätte sie gern im Sommer hier bei mir. Aber es geht nicht wegen der aufwartenden Hausmeistersfrau. Ich denke, Tante Ola wird mitfahren, wenn ein Kabel sie nicht abberuft, und die nette Nachfolgerin von Frl. Lina, Frl. Wolf. Frl. Lina fliegt Anfang Juli nach Rotterdam. Hoffentlich findet sie etwas Gutes. Über die Briefe der Eltern bin ich noch gar nicht begeistert. Mutti hat große Sehnsucht, und ich fürchte, daß Vater den Schritt bereut, weil er seine Selbständigkeit aufgegeben hat. Das darf natürlich nicht sein. Jetzt muß man einen Strich darunter machen. Mir geht es gesundheitlich besser. Auch die Omama ist munter. Am 12ten habe ich ausführlich mit Onkel L. telefoniert. Pförtners ziehen nach Liegnitz. Er ist Leiter vom Arbeitsdienst. Fritz N. fühlt sich gar nicht wohl in seiner neuen Tätigkeit. Aber er muß. Ich war heute bei ihnen. ...nett. Der Zeitungsmann Straube bot mir heute an, alles zu besorgen. Nett nicht? Es hat aufgehört zu regnen. Jetzt geht es über Bergschloss nach Brückenberg. Was fehlt Ihr mir alle hier! Günter habe ich noch nicht gesehen. Eva ist ein hübsches, großes Mädel geworden. Annelie klingelte neulich in Berlin an. Am 22. bin ich zurück und hoffe dann, am 4ten wieder herzukommen. Lebe wohl, mein lieber Junge. Überanstrenge Dich nicht. Viele herzl. Grüße von Deiner Tante Else.

Brief 3*

Krummhübel, 4. Aug. 39
im Liegestuhl

Mein lieber Junge,

hoffentlich bist Du die ekligen Zahnbeschwerden los, wenn Du diesen Brief erhältst. Ich hörte es über Amsterdam. Wie kommst du denn schon zu einem Weisheitszahn? Bei allem Respekt vor Deinem Grips - weise brauchst Du doch noch nicht zu sein. Und dabei arbeiten müssen, das ist wirklich reichlich.

Nun zunächst herzlichen Glückwunsch zu dem bestandenen Akustikexamen. Du hast ja wirklich Glück, oder wie es wohl in der Studentensprache heißt, »Schwein« gehabt. Hoffentlich bleibt es Dir weiter treu. Es ist ja sehr erfreulich, daß

Du Dich dort nach wie vor so wohl fühlst, daß Dich die Arbeit befriedigt und daß Du Deinen Chef so befriedigst. Du mußt wirklich bei dem vielen, was Du in die Finger bekommst, Erfahrungen sammeln können und viel lernen. Wie ist das Haus für die dänische Familie ausgefallen? Die Aufgabe, die Du Dir für die Diplomarbeit vorgenommen, ist ja sehr verlockend, aber sehr umfangreich. Kannst du das alles schaffen? Es muß doch gewiß jedes der von Dir projektierten Anlagen gründlichst zum Examen durchgearbeitet sein. Ich werde mich gern, wenn ich erst wieder in Berlin bin, nach der einschlägigen Literatur erkundigen. Kläuschen, hattest Du neulich ein blaues Buch in London bekommen oder ein anderes. Wie hieß es? Kurt ist inzwischen in London eingetroffen. Er war neulich bei Urys. Hättest Du ihn in Southampton sprechen können? Ich wußte nicht, ob Du Zeit hattest. Er kam mit der Europa mit Neumis. Er bringt Dir Grüße. Zum Geburtstag hatte ich ihm ein anderes Buch geschenkt. Ja, mit den Trainee-Arbeiten wird es nicht leicht sein. Unter uns, Kläuschen, ich glaube bestimmt, daß Fritz etwas tun könnte. Aber der steht auf dem Standpunkt, wie Onkel L. schreibt, daß in erster Reihe denen geholfen werden muß, für die nicht gebürgt ist. Aber ich finde, in diesem Fall könnte er schon helfen. Vielleicht könnte Kurt später im Ausland darauf aufbauen. Aber in den USA gibt es ja kein Etam. Jedenfalls werde ich mal bei Onkel L. Feuer hinterher machen. Fritz hört doch auf seinen Vater. Jetzt ist Fritz Helen nach Schulz-Tarasp [im Original nicht deutlich] nachgereist. Es war ja schade, daß sie gerade an Deinem Examenstag krank war. Ich freue mich sehr, daß Dir Haus und Garten so gut gefallen hat. Da hat doch Onkel L. ein Äquivalent und wird sich dort wohlfühlen. Nun hat er ja Neumi dort, mit dem er regelmäßig zusammen ist. Nun zu uns. Eben rief mich die Omama rauf, durch Trommeln an das Verandafenster, sie sitzt an der offenen Tür, um mir herzlichste Grüße für »meinen Klaus« aufzutragen. Es geht ihr Gott lob so gut wie immer hier. Sie ist fast täglich im Garten, sieht frisch und knusprig aus. Auch ich, ebenso Tante Ola, die ich von Dir gegrüßt habe, sind schon recht erholt und haben schon einige Kilo zugenommen. Tat auch Not. Die ersten Wochen verliefen in paradiesischem Frieden. Jetzt ist das Gleichgewicht etwas gestört worden. »Und der Überzieher war weg« - wenigstens so gut wie sicher. Ich spreche vom Hausverkauf. Es war schon zu weit zugesagt, Vertragsentwurf fertig, er hatte meine Bedingungen, nicht vor dem 15. Sept. Übergabe, angenommen, so daß ich, wenn er den Kaufpreis bei einer Bank hinterlegt, meinerseits auch die Zusage halten müßte. Es war noch ein anderer Reflektant, Berliner Sommergast, der das Haus mit allen Möbeln etc. übernehmen wollte. Das wäre natürlich bequemer und vorteilhafter gewesen. Aber wer weiß, ob es genehmigt worden wäre, weil der Ortsansässige den Vorzug hat und mit allen verbrüdert ist. Ob ich das Haus überhaupt hätte behalten können, bezweifele ich. Die Gegenseite ist zu stark. Sie haben alle Hebel in Bewegung gesetzt. Es geht doch jetzt schon seit Januar. Ich hätte es gern behalten und will nur hoffen, daß die materielle Überlegung dabei nicht eintrifft. Aber auch ideell wird es mir unsagbar schwer. Ich war gestern so traurig, als Dr. Reimitz aus Breslau, der vermittelt, bei mir war. Gar nicht vorstellbar, daß in unserer Veranda Fremde sein sollen und noch dazu solch wenig sympathischer Mensch. Die Verhältnisse lagen im Winter so, daß man kaum denken konnte, jemals wieder hierher zu kommen. Auch jetzt hat man mir 5 Mark Strafe wegen Nichtanmeldung, war sonst nicht nötig, aufgebrummt. Dann erhielt ich vom Amtsvorsteher einen Brief, daß wir in einem jüdischen Haus untergebracht werden müssen bei längerem Aufenthalt nach § so und so der Verfügung vom 30. April, daß es unstatthaft sei, mit arischen Mietern zusammen zu wohnen. Da ich diese Verfügung genau kannte, konnte ich ihn Wort für Wort widerlegen, da mein Haus ja ein jüdisches Haus ist, käme eine Unterbringung in ein anderes jüdisches Haus nicht in Frage. Auch die Mieterfrage war mir genau bekannt. Es ist jetzt über 8 Tage her und keine Antwort gekommen. Aber es regt doch alles auf. Mit dem Wirtschaften geht es, wir kaufen zum Teil selbst, trotz alledem. Günter und Eva, die niedlich geworden ist, habe ich Deine Grüße ausgerichtet. Sie benehmen sich, wie auch die Mutter, sehr nett. Besonders treu sind Neumanns. Fritz gefällt es gar nicht. Im Gegenteil! Er kann Dir nicht schreiben, läßt aber grüßen. Also, sobald Onkel L. den Vertrag einwandfrei findet, muß ich an den Verkauf der Möbel gehen. Gar nicht einfach. Annonce und Zettel anmachen. - Klaus, willst Du einen Tennisschläger hinhaben oder auch mehrere? Welches ist Deine Windjacke? Die innen mit rotem Seidenschild? Dann noch die Skistiefel. Fehlt noch was? Soll ich es nach Salisbury senden? - Vater hat gestern Peter nach Vlissingen gebracht. Ich würde mich ja riesig freuen, wenn es mit Muttis engl. Reise klappen würde. Täte ihr sicher gut. Vater und Mutti wären mit uns so gern hier, sie haben nicht nur Sehnsucht nach uns, sondern auch nach den Bergen. Eben haben wir Dich zitiert, Klaus, - »das übrige bringe ich ...« Frl. Lina geht es gut. Sie betreut ihre alte Tante in Rotterdam. Das neue Frl. Wolf ist wenig rüstig, hat alle möglichen Krankheiten. Heute liegt sie mit geschwollenem Knie. Aber zur Omama nett. Daß Heinz und Mariannchen sich nächstens verheiraten werden, hast du sicher schon gehört. Wahrscheinlich über den Handschuh. Ich freue mich so sehr für die beiden und auch für Tante Martha. Sie ist über die Kordilleren geflogen. Die Jungs sind glücklich, sie da zu haben. Aber es ist nicht einfach für sie, allein in den ganz anderen Verhältnissen. Das Kabel für Tante Ola bezog sich auf ihre Einreise. Aber erst wird wohl Lotte rankommen, die in den USA höchstens drei Monate bleiben kann. Tante C. lernt auf Mord.[im Original nicht deutlich] spanisch. Wir waren schon in Pelzer Grenzbauden, nächstens Spindlermühle. Anny sollte kommen, hat heute abgeschrieben, weil sie Proben (Chor) zu den Feiertagen hat. Es ist so schön hier. Nie mehr werden wir singen: »Sind wir mal alle wieder beisammen gewesen ... ist der Köhler gekommen, hat uns alle nach Haus spediert.« Eine Gemeinheit.

Ich lasse eventuell die ganze Einrichtung von einem Hirschberger Auktionator versteigern.

Herzliche Grüße, mein lieber Junge, wir denken und sprechen oft von Dir, zitieren alle Deine hübschen Schlagworte. Ach, wenn es wieder mal wie früher wäre. Hoffentlich bist Du gesund und arbeitest nicht zuviel. Deine Tante O. [Der Gruß ist von Olga Davidsohn, Kusine von Else Ury, die sehr oft in Krummhübel war].

Schreibe mir eine Karte, da Du sowenig Zeit hast, welches Deine Windjacke ist und wegen Tennisschläger und Skistiefel. Laß es Dir gut gehen, mein guter Junge, tausend Grüße von Deiner Tante Else.

* Die Briefe 2 und 3 sind aus dem handschriftlichen Original in deutscher Schrift transkribiert worden.

Brief 4

Mögliches Datum: April 1940

Mein lieber Junge,

in all der Dunkelheit nach dem Hinscheiden unserer Omama war die Nachricht von Deinem so glänzend bestandenen Examens ein Lichtstrahl. Wie hätte sich die Omama darüber gefreut. Mir ist das Herz jetzt sehr weh; aber trotzdem bin ich glücklich, daß Dein Streben von so schönem Erfolg gewesen ist. Mein inniger Wunsch für Dich ist, daß Du weiter im Leben befriedigende und erfolgreiche Arbeit leisten wirst.

Unserer Omama ruht in Frieden nach schwerem Leiden. Ich weiß, was auch Du, mein lieber Junge, mit ihr verloren hast.

Wie lieb Du sie gehabt hast. Wir müssen dankbar sein, daß wir sie so lange haben durften.

Ich bin jetzt wieder gesund. Nur schlafen kann ich noch nicht. Aber auch das wird in Ordnung kommen.

Aber Du, mein lieber Junge, brauchst nach der anstrengenden Examensarbeit sicher Erholung. Hoffentlich kannst Du ein paar Tage ins Freie fahren. Und pflege Dich, auch ohne daß Mutti dafür sorgt.

Lebe wohl, mein Junge. Weiter alles Gute für Dich! Innige Grüsse Deine Tante E.

[Klaus Heymanns Schwester Elisabeth schrieb auf Englisch in Amsterdam noch einen kurzen Gruß an ihren Bruder dazu.]

Brief 5*

Ein Briefwechsel zwischen Else und ihrem Bruder Ludwig auf einem Formular des »British Red Cross«.

Ury, Ludwig. Brother. Heute Mutters Gedenktag. Sind alle wohlauf. Hoffentlich auch ihr. Olga Wünsche gute Reise. Herzliche Grüße an alle. Auch von Elsa. Ludwig. 8. April 1941.

Auf der Rückseite antwortet Else Ury am 26. 7. 1941:

Innige Grüße, mein Junge. Erfreut, daß Elsa für Dich sorgt. Bin gesund, hatte Erholung bei Frau Richter. Olga voraussichtlich Buenosaires - Columbien. Fritz Glückwunsch. Allen Grüße Else Ury.

*Dieser Brief ist im Original auf Seite 225 abgedruckt.

Brief 6

Auszüge aus einem Brief* von Hugo Heymann an seinen Sohn:

Für unseren Sohn Ernst Klaus Heymann d. 9. 9. 42
Hugo Heymann Amsterdam.

Geliebter Klaus,

z. Z. kritische Tage. Es besteht die Gefahr, daß wir beide, Mutti und ich, von hier irgend wohin »evakuiert« werden. Das geschieht gewöhnlich in den Abendstunden von 8 - 11 Uhr, so daß wir im Augenblick für 10 Stunden etwa in relativer Sicherheit sind. Seitdem ich dieses zu schreiben begonnen habe, sind über 4 Monate vergangen - wir haben heute den 26. Januar 1943. Die persönliche Unsicherheit für uns beide ist noch größer als zuvor, da man zu jeder Tag- und Nachtzeit »evakuiert« werden kann. Wir beide nämlich sind nicht geschützt, im Gegensatz zu Berthold, Lisbeth und Peter, die auf Grund Bertholds Tätigkeit beim »Joodsen Raat« vom Arbeitseinsatz in Deutschland bis auf weiteres freigestellt sind (...) Inzwischen, am 13. 1. 43, abends, 8 1/2 Uhr hat man Mutti zur »Evakuierung« aus der Wohnung geholt. Glücklicherweise ist sie am 14. 1. 1943 nachmittags gegen 4 Uhr, wohl mit Rücksicht auf mein Leiden, wieder freigelassen worden.

Am 6. 1. 1943 ist Tante Else »evakuiert« worden, bis heute wissen wir noch nicht, wohin. Diese Nachricht kam hier gerade am 13. 1. 1943, durch Tante Setta übermittelt, an.

Noch liegt die Zukunft dunkel vor uns, wenn sich die Anzeichen dafür auch mehren, die das Kriegsende für das kommende Frühjahr erhoffen lassen. Das stärkt auch unsere Hoffnung, Dich, lieber Junge, und die anderen Lieben wiederzusehen. Sollte uns das nicht beschieden sein, so hoffen und wünschen wir von ganzem Herzen, daß Du mit Lilo einer wirklich glücklichen Zukunft entgegen gehen mögest.

In Liebe Vater 26. 1. 43.

Hier noch die Mitteilung, daß Tante Else uns am 20. IX. 1942 schrieb, daß sie ihr Testament, daß für Dich, lieber Klaus, von Bedeutung ist, beim Amtsgericht Charlottenburg niedergelegt hat. Der Anwalt, Dr. Kurt Landsberger, Berlin, Jenaerstraße 3, hat von ihr Generalvollmacht erhalten für den Fall, daß sich bei Tante Else irgendetwas ändert.

Mein geliebter Junge! (von Mutter Käthe)

Schwere Wochen liegen hinter uns, noch schwerere Zeiten wohl vor uns. Gottlob ist die Operation glänzend verlaufen, ohne alle Komplikationen. Nun müssen wir gefaßt der Zukunft entgegengehen. Gott schenke uns ein Wiedersehen mit Euch geliebten Kindern! Bleibt glücklich miteinander, Gott schütze Euch und uns alle! In inniger Liebe und größter Sehnsucht Mutti.

*Dieser Brief konnte erst am 8. 7. 1945 von Klaus Heymann anläßlich eines Besuches in Amsterdam empfangen werden. Der Brief wurde von einer nichtjüdischen Familie - enge Freunde seiner Eltern - für ihn aufbewahrt. Die Eltern, seine Schwester, sein Schwager und der 6jährige Peter waren inzwischen in den Vernichtungslagern ermordert worden.

D R K - Präsidium

087809 28. JUL. 1941

... NISATION OF THE BRITISH RED CROSS
AND ORDER OF ST. JOHN

To:
**Comité International
de la Croix Rouge
Genève**

**Prisoners of War,
Wounded and Missing
Department.**

ENQUIRER
Fragesteller

Name Ury

Christian name Ludwig
Vorname

Address

Relationship of Enquirer to Addressee Brother
Wie ist Fragesteller mit Empfänger verwandt?

The Enquirer desires news of the Addressee and asks that the following message should be transmitted to him.
Der Fragesteller verlangt Auskunft über den Empfänger. Bitte um Weiterbeförderung dieser Meldung.

Heute Mutters Gedenktag. Sind Alle Wohlauf,
Hoffentlich Auch Ihr. Olga Wuensche Gute
Reise. Herzliche Gruesse An Alie. Auch Von
Elsa. Ludwig

RED CROSS MESSAGE ...
510
27, NEW INN HALL STREET.

Date 8th April 1941

ADDRESSEE
Empfänger

Name Ury

Christian name Else
Vorname

Address 10 Solingerstrasse. Berlin.N.W.

- 6 JUIN 1941

The Addressee's reply to be written overleaf.
Empfänger schreibe Antwort auf Rückseite.

Liste der Dokumente

Dokument 1
Auszug aus den Listen der Reichschrifttumskammer.

Dokument 2
Vermögenserklärung von 1941 in Auszügen.

Dokument 3
Vermögenserklärung und Inventarliste in Auszügen. Das Deckblatt wurde von der Vermögensverwertungsstelle ergänzt.
Wer diese Formblätter erhielt, wußte, daß seine Deportation unmittelbar bevorstand.

Dokument 4
a) Verfügung über den Entzug des gesamten Vermögens.
b) Zustellungsurkunde über die Aushändigung der Verfügung.

Dokument 5
Inventarliste der Wohnung Ury.

Dokument 6
Zuweisung der geräumten Wohnung Ury

Dokument 7
a) Mietforderung für die Monate Februar und März 1943.
b) Anweisung der Miete durch den Oberfinanzpräsidenten.

Dokument 8
a) Endabrechnung der BEWAG über den Stromverbrauch Ury
b).Bestätigung des Restguthabens durch die Vermögensverwertungsstelle

Dokument 9
Verfügung des Finanzamtes Tiergarten über die Einziehung von Vermögenswerten aufgrund des Reichfluchtsteuerbescheides.

Dokument 10
a) Kostenforderung von Dr. Kurt Landsberger an den Oberfinanzpräsidenten
b) Mahnung von Dr. Kurt Landsberger
c) Zahlungsverfügung der Oberfinanzpräsidenten.

Dokument 11
Information über den Antrag des Bürgermeisters in Krummhübel auf unentgeldliche Überlassung von Haus Nesthäkchen.

Dokument 12
Antwort des Internationalen Suchdienstes über das Schicksal von E. Ury.

Aufgrund des Zustandes der Originale sind die Dokumente leider z.T. schwer lesbar.

— 4 —

f) Noch nicht fällige Ansprüche aus Lebensversicherungen, Kapitalversicherungen und Rentenversicherungen ——— RM
(Anleitung Ziffer 24)
Diese Versicherungsansprüche sind in jedem Fall, auch wenn sie steuerfrei sind, anzugeben.

Name der Versicherungsgesellschaft: — Nr. des Versicherungsscheins —

g) Rechte auf Altenteil, Nießbrauch, Renten und andere wiederkehrende Nutzungen und Leistungen (Anleitung Ziffer 26)

Gegenstand (z. B. Altenteil, Rente)	Name und Anschrift des Schuldners	Seit wann besteht das Recht?	Zeitpunkt oder Ereignis, mit dessen Eintritt der Anspruch wegfällt [illegible]	Jahreswert des Anspruchs in RM
1	2	3	4	5
—	—	—	—	—

h) Edelmetalle, Edelsteine und Perlen (Anleitung Ziffer 26) ——— RM

i) Gegenstände aus edlem Metall, Schmuckgegenstände und Luxusgegenstände (Anleitung Ziffer 27) ——— RM

k) Kunstgegenstände und Sammlungen (Anleitung Ziffer 28) ——— RM

l) Anderes nicht unter a bis k fallendes „sonstiges Vermögen“ (Anleitung Ziffern 17 und 29) ——— RM
(z. B. Urheberrechte, geschützte und nichtgeschützte Erfindungen, Gewerbeberechtigungen, die nicht vom Berechtigten selbst ausgeübt werden)

Art der Gegenstände und Errechnung ihres Werts sind hier anzugeben. ———

V. Abzüge, soweit sie nicht das Betriebsvermögen (oben Abschnitt III) betreffen (Anleitung Ziffern 30 und 31):
(Schulden und Lasten dürfen nur insoweit abgezogen werden, als sie bei Beginn des 1. Januar 1940 bereits bestanden)

a) Schulden (Anleitung Ziffer 30)

Art der Schuld (z. B. Hypothekenschuld, Darlehensschuld)	Name und Anschrift des Gläubigers	Wert (nach Abzug getilgter Beträge) in RM	Zinssatz ²)	Vertragliche Laufzeit bis ³)	Bemerkungen (z. B. Abweichungen vom Nennwert, Unverzinslichkeit einer ausländischen Währung)
1	2	3	4	5	6
Hypothek Krummhübel	Kinder Hawranka Krummhübel	8 000.-	5½	unbegrenzt	

b) Altenteilslasten, Nießbrauchslasten und sonstige Rentenlasten (Anleitung Ziffer 31)

Gegenstand (z. B. Altenteil, Rente)	Name und Anschrift des Berechtigten	Seit wann besteht die Last?	Zeitpunkt oder Ereignis, mit dessen Eintritt die Last wegfällt ⁴)	Jahreswert der Last in RM
1	2	3	4	5
—	—	—	—	—

Ich versichere, daß ich die Angaben in dieser Vermögenserklärung — und die Angaben in dem Anhang Gew ⁵) — nach bestem Wissen und Gewissen richtig und vollständig gemacht habe.

Berlin 17. September 1940

Ich bin Jüdin. gez.: Else Sara U r y .
(Vorname und Zuname)
Kennort: Berlin.
Kenn-Nr.: 340714.

Vermögenserklärungen ohne Unterschrift gelten als nicht abgegeben.

¹) Wenn die Dauer des Anspruchs vom Leben einer Person abhängt, Anschrift und Geburtsdatum dieser Person.
²) Einschließlich eines etwa vereinbarten Verwaltungskostenbeitrags.
³) Bei Festzinshypotheken ist der Zeitpunkt einzusetzen, an dem die Rückzahlung frühestens verlangt werden kann, bei Kündigungshypotheken (ohne feste Mindestlaufzeit) ist die Kündigungsfrist anzugeben.
⁴) Wenn die Dauer der Leistung vom Leben einer Person abhängt, Anschrift und Geburtsdatum dieser Person.
⁵) Nur für Gewerbetreibende.

Dokument 1

Bundesarchiv Koblenz

126

-103-

Name:	Anschrift:	ausgeschlossen bezw. abgelehnt am:	
Ucko, Heinz	Gleiwitz O/S., Helmut Brucknerstr. 10	abgelehnt	16. 3.35
Uechtritz, Eva v.	Berlin W 30, Berchtesgadenerstr. 12	ausgeschl.	28. 1.35
Ufermann, Paul Georg 3204	Bielefeld, Kavalleriestr. 7	"	28. 6.33
Ullmann, Arno	Bln.-Charlottenburg, Fredericiastr. 28	abgelehnt	27. 7.34
Ullmann, Dr. Hans	Bln.-Charlottenburg 4, Clausewitzstr. 8	ausgeschl.	2. 3.35
Ullmann, Frl. Regina 1330	München, Hildegardstift Bruderstr. 9	"	6. 4.35
Ullmann, Dr. Richard	Oberursel/Taunus, Zeppelinstr. 5 b/Gotthard	"	9. 3.35
Ullstein, Heinz	Bln.-Grunewald, Siemensstr. 28	abgelehnt	16. 3.35
Ullstein, Kurt	Berlin W 35, Ulmenstr. 4	"	16. 3.35
Unger, Alfred H.	Berlin W 15, Knesebeckstr. 45	"	21. 2.35
Unger, Wilhelm	Köln a/Rh., Mozartstr. 11	"	16. 3.35
Unikower, Viktor	Treptow, Kol. Gemütlichkeit, Laube 26	"	16. 3.35
Urban, Helmut 22834	Wünschelburg, Heuscheuerstr. 5	"	2.11.37
Urbin, German	Augsburg, Lauterbachstr. H 171	"	7. 2.39
Urdang, Dr. Georg	Bln.-Wilmersdorf, Helmstedterstr. 6	"	16. 3.35
Urgiss, Julius	Bln.-Wilmersdorf, Rudolstädterstr. 2	"	16. 3.35
Ury, Else 339	Bln.-Charlottenburg, Kaiserdamm 24	ausgeschl.	6. 3.35
Uzarski, Adolf 18307	Düsseldorf, Cleverstr. 29	"	22. 3.35

ERRATA

Durch einen Fehler wurde das Dokument 1 (Auszug aus den Listen der Reichsschrifttumskammer) nicht abgedruckt.

Finanzamt Hansa. Abschrift. **Erst Anleitung lesen, dann ausfüllen!** 38

Steuernummer 108/728

Vermögenserklärung 1940

Person und Familienstand

Fragen (Anleitung Ziffern 1 bis 7)	Antworten
1. Des Steuerpflichtigen a) Vorname und Zuname	Else Sara U r y
b) Beruf, Art der Tätigkeit	Ehemalige Schriftstellerin
c) Wohnung (Ort, Straße und Hausnummer)	Berlin, Solingerstr.10
2. Waren Sie am 1. Januar 1940 verheiratet? ledig	— Nein — Ja —
a) Wenn ja, mit wem?	(Vorname) geb. (Mädchenname)
b) Lebten Sie am 1. Januar 1940 von Ihrem Ehegatten dauernd getrennt?	— Nein — Ja —
Wenn Sie am 1. Januar 1940 Witwe(r) waren: a) Wo war der letzte Wohnsitz des verstorbenen Ehegatten?	In –
b) Lebten Sie zur Zeit des Todes Ihres verstorbenen Ehegatten von ihm dauernd getrennt?	— Nein — Ja —
3. a) Welche minderjährigen Kinder und welche anderen minderjährigen Angehörigen (Ziffer 6 der Anleitung) gehörten am 1. Januar 1940 zu Ihrem Haushalt?	Vorname und Zuname / geboren am: zu a) – 19.. ; 19.. ; 19.. ; 19..
b) Welche minderjährigen Kinder und welche anderen minderjährigen Angehörigen (Ziffer 6 der Anleitung) wurden zu Beginn des Jahrs 1940 überwiegend auf Ihre Kosten unterhalten und erzogen?	zu b) – 19.. ; 19..
c) Für welche volljährigen Kinder und für welche anderen volljährigen Angehörigen (Ziffer 6 der Anleitung), die zu Beginn des Jahrs 1940 überwiegend auf Ihre Kosten unterhalten und für einen Beruf ausgebildet wurden und die das 25. Lebensjahr noch nicht vollendet hatten, beantragen Sie einen Freibetrag?	zu c) – 19.. ; 19..
4. Welche der unter den Ziffern 1 bis 3 genannten Personen sind Juden? (Anleitung Ziffer 7)	ich bin Jüdin
5. Wenn ein besonderer Freibetrag wegen Alters oder Erwerbsunfähigkeit beansprucht wird (Anleitung Ziffer 8): a) Wann sind Sie geboren?	Am – 18..
b) Wie hoch war im Kalenderjahr 1939 Ihr Einkommen, das Einkommen Ihrer Ehefrau und der unter Ziffer 3a genannten Kinder?	Einkommen im Kalenderjahr 1939 – RM
c) Wenn noch nicht 60 Jahre alt: Waren Sie am 1. Januar 1940 erwerbsunfähig?	— Nein — Ja. Ich lege zum Nachweis der Erwerbsunfähigkeit bei: –

Die Vermögenserklärung muß auch das Vermögen Ihrer nicht dauernd von Ihnen getrennt lebenden Ehefrau und der oben zu Ziffer 3a genannten Kinder und anderen Angehörigen enthalten (Anleitung Ziffer 9).

Muster Vm 1 (1940)
Vermögenserklärung für natürliche Personen

— 4 —

f) Noch nicht fällige Ansprüche aus Lebensversicherungen, Kapitalversicherungen und Rentenversicherungen (Anleitung Ziffer 24) — RM

Diese Versicherungsansprüche sind in jedem Fall, auch wenn sie steuerfrei sind, anzugeben.

Name der Versicherungsgesellschaft: — Nr. des Versicherungsscheins —

g) Rechte auf Altenteil, Nießbrauch, Renten und andere wiederkehrende Nutzungen und Leistungen (Anleitung Ziffer 25)

Gegenstand (z. B. Altenteil, Rente)	Name und Anschrift des Schuldners	Seit wann besteht das Recht	Zeitpunkt oder Ereignis, mit dessen Eintritt der Anspruch wegfällt [1]	Jahreswert des Anspruchs in RM
1	2	3	4	5
—	—	—	—	—

h) Edelmetalle, Edelsteine und Perlen (Anleitung Ziffer 26) .... — RM

i) Gegenstände aus edlem Metall, Schmuckgegenstände und Luxusgegenstände (Anleitung Ziffer 27) ...... — RM

k) Kunstgegenstände und Sammlungen (Anleitung Ziffer 28) .... — RM

l) Anderes nicht unter a bis k fallendes sonstiges Vermögen (Anleitung Ziffern 17 und 29) .... — RM
(z. B. Urheberrechte, geschützte und nichtgeschützte Erfindungen, Gewerbeberechtigungen, die nicht vom Berechtigten selbst ausgeübt werden)

Art der Gegenstände und Errechnung ihres Werts sind hier anzugeben. —

V. Abzüge, soweit sie nicht das Betriebsvermögen (oben Abschnitt III) betreffen (Anleitung Ziffern 30 und 31):
(Schulden und Lasten dürfen nur insoweit abgezogen werden, als sie bei Beginn des 1. Januar 1940 bereits bestanden)

a) Schulden (Anleitung Ziffer 30)

Art der Schuld (z. B. Hypothekenschuld, Darlehensschuld)	Name und Anschrift des Gläubigers	Wert (nach Abzug getilgter Beträge) in RM	Zinssatz [2]	Vertragliche Laufzeit bis [3]	Bemerkungen (z. B. Abweichungen vom Nennwert, Umrechnung einer ausländischen Währung)
1	2	3	4	5	6
Hypothek Krummhübel	Kinder Hawranka Krummhübel	8 000.-	5½	unbegrenzt	

b) Altenteilslasten, Nießbrauchslasten und sonstige Rentenlasten (Anleitung Ziffer 31)

Gegenstand (z. B. Altenteil, Rente)	Name und Anschrift des Berechtigten	Seit wann besteht die Last	Zeitpunkt oder Ereignis, mit dessen Eintritt die Last wegfällt [4]	Jahreswert der Last in RM
1	2	3	4	5
—	—	—	—	—

Ich versichere, daß ich die Angaben in dieser Vermögenserklärung — und die Angaben in dem Anhang Gew [5] — nach bestem Wissen und Gewissen **richtig** und **vollständig** gemacht habe.

Berlin 17. September 1940

Ich bin Jüdin. gez.: Else Sara U r y.
(Vorname und Zuname)
Kennort: Berlin.
Kenn-Nr.: 340714.

Vermögenserklärungen ohne Unterschrift gelten als nicht abgegeben.

[1] Wenn die Dauer des Anspruchs vom Leben einer Person abhängt, Anschrift und Geburtsdatum dieser Person.
[2] Einschließlich eines etwa vereinbarten Verwaltungskostenbeitrags.
[3] Bei Festzinshypotheken ist der Zeitpunkt einzusetzen, an dem die Rückzahlung frühestens verlangt werden kann, bei Kündigungshypotheken (ohne feste Mindestlaufzeit) ist die Kündigungsfrist anzugeben.
[4] Wenn die Dauer der Leistung vom Leben einer Person abhängt, Anschrift und Geburtsdatum dieser Person.
[5] Nur für Gewerbetreibende.

40/23072 Ury

Ury Else, Sara
geb. 1.11.77 i. Berlin
Berlin NW. 87
Solingerstr. 10

[illegible] am 22. 3. 43

O 5205 40/23072 Ury

Einnahme					Ausgabe				
Dat.	Art	Kassen-Zeichen	Betrag		Dat.	Art	Kassen-Zeichen	Betrag	
			RM	Rpf				RM	Rpf
9.3. 43	Kaution	73/1173	21	12	1.1.44	Miete Febr./März 44		254	80
10/5 43	" "	13/187	34	41	5.9.44	[illegible]		222	70
29/5. 43	F.l. Heusa	15/225	849	20					
14.9. 43	Verk. Gel.	08/1192	430	40					
12.1. 44	Vermögen[illegible]	57/837	34625	—					
—	Summe	—			—	Summe	—		

C2340. DBD. 2401/37

— 8 —

IV. Wohnungsinventar und Kleidungsstücke (Anzahl und Wertangaben):

1. Möbel und Einrichtungsgegenstände:

a) Schlafzimmer: 2 möblierte Zimmer

	RM		RM		RM	
3 Kleiderschrank		Sofa — Couch		2 Kopfkissen		2 Nachttischlampen
2 Bettstellen		1 Sessel		Unterbetten		Stehlampe
2 Nachttische		Teppich		Daunenbetten		Frisiergarnitur
4 Stühle		Bettvorleger		1 Steppdecken		Waschtischgarnitur
1 Frisiertoilette		2 Brücken		Plumeaux		1 Wäschetruhe [illegible]
Waschtisch		2/1 Gardinen, Stores		4 Matratzen		
4 Kommode		2 Federbetten		2 Deckenlampe		1 [illegible]

b) Wohn-, Herrenzimmer:

1 Schreibtisch und Sessel	Krone — Lampe	Schreibtischuhr	einige Bücher
1 Bücherschrank	1 Schreibtischlampe	Schreibplatte	Lexikon
Bücherregale	Stehlampe	Schreibmaschine	Weltgeschichte
1 Tisch, groß	Wandleuchter	Papierkorb	Prachtbände
Tisch, klein	Stand-Wand-Uhr	Gardinen, Stores	Atlanten
2 Stühle	1 Spiegel		Globus
Sofa — Couch	Teppich		
Sessel	Brücken		
	Schreibgarnitur		

c) Speisezimmer:

1 Eßtisch	1 Anrichte	Steh-, Wandlampe	Hausbar
4 Stühle	Vitrine	1 Teppich	1x Gardinen, Stores
Sessel	1 Sofa — Couch	Brücken	
1 Buffet	2 Krone, Lampe	Teewagen	

d) Diele, Badezimmer:

Dielengarnitur	Lampe	Schrank, klein	[illegible]
1 Flurgarderobe	Spiegel	1 Teppich	[illegible]
Läufer	Schrank, groß	Vorleger	

e) Küche, Kammer:

1 Küchenschrank	Kohlenkasten	1x Küchengeschirr zusammen	Vorräte, eingeweckt
— Anrichte	1 Lampe	Gardinen	Vorräte, weitere
1 Besenschrank	1 Waage	Kühlschrank	
1 Küchentisch	div. Kochtöpfe usw.	1 eig. Gas-, Elektro-Herd	
2 Küchenstühle		1 Bügeleisen	
1 Leiter			

2 **f) Kinder-, Fremdenzimmer, Salon:**

[illegible]
Staatspolizeileitstelle Berlin

Berlin, den 1.10. [illegible]

1067

Verfügung

Auf Grund des § 1 des Gesetzes über die Einziehung kommunistischen Vermögens vom 26. Mai 1933 — RGBl. I S. 293 — in Verbindung mit dem Gesetz über die Einziehung volks- und staatsfeindlichen Vermögens vom 14. Juli 1933 — RGBl. I S. 479 —, der Verordnung über die Einziehung volks- und staatsfeindlichen Vermögens im Lande Österreich vom 18. 11. 1938 — RGBl. I S. 1620 —, der Verordnung über die Einziehung volks- und staatsfeindlichen Vermögens in den sudetendeutschen Gebieten vom 12. 5. 1939 — RGBl. I S. 911 — und der Verordnung über die Einziehung von Vermögen im Protektorat Böhmen und Mähren vom 4. Oktober 1939 — RGBl. I S. 1998 — wird in Verbindung mit dem Erlaß des Führers und Reichskanzlers über die Verwertung des eingezogenen Vermögens von Reichsfeinden vom 29. Mai 1941 — RGBl. I S. 303 —

das gesamte Vermögen des — der
Else Sara Ury

geborene ...., geboren am 1.11.1877

in Berlin

zuletzt wohnhaft in

NW 87, Solinger Str.10 Straße/Platz Nr. ......,

zugunsten des Deutschen Reiches eingezogen.

Im Auftrage
[illegible]

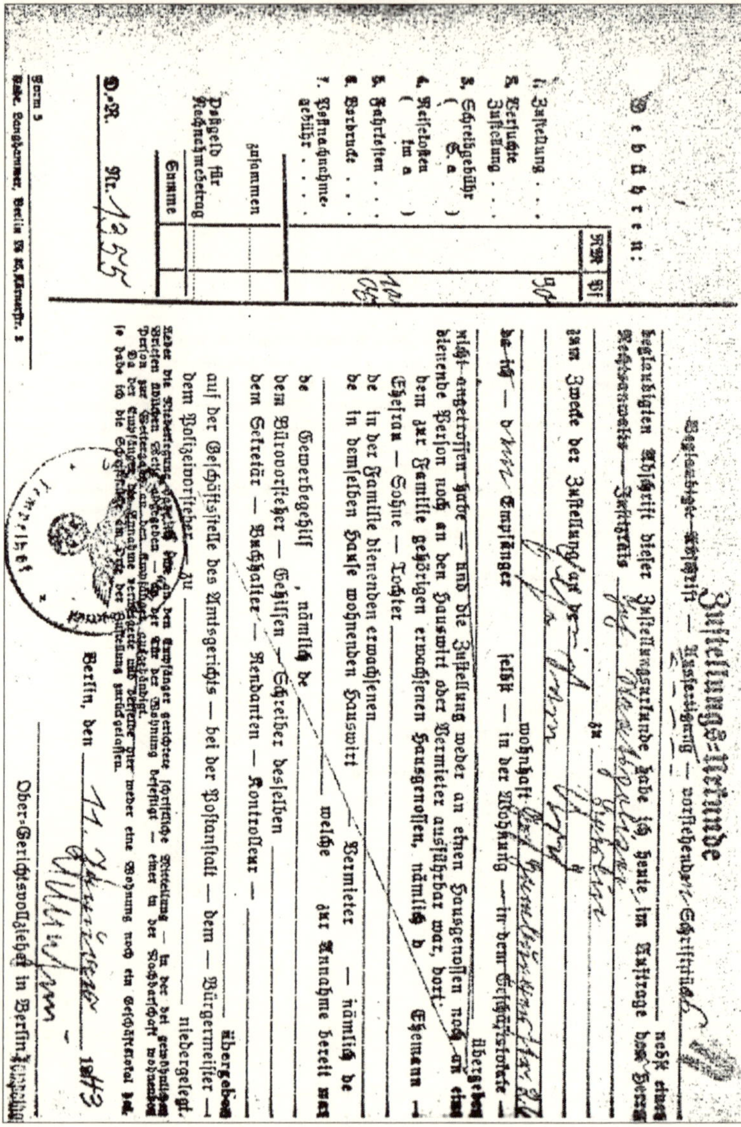

Zustellungs-Urkunde

~~Beglaubigte Abschrift~~ — ~~Ausfertigung~~ — vorstehenden Schriftstück _______ nebst einer beglaubigten Abschrift dieser Zustellungsurkunde habe ich heute im Auftrage des Herrn ~~Rechtsanwalts~~ — ~~Justizrats~~ _______ zu _______

zum Zwecke der Zustellung an _______

_______ wohnhaft _______

~~da ich~~ — den Empfänger selbst — in der Wohnung — ~~in dem Geschäftslokale~~ — _______ übergeben

~~nicht angetroffen habe~~ — und die Zustellung weder an einen Hausgenossen noch an eine dienende Person noch an den Hauswirt oder Vermieter ausführbar war, dort:

dem zur Familie gehörigen erwachsenen Hausgenossen, nämlich d Ehemann — Ehefrau — Sohne — Tochter _______

de in der Familie dienenden erwachsenen _______

de in demselben Hause wohnenden Hauswirt — Vermieter — nämlich de _______ welche zur Annahme bereit war

de Gewerbegehilf , nämlich de _______

dem Bürovorsteher — Gehilfen — Schreiber desselben _______

dem Sekretär — Buchhalter — Rendanten — Kontrolleur — _______

_______ übergeben

auf der Geschäftsstelle des Amtsgerichts — bei der Postanstalt — dem — Bürgermeister — dem Polizeivorsteher — zu _______ niedergelegt.

Ueber die Niederlegung habe ich eine an den Empfänger gerichtete schriftliche Mitteilung — in der bei gewöhnlichen Briefen üblichen Weise abgegeben — an der Tür der Wohnung befestigt — einer in der Nachbarschaft wohnenden Person zur Weitergabe an den Empfänger ausgehändigt.

Da der Empfänger die Annahme verweigerte und derselbe hier weder eine Wohnung noch ein Geschäftslokal hat, so habe ich die Schriftstücke am Orte der Zustellung zurückgelassen.

Berlin, den 11. Januar 1943

Ober-Gerichtsvollzieher in Berlin-Tempelhof

Gebühren:

	RM	Pf
1. Zustellung . . .		30
2. Versuchte Zustellung . . .		
3. Schreibgebühr (S. a)		
4. Reisekosten (km a)		
5. Fahrkosten . . .		10
6. Vordrucke . . .		05
7. Postnachnahmegebühr		
zusammen		
Postgeld für Nachnahmebetrag		
Summe		

D.-R. Nr. 1355

Form 5

Rudr. Langhammer, Berlin SW 68, Körnerstr. 2

(D.P.1568/45).

Gehören zu einer Wohnung mehrere Schätzungsblätter, so sind diese oben rechts laufend zu numerieren

Schätzungsblatt Nr. 1. 22

Aktenzeichen des OFP lt. Straßenliste 40/ 23 072.

Berlin: N.W. 87. Straße: Solinger = Nr. 10 Lage: v. H.

Früherer Mieter bzw. Untermieter: U r y , Else, Sara,
(Früherer Eigentümer der Gegenstände)

Schlüsseö bei dem Hauswart Dallmer, Gthas. pt.

Inventar und Bewertung

Lfd. Nr.	Stück	Gegenstand	Nähere Kennzeichnung	Bewertung in RM	Bemerkungen
		Diele:			
1	1	rd. Tisch,			
2	2	Holzsessel	weiß	5,—	
3	2	Kleiderhaken			
4	1	Spiegel mit Schirmständer			
		1. Zimmer links (Wohnzimmer)			
5	1	Büfett (Aufsatz im Keller)			
6	1	Anrichte,	flämisch	60,—	
7	1	Standuhr			
8	8	Stühle (Sitz gepolstert)			
9	1	Zylinderbüro			
10	1	Schreibtischsessel (Sitz gepolstert)		50,—	
11	1	Bücherschrank mit Glastüren			
12	1	ovaler Ausziehtisch			
13	2	rd. Tische mit Marmorplatte			
14	1	rd. Tisch, 2 Rohrsessel		10,—	
15	1	Ruhebett mit Rolle		25,—	
16	1	1 alte Tischuhr ([illegible])		5,—	
		Balkonzimmer (Eingang linke Ecke v. d. Diele)			
17	1	weisser Waschtisch			
18	1	Wandschränkchen		3,—	

HWI 242
Mat. 12066. Din A 4. 20000. 12. 42. W.

zu übertragen Seitensumme: RM 158,—

Gehören zu einer Wohnung mehrere Schätzungsblätter, so sind diese oben rechts laufend zu numerieren

Schätzungsblatt Nr. 3. 24
Aktenzeichen des OFP lt. Straßenliste 40/ 23 072

Berlin- .... Straße: .... Nr. .... Lage: ....

Früherer Mieter bzw. Untermieter: Vergleiche Schätzungsblatt 1) [redacted]
(Früherer Eigentümer der Gegenstände)

Inventar und Bewertung

Lfd. Nr.	Stück	Gegenstand	Nähere Kennzeichnung	Bewertung in RM	Bemerkungen
		Uebertrag vom Schätzungsblatt 2)		598,—	
55	1	Rohrplattenkoffer (Schloss beschädigt,			
		sonst gut erhalten),		10,—	
56	1	Bettkiste			
57	9	Teile Betten, 6 kl. Kissen ([illegible])		40,—	
58	1	Daunendecke		10,—	
59	1	gr. Posten Wäsche aller Art u. Gardinen		50,—	
60	1	Posten Geschirr, Gläser, Porzellane, Bestecke			
		und sonstiger Hausrat		50,—	
		Nicht geschätzt:			
		1 gr. Posten Bücher, Familienbilder			
		Kostenrechnung:			
		Gebühr für Schätzung	10,80 RM.		
		Schreibgebühren – 12 Seiten –	3,— "		
		Fahrkosten	1,— "		
			Sa. 14,80 RM.		

HWI 242
Mat. 12006. Dig A 4. 20000. 12. 42

zu übertragen Seitensumme: RM [illegible]

15. März 1943

App. 765 -163 Kz.

O 5205- 40/23072.

1) Herrn
Oberbürgermeister der Reichshauptstadt
Aussenstelle des Hauptwirtschaftsamts
Abt. Gebrauchtmöbel,
z.Hd.d. Herrn Stadtoberinspektor Mayer,
Berlin - Schöneberg
Rudolf Wilde Platz, Rathaus Zi. 351

[Betr]ifft: Räumung der Judenwohnung Else Sara Ury, Bln.-NW.87, Solingerstr. 10

Die Wohnung der vorgenannten Jüdin ist dem total-fliegergeschädigten O.Z.I. Herrn Oskar H e i n r i c h Berlin-NW.87, Wikinger Ufer 2 wohnhaft gewesen, zugewiesen worden.

Es wird gebeten, das angefallene Wohnungs-Inventar bevorzugt schätzen und dem Antragsteller die Möglichkeit zu geben, die Einrichtung käuflich zu erwerben. Der fliegergeschädigte Antragsteller hat aus seiner durch Bombenschaden gelittenen Wohnung wohl einige Einrichtungsgegenstände beschädigt retten können, die aber infolge Mangels an Arbeitskräften erst in einem Zeitraum von 6-9 Monaten wieder in Ordnung gebracht werden können. Die Ehefrau des Antragstellers ist ausserdem nach den Angaben des Antragstellers psychisch erkrankt und schon allein aus diesem Anlaß heraus wäre die bevorzugte Erledigung von ganz besonderer Wichtigkeit. Herr Heinrich ist ein Beamter des Ober-Finanzpräsidenten Bln.-Brandenburg und in der Zoll-

fahn-

Ihre Zeichen | Ihre Nachricht vom | Unsere Zeichen 40/23072 | Tag 22. 11. 43

Titl. Oberfinanzpräsident Berlin - Brandenburg
Vermögensverwertung, Berlin NW40, Alt-Moabit 143

Betr: Else Sara Ury, NW87 Solingerstr 10 I.Stock lks

Für die Miete der obigen jüdischen Mieterin stehen für Febr. - März 43 2 x 127.40 = RM 254.80 offen, um deren Anweisung ich auf mein Postscheck-Konto Berlin 77299 bitte.-

Heil Hitler

Der Oberfinanz...
30 NOV 1943

Der Oberfinanzpräsident Berlin-Brandenburg
Vermögensverwertungsstelle
O 5205 48 23072

Berlin NW 40, 1. Jan. 1943
Alt-Moabit 143
Fernsprecher 35 66 61
App. .... Zimmer Nr. 103

Vfg.

1. Die Wohnung der abgeschobenen ~~Juden~~ — Jüdin Ilse Sara Nag
Bln, N.W. 87 Solingerstr. 10 ist geräumt / von der Stadt übernommen am: 22.3.43
Wohnungsmiete monatlich .... 127,40 RM
Es sind zu zahlen: .... 2 × 127.40 = ... 254,80 RM

2. OJKasse anweisen 254,80 RM zu zahlen
Miete für Februar / März 43
für Judenwohnung — siehe Nr. 1
an: Nagel Bln N.W. 68 Friedrichstr. 217
Postscheckkonto: Bln, 77299

Verbuchungsstelle: Einzelplan VXII Kap. 7 Titel 3 Abschn. b für 1943

Vordruck Nr. 48 (Anweisung für Mieten pp.) C/2340. OFP. 216/43.

Berliner Kraft- und Licht (Bewag)-Aktiengesellschaft Reichsbetriebs-Nr. 5/0250/5008 Berlin NW 7, Schiffbauerdamm 22 Fernruf: 42 00 11, Apparat 263 Postscheckkonto: Berlin 381 22	**Meldung über evakuierte Juden**	Rechnungsbüro Zimmerstr. Buchzeichen: ~~10~~ 6356-16 Aktenz. d. K/R: 03010 Aktenz. d. Finanzamtes:

Unser früherer Abnehmer Sara Else Ury

in der Anlage Berlin N.W., Solingerstr.

mit der jetzigen Anschrift evakuiert

[Stempel: Der Oberfinanzpräsident Berlin 20. APR. 1943 Vermögensverwertungs-Außenstelle]

hat eine **Rest-** ~~Schuld für Stromverbrauch~~ — ~~aus dem E³-Geschäft~~ — ~~für Gebühren und Unkostenbeitrag~~ **Forderung** aus der hinterlegten Stromsicherheit einschl. Zinsen RM 34.41

lt. untenstehender Aufstellung, die seit dem 3. 4. 43 fällig ist. **(Rückseite beachten!)**

Schuld f. Stromverbrauch lt. Rechng. v. 25. 3. 43	RM 9.76		
„ aus dem E³-Geschäft lt. Geschäfts-Nr.	RM —		
„ für Gebühren und Unkostenbeitrag	RM —	RM	9.76
Forderung aus der hinterlegten Stromsicherheit	RM 40.--		
Zinsengutschrift bis	RM 4.17	RM	44.17
Es bleibt eine ~~Rest-Schuld~~ / **Forderung** auf dem Konto 3550/14/554		von RM	34.41

Rechnungsbüro				K/R			K/FA	
ausgeschrieben		Dienststellenleiter		eingegangen	bearbeitet	weitergegeben	eingegangen	
3. 4. 43.	Meo.	8. 4.	i. V. [Unterschrift]	16. 4. 43	[Zeichen]	15. 4. 43		
Datum	Zeichen	Datum	Zeichen	Datum	Datum Zeichen	Datum Zeichen	Datum	Zeichen

K/R 246 Bewag 2000.1.43 Din A5

Oberfinanzkasse
des Oberfinanzpräsidenten Berlin-Brandenburg

Berlin W 15, 20. MAI 1943
Kurfürstendamm 193/194

Herrn
Oberfinanzpräsidenten Berlin-Brandenburg
Vermögensverwertungsstelle

Berlin NW 40
Alt-Moabit 143

Betrifft: Vermögensbeschlagnahmesache ~~O 5210~~ 5205 [illegible]

Von Bewag. B.n.NW7

[illegible]

sind ... RM ... Rpf (Wert ...) eingezahlt und im Titelbuch 1 Teilband ... unter lfd. Nr. ... als dem Reich verfallen erklärte Vermögenswerte verbucht worden.

Im Auftrag
[illegible]

C/2240. DFB. 489/42.

43

Finanzamt Tiergarten

Geschäftszeichen: St.-Nr.108/728

Zimmer Nr.: 62/Steufa.

Berlin N.W.40 7 Oktober 1944

Fernruf: 35 66 61

Hausanschluß Nr.: 712

Der Oberfinanzpräsident
12. XI. 1944

Herrn

Oberfinanzpräsidenten Berlin-Brandenburg
- Vermögensverwertungsstelle -
Berlin NW ~~15~~ 40

Gegenstand: Einziehung von Vermögenswerten;
Else, Sara U r y , zuletzt wohnhaft gewesen in Berlin N.W.87, Solingerstrasse 10.

Vorgang: Verfügung vom 28.September 1944

Geschäftszeichen: O.5205 - 40/23072

bei mir eingegangen am 29.September 1944

Berichterstatter: Oberregierungsrat

Freiherr von Liechtenstern.

4 Anlagen.

In der Anlage überreiche ich eine Abschrift der Vermögenserklärung 1941.

Gegen Else Sara U r y wurde am 16.April 1943 ein Reichsfluchtsteuerbescheid über 46 539 RM erlassen.

Die Reichsfluchtsteuer ist aus der geleisteten Sicherheit abgedeckt worden. Der Spitzenbetrag von RM 1 779,20 ist an die Oberfinanzkasse abgeführt worden.

In Vertretung:

[signature]

Vordruck A 9b für Bericht an O. F. P. – Reinschrift – (2. 41. – 30000)

DR. jur. KURT ISRAEL LANDSBERGER
KONSULENT
ZUGELASSEN NUR ZUR RECHTLICHEN
BERATUNG UND VERTRETUNG VON JUDEN

KENNKARTE: „J" BERLIN A. [illegible]

BANK-KONTO: DRESDNER BANK
DEP.-KASSE BAYERISCHER PLATZ 2

POSTSCHECK-KONTO: BERLIN [illegible]

BERLIN-WILMERSDORF, DEN
JENAER STRASSE [illegible]
FERNSPRECHER: [illegible]

3. Juni 1943

Herrn
Oberfinanzpräsidenten Berlin-Brandenburg
Vermögensverwertungsstelle
Berlin NW. 40
Alt Moabit 143

Der Oberfinanzpräsident
Berlin
5. JUNI 1943

Betr.: Forderungsanmeldung zum
Aktenzeichen 40/23072.

Betroffene :	Else Sara U r y
	geboren am 2.11.1877 in Berlin
	wahrscheinlich deutsche Staatsangehörige
zuletzt	Berlin NW.87, Solingerstr.10
abgewandert	12.1.1943 mit unbekanntem Aufenthalt.

Betrag der Forderung : 222.70 RM.

Ich melde hiermit ergebenst die nachstehende Kostenforderung an und bitte um Ueberweisung des Betrages auf mein Konto bei der Dresdner Bank Depositenkasse 58, Bayerischer Platz 2 (Kontonummer 6191) unter Angabe der Betroffenen.

(signature)
Konsulent

Kostenrechnung.

1)	betr. Hypothek 30.000.- RM. Grundbuch von Berlin-Schöneberg Band 159 Blatt 4884 Verhandlungen mit Hypothekengläubigerin wegen Zinssatz der Hypothek und ihrer Kündigung. Regelung und Durchführung der Rückzahlung der Valuta 12.11.1942 - 30.1.1943 Art. 9,11,12 LGO.	216.-- RM.
2)	Umsatzsteuer	4.32 RM.
3)	Porti- und Telefonauslagen	2.38 RM.
		222.70 RM.

(signature)
Konsulent

Der Oberfinanzpräsident Berlin-Brandenburg
Vermögensverwertungsstelle
O 5205 – [illegible] / 23072

Berlin NW 40, 17. Aug. 194[illegible]
Alt-Moabit 143
Fernsprecher 35 66 8
App. 153 Zimmer Nr. 221

[illegible] 1995/12 [illegible]

Vfg. [illegible]

1. Die Wohnung d... abgeschobenen Juden – Jüdin ________ ist geräumt / von der Stadt übernommen am: ________

Wohnungsmiete monatlich ________ RM

Es sind zu zahlen: ________ RM

2. OFKasse anweisen 222,70 RM zu zahlen

Miete für Spesenerstattung des Juden Dr. jur. Kurt Israel Landsberger, Bln. W 15, Düsseldorfer Str. 51

für Ladenwohnung – siehe Nr. 1

an: Dr. jur. Kurt Israel Landsberger, Bln. W 15, Düsseldorfer Str. 51

Postscheckkonto: Berlin 159652

Verbuchungsstelle: Einzelplan VXII Kap. 7 Titel 3 Abschn. [illegible] für 194[illegible]

Vordruck Nr. 48 (Anweisung für Mieten pp.)   C/2340. OFP. 404/43.

Der Oberfinanzpräsident Niederschlesien

0 5300 - V 1 (301) Zb.

Fernruf 82011

Es wird gebeten, in der Antwort Tag, vorstehendes Geschäftszeichen und Gegenstand dieses Schreibens zu bezeichnen

Breslau 18, 4. Mai 1944
Hardenbergstraße 9/11
Postscheckkonto Breslau Nr. 6828
Reichsbank-Girokonto Breslau 8/111
Anschrift: Oberfinanzkasse des Oberfinanzpräsidenten Niederschlesien

Der Oberfinanzpräsident Berlin – 8. [illegible] 1944 – Vermögensverwertungs-Außenstelle

Betr: Verwaltung u. Verwertung des Vermögens von Reichsfeinden;
hier: Else Sara Ury, zuletzt wohnhaft in Berlin NW 87,
Solinger Str. 10.
Ihr Aktenz: O 5205 – 40/23072 – P II/Verw.

Akten [illegible] 5.5
an Dr. [illegible]

Durch Schreiben vom 16.3.43 haben Sie mir das Grundstück Krummhübel, Haus "Westhäckchen" zur Verwaltung und Verwertung übertragen. Ich habe das Grundstück in meine Verwaltung übernommen und seine Umschreibung im Grundbuch auf das Reich herbeigeführt.

Der Bürgermeister in Krummhübel hat einen Antrag auf unentgeltliche Übertragung des Grundstücks auf die Gemeinde Krummhübel aufgrund des Führererlasses vom 29.5.41 (RGBl. I S. 303) vorgelegt. Für die Bearbeitung dieses Antrages benötige ich die unter Ziff. II (1) Nr. 2+3 des gemeinsamen Erlasses des RdJ und RdF vom 2.4.43 (RStBl. S. 376) bezeichneten Unterlagen (Vermögensverzeichnis u. Schuldenaufstellung). Ich bitte um Übersendung.

Im Auftrag
gez. Dr. Wiesenthal

Beglaubigt
[Unterschrift]
Angestellte

Der Oberfinanzpräsident [illegible] Nr. 8 In Breslau

H[er]rn Oberfinanzpräsidenten
Berlin-Brandenburg
– Vermögensverwertungsstelle –
Berlin NW 40

(2)

COMITÉ INTERNATIONAL GENÈVE

SERVICE INTERNATIONAL DE RECHERCHES
INTERNATIONAL TRACING SERVICE
INTERNATIONALER SUCHDIENST

D - 3548 AROLSEN
Tel. (05691) 637 – Telegr.-Adr. ITS Arolsen

EXTRAIT DE DOCUMENTS | EXCERPT FROM DOCUMENTS | DOKUMENTEN-AUSZUG

Votre Réf. / Your Ref. / Ihr Az.: - - -
Notre Réf. / Our Ref. / Unser Az.: T/D - 1 024 555

Nom / Name / Name: URY ----------------
Prénoms / First names / Vornamen: Else ------------
Nationalité / Nationality / Staatsangehörigkeit: nicht angeführt -

Date de naissance / Date of birth / Geburtsdatum: 1.11.1877 ----
Lieu de naissance / Place of birth / Geburtsort: Berlin ------
Profession / Profession / Beruf: nicht angeführt -

Noms des parents / Parents' names / Namen der Eltern: nicht angeführt ----------------------
Religion: nicht angeführt -

Dernière adresse connue / Last permanent residence / Zuletzt bekannter ständiger Wohnsitz: Berlin NW 87, Solingerstr. 10 ---------------------------

Arrêté le / Arrested on / Verhaftet am: nicht angeführt --
à / in / in: nicht angeführt ------
par / by / durch: nicht angeführt -------

Est entré au camp de concentration / Entered concentration camp / Wurde eingeliefert in das Konz.-Lager: evakuiert zum Konzentrationslager Auschwitz --------------
No. de détenu / Prisoner's No. / Häftlingsnummer: nicht angeführt ---

le / on / am: 12. Januar 1943 -----
venant de / coming from / von: Berlin ---------
par / by / durch: Geheime Staatspolizei Berlin (26. Osttransport)

Catégorie, ou raison donnée pour l'incarcération / Category, or reason given for incarceration / Kategorie, oder Grund für die Inhaftierung: "Jüdin" --

Transféré / Transferred / Überstellt: nicht angeführt --

Dernière mention dans la documentation des CC / Last entry in CC-records / Letzte Eintragung in KL-Unterlagen: keine weiteren Informationen ----------------------

Remarques / Remarks / Bemerkungen: keine ---

Documents consultés / Records consulted / Geprüfte Unterlagen: Transportliste der Gestapo Berlin; Karteikarte des AJDC Berlin, ausgestellt nach dem Kriege. --

Expédié à / Dispatched to / Abgesandt an: Mrs. L.R. Heyman London

Arolsen, den 1. September 1976

Pour le Directeur — Pour le Chef des Archives

UB

* A titre explicatif; ce complément ne figure pas sur les documents originaux
* Added by the I.T.S. as explanation, does not appear on the original documents.
* Erklärung des I.T.S., erscheint nicht in den Originalunterlagen.

Bibliographie der Bücher von Else Ury
von Barbara Asper

Was das Sonntagskind erlauscht. Erzählungen und Märchen für Kinder im Alter von 6 bis 9 Jahren. Mit Illustrationen in Farbendruck. Berlin, Globus Verlag o. J. (1905).

Studierte Mädel. Eine Erzählung für junge Mädchen. Mit 8 Bildern von E. Rosenstand. 4. Auflage, Stuttgart, Berlin, Leipzig, Union Deutsche Verlagsgesellschaft o. J. (1. Auflage 1906).
Spätere, veränderte Fassung: *Studierte Mädel von heute.* (Mit Illustrationen von Fritz Ahlers) 29. Auflage. Stuttgart, Berlin, Leipzig, Union Deutsche Verlagsgesellschaft o. J.

Goldblondchen. Märchen und Erzählungen für Kinder von 7 bis 11 Jahren. Mit Textbildern von Otto Gebhardt und farbigen Illustrationen nach Originalen von Wanda Lehre. 28. bis 30. Tausend. Berlin, Meidingers Jugendschriften Verlag o. J. (1. Auflage 1908).

Babys erstes Geschichtenbuch. Für die Kleinen von 2 bis 5 Jahren. Farbige Bilder von Elsie Grace. Berlin, Meidingers Jugendschriften Verlag (1910).

Baumeisters Rangen. Eine Erzählung für Mädchen von 9 bis 14 Jahren. Mit Buchschmuck nach Originalen von Elsie Grace und Prof. Robert Sedlacek. 83. bis 85. Tausend. Berlin, Meidingers Jugendschriften Verlag o. J. (1. Auflage 1910).

Vierzehn Jahr und sieben Wochen. Mit zehn Textzeichnungen von Gottfried Kirchbach. 42. Auflage. Stuttgart, Berlin, Leipzig, Union Deutsche Verlagsgesellschaft o. J. (1. Auflage 1911) = Band 16 der Kränzchen-Bibliothek. Zuerst veröffentlicht als Fortsetzungsgeschichte in: Das Kränzchen, Illustrierte Mädchen-Zeitung, 21. Folge, Stuttgart, Union Deutsche Verlagsgesellschaft (1909).

Kommerziensrats Olly. Eine Erzählung für junge Mädchen. Buchschmuck von Wanda Lehre. 51. bis 53. Tausend. Berlin, Meidingers Jugendschriften Verlag o. J. (1. Auflage 1913).

Huschelchen und andere Schulmädchengeschichten. Erzählungen für Mädchen von 8 bis 12 Jahren. Mit Illustrationen in Offsetdruck nach Originalen von Max Wulff und vielen Textbildern nach Originalen von O. Gebhardt. Berlin, Meidingers Jugendschriften Verlag o. J. (1914).

Das graue Haus. 3. Auflage. Stuttgart, Berlin, Leipzig, Union Deutsche Verlagsgesellschaft o. J. (1. Auflage 1914). Band 19 der Kränzchen-Bibliothek. Zuerst veröffentlicht als Fortsetzungsgeschichte in: Das Kränzchen. Illustrierte Mädchen-Zeitung. 24. Folge. Stuttgart, Union Deutsche Verlagsgesellschaft (1912).

Dornröschen. 16. Auflage. Stuttgart, Berlin, Leipzig, Union Deutsche Verlagsgesellschaft o. J. (1. Auflage 1917) = Band 21 der Kränzchen-Bibliothek. Fortsetzung von *Vierzehn Jahr und sieben Wochen.* Zuerst veröffentlicht als Fortsetzungsgeschichte in: Das Kränzchen. Illustrierte Mädchen-Zeitung. 26. Folge. Stuttgart, Union Deutsche Verlagsgesellschaft (1914).

Lotte Naseweis und andere Schulmädchengeschichten. Erzählungen für Mädchen von 8 bis 12 Jahren. Mit farbigen Illustrationen von Prof. R. Sedlacek. 221. bis 227. Tausend. Berlin, Meidingers Jugendschriftenverlag o. J. (1. Auflage 1918).

Die Nesthäkchen-Serie

Nesthäkchen und ihre Puppen. Band 1. Eine Geschichte für kleine Mädchen. Mit vielen Textbildern und farbigen Illustrationen von Prof. R. Sedlacek. Berlin, Meidingers Jugendschriften Verlag o. J. (ca. 1918/19).

Nesthäkchens erstes Schuljahr. Band 2. Eine Geschichte für kleine Mädchen. Mit vielen Textbildern und farbigen Illustrationen von Franz Kuderna. Berlin, Meidingers Jugendschriften Verlag o. J. (ca. 1918/19).

Nesthäkchen im Kinderheim. Band 3. Eine Erzählung für Mädchen von 8 bis 12 Jahren. Illustriert von Prof. R. Sedlacek. Berlin, Meidingers Jugendschriften Verlag, 1922.

Nesthäkchen und der Weltkrieg. Band 4. Eine Erzählung für Mädchen von 8 bis 12 Jahren. Illustriert von Prof. R. Sedlacek. 133. bis 140. Tausend. Berlin, Meidingers Jugendschriften Verlag o. J. (1. Auflage ca. 1922).

Nesthäkchens Backfischzeit. Band 5. Eine Jungmädchengeschichte. Illustriert von Prof. R. Sedlacek. Berlin, Meidingers Jugendschriften Verlag o. J. (1923).

Nesthäkchen fliegt aus dem Nest. Band 6. Erzählung für junge Mädchen. Illustriert von Prof. R. Sedlacek. 127. bis 131. Tausend. Berlin, Meidingers Jugendschriften Verlag o. J. (1. Auflage 1923).

Nesthäkchen und ihre Küken. Band 7. Erzählung für junge Mädchen. Illustriert von Prof. R. Sedlacek. 64. bis 68. Tausend. Berlin, Meidingers Jugendschriften Verlag o. J. (1. Auflage 1924).

Nesthäkchens Jüngste. Band 8. Erzählung für junge Mädchen. Illustriert von Prof. R. Sedlacek. 64. bis 68. Tausend. Berlin, Meidingers Jugendschriften Verlag o. J. (1. Auflage 1924).

Nesthäkchen und ihre Enkel. Band 9. Erzählung für junge Mädchen. Illustriert von Prof. R. Sedlacek. Berlin, Meidingers Jugendschriften Verlag o. J. (1. Auflage 1924).

Nesthäkchen im weißen Haar. Band 10. Erzählung für junge Mädchen. Illustriert von Prof. R. Sedlacek und C. Benedek. 88. bis 92. Tausend. Berlin, Meidingers Jugendschriften Verlag o. J. (1. Auflage 1925).

Weitere Bände:

Das Ratstöchterlein von Rothenburg. Eine Erzählung für junge Mädchen. Buchausstattung von Josef Herzig. Leipzig, Adriaan M. von dem Broecke Verlag o. J. (1919) Ab der 2., verb. Auflage, verlegt von A. Anton & Co., Leipzig.

Lieb Heimatland. 3. Auflage. Stuttgart, Berlin, Leipzig, Union Deutsche Verlagsgesellschaft o. J. (1. Auflage 1919/20) = Band 23 der Kränzchen-Bibliothek. Zuerst veröffentlicht als Fortsetzungsgeschichte in: Das Kränzchen. Illustrierte Mädchen-Zeitung. 28. Folge. Stuttgart, Union Deutsche Verlagsgesellschaft (1916).

Hänschen Tunichtgut. Eine Pensionsgeschichte für junge Mädchen. Mit Bildern von R. Breiding. Leipzig, Verlag A. Anton & Co. o. J. (ca 1920/21).

Lilli Liliput. 15. Auflage. Mit Textzeichnungen von Richard Gutschmidt. Stuttgart, Berlin, Leipzig, Union Deutsche Verlagsgesellschaft o. J. (1. Auflage ca 1921) = Band 25 der Kränzchen-Bibliothek. Zuerst veröffentlicht als Fortsetzungsgeschichte in: Das Kränzchen. Illustrierte Mädchen-Zeitung. 30. Folge. Stuttgart, Union Deutsche Verlagsgesellschaft (1918).

Lilis Weg. Mit 10 Textzeichnungen von G. Kirchbach. 11. Auflage Stuttgart, Berlin, Leipzig. Union Deutsche Verlagsgesellschaft o. J. (1. Auflage 1925) Fortsetzung von *Lilli Lilliput*. = Band 30 der Kränzchenbibliothek (Zuerst veröffentlicht als Fortsetzungsgeschichte *Lillis Weg ins Dichterland*. in: Das Kränzchen. Illustrierte Mädchen-Zeitung. 35. Folge. Stuttgart Union Deutsche Verlagsgesellschaft 1923).

Jungmädelgeschichten. Illustriert von Prof. R. Sedlacek. 6. bis 10. Tausend. Berlin, Meidingers Jugendschriften Verlag o. J. (1. Auflage ca 1923/24) In späteren Auflagen mit dem Titel *Die beiden Ilsen*.

Flüchtlingskinder. Eine Erzählung für Kinder von 7 bis 11 Jahren. Mit Bildern in Farbendruck von Prof. Rob. Sedlacek. Berlin, Meidingers Jugendschriften Verlag o. J. (1924).

Serie Professors Zwillinge:

Professors Zwillinge Bubi und Mädi. Eine Geschichte aus der Kinderstube für kleine Jungen und Mädchen. Mit vielen Textbildern und farbigen Illustrationen nach Originalen von Prof. R. Sedlacek. 26. bis 30. Tausend. Berlin, Meidingers Jugendschriften Verlag o. J. (1. Auflage 1923).

Professors Zwillinge in der Waldschule. Band 2. Erzählung für die Jugend. Illustriert von Prof. R. Sedlacek. 16. bis 20. Tausend. Berlin, Meidingers Jugendschriften Verlag o. J. (1. Auflage ca. 1925/26).

Professors Zwillinge in Italien. Band 3. Erzählung für die Jugend. Illustriert von Prof. R. Sedlacek. Berlin, Meidingers Jugendschriften Verlag, 1927.

Professors Zwillinge im Sternenhaus. Band 4. Erzählung für die Jugend. Illustriert von Prof. R. Sedlacek. 29. bis 31. Tausend. Berlin, Meidingers Jugendschriften Verlag, o. J. (1. Auflage 1926).

Professors Zwillinge. Von der Schulbank ins Leben. Band 5. Erzählung für die Jugend. Illustriert von Prof. R. Sedlacek. Berlin, Meidingers Jugendschriften Verlag, 1929.

Weitere Bände:

Das Rosenhäusel. Eine Erzählung aus dem Riesengebirge für die reifere Jugend. Mit einer Heliogravüre und farbigem Umschlagtitel von Kurt Lange. Berlin, Meidingers Jugendschriften Verlag, 1930.

Wie einst im Mai. Vom Reifrock bis zum Bubikopf. Eine Erzählung für junge Mädchen. Mit 26 Bildern von Hans Leiter. Stuttgart, Berlin, Leipzig, Union Deutsche Verlagsgesellschaft o. J. (1930) = Band 35 der Kränzchen-Bibliothek. (Zuerst veröffentlicht in: Das Kränzchen. Illustrierte Mädchen-Zeitung. 40. Folge. Stuttgart, Union Deutsche Ver-lagsgesellschaft, 1928)

Wir Mädels aus Nord und Süd. Fünf Jungmädchengeschichten. Mit 5 farbigen Illustrationen nach Originalen von Carl Benedek. Berlin, Meidingers Jugendschriften Verlag, 1931.

Für meine Nesthäkchenkinder. Geschichten für Kinder von 8 bis 12 Jahren. Mit farbigen Illustrationen und Textbildern nach Originalen von Wanda Lehre. 11. bis 16. Tausend. Berlin, Meidingers Jugendschriften Verlag o. J. (1. Auflage 1932).

Kläuschen und Mäuschen. Kleine Geschichten für kleine Kinder. Berlin, Meidingers Jugenschriften Verlag, 1933.

Jugend voraus. Erzählung für Knaben und Mädchen. Mit schwarzen und farbigen Bildern nach Originalen von Prof. Robert Sedlacek. Berlin, Meidingers Jugendschriften Verlag, 1933.

Benutzte Literatur

Adler, Bruno. Frau Wernicke. Kommentare einer Volksjenossin. Mannheim 1990.

Aigner, Dietrich. Die Indizierung schädlichen und unerwünschten Schrifttums im Deutschen Reich. AGB II.1971.

Aley, Peter. Schriften zum Buchmarktforschung. Jugendliteratur im Dritten Reich. Hamburg 1967.

Als Großvater die Großmutter nahm. Hrsg. Bulla, Gisela. Bern 1978.

Anatomie des SS-Staates. Band 2. München 1989.

Andreas-Friedrich, Ruth. Der Schattenmann. Tagebuchaufzeichnungen 1938 - 1945. Frankfurt 1986.

Aufrufe und Reden deutscher Professoren im Ersten Weltkrieg, Stuttgart 1975.

Barthel, Manfred. Lexikon der Pseudonyme. Düsseldorf/Wien 1986.

Bäumer, Gertrud. Die deutsche Frau in der sozialen Kriegsfürsorge, Gotha 1916.

Bäumer, Gertrud. Die Frauen und der Krieg. o. O. 1919.

Beauvoir, Simone. Memoiren einer Tochter aus gutem Hause. Frankfurt 1968.

Braun, Lilli. Memoiren einer Sozialistin. Berlin/Bonn 1985.

Brenner, Hildegard. Die Kunstpolitik des Nationalsozialismus. Reinbeck 1963.

Brockhaus-Enzyklopädie: in 24 Bänden. 19., völlig neubearb. Auflage. Mannheim 1986ff.

Brüggemann, Theodor. Handbuch zur Kinder- und Jugendliteratur. Osnabrück 1986.

Bücherverbrennung 10. Mai 1933. Informationen zur Zeit. Hrsg. Ulrich Walberer.

Cauer, Minna. Frauenwohl. Zeitschrift 1893ff

Cauer, Minna. Die Frauenbewegung Zeitschrift 1895f.

Courage. Aktuelle Frauenzeitung. Opfer oder Täter? Frauen im 1.Weltkrieg. Eine Serie von Detel Aurand und Irene Stoehr. 7. Jahrgang 1982. Heft 11 und 12.

Dahm, Volker. Das jüdische Buch im Dritten Reich. Sonderdruck aus dem Archiv zur Geschichte des Buchwesens. Frankfurt 1979.

Dahrendorf, Malte. Das Mädchenbuch. in: Kinder- und Jugendliteratur. Stuttgart 1974.

Dahrendorf, Malte. Das Mädchenbuch und seine Leserin. Jugendlektüre als Instrument der Sozialisation. Beltz Monografien. 1978.

Das war: 1914, 1918, 1922, 1923, 1927, 1929, 1931, 1933, 1943. Heyne - Jahrgangsbücher. Hrsg. Dieter Struss. München 1980ff.
Der Judenpogrom 1938. Von der Reichskristallnacht zum Völkermord. Hrsg. W. Pehle. Frankfurt 1988.
Deutschkron, Inge. Ich trug den gelben Stern. München 1985.
Döblin, Alfred. Berlin Alexanderplatz. Berlin 1929.
Dohm, Hedwig. Sommerliebe. Freiluftnovellen. Frankfurt 1990.
Dohm, Hedwig. Emanzipation. Zürich 1977.
Dohm, Hedwig. Jugenderinnerungen einer alten Berlinerin. Berlin 1958.
Domin, Hilde. Mein Judentum. München 1985.
Duras, Marguerite. Aurelia Steiner. Frankfurt 1989.
Dyhrenfurth-Graebsch, Irene. Geschichte des deutschen Jugendbuches; als: Graebsch, Irene. Leipzig 1942; als Dyhrenfurth-Graebsch, Irene. Hamburg 1951; als: Dyhrenfurth, Irene. Zürich/Freiburg 1967.
Fenelon, Fania. Mädchenorchester in Auschwitz. München 1981.
Frauen in der Geschichte. Hrsg. Kuhn/Schneider. Band 1 - 3. Düsseldorf 1979; Band VI. Hrsg. Joeres, Ruth-Ellen/Kuhn,Annette. Düsseldorf 1985.
Freud, Sigmund. Studienausgabe. Band X. Bildende Kunst und Literatur. Frankfurt 1979
Freud, Sigmund mit Josef Breuer. Studien über Hysterie. Frankfurt 1970.
Fundevogel. Kritisches Kinder-Medien-Magazin. Sept./Okt. 1990ff.
Gebhardt, Bruno. Handbuch der deutschen Geschichte. Band 3 und 4. Stuttgart 1970f.
Geschichte der deutschen Kinder- und Jugendliteratur. Hrsg. Reiner Wild. Stuttgart 1990.
Gidal, Nachum T. Die Juden in Deutschland von der Römerzeit bis zur Weimarer Republik. Gütersloh 1988.
Giordano, Ralph. Die zweite Schuld oder Von der Last ein Deutscher zu sein. München 1990.
Grieser, Dietmar, Die kleinen Helden. München 1987.
Gumpert, Thekla. Töchter - Album. Zeitschrift von 1855ff.
Hauptmann, Gerhart. Das gesammelte Werk. Berlin 1942.
Hecht, Ingeborg. Als unsichtbare Mauern wuchsen. München 1987.
Helm, Clementine. Backfischchens Freuden und Leiden. 1. Aufl. 1863. Mit einem Nachwort von Susanne Zahn: Töchterleben. Zur Sozialgeschichte der Mädchen im 19. Jahrhundert.
Hilberg, Raul. Die Vernichtung der Europäischen Juden: Die Gesamtgeschichte des Holocaust. Berlin 1982.
Illustrierte Geschichte der deutschen Revolution. Frankfurt 1968.
Jüdinnen. Eine Serie von Gudrun Meyer Rimbach.In: Emma, Jg. 1988. Heft 10 und 11.

Jugendschriftenwarte. Sonderbeilage der Pädagogischen Zeitschrift Hrsg. H. Wolgast. 21. Jahrgang. Ausgabe 1913.
Jünger, Ernst. In Stahlgewittern. Berlin 1922.
Kaplan, Marion. Die Jüdische Frauenbewegung in Deutschland. Hamburg 1981.
Kästner, Erich. Emil und die Detektive. Berlin 1929.
Kern, Elga. Führende Frauen Europas. München 1929.
Knobloch, Heinz. Meine liebste Mathilde. Berlin 1985.
Knobloch, Heinz. Herr Moses in Berlin. Berlin 1979.
Köster, Hermann. Geschichte der deutschen Jugendliteratur in Monographien. 2. Auflage des Nachdrucks von 1927. München 1971.
Kränzchen, das, Illustrierte Mädchen-Zeitung. Stuttgart Band 1 1889. (Band 46. 1934).
Kuhn, Andrea/Merkel, Johannes. Sentimentalität und Geschäft. Zur Sozialisation durch Kinder- und Jugendliteratur. Berlin 1977.
Lange, Helene. Lebenserinnerungen. Berlin 1921 (1966).
Lemke, Ulrich/Poppel, Uwe. Berlin U.-Bahn. Düsseldorf 1985.
Lewald, Fanny. Für und wider die Frauen. Vierzehn Briefe. Berlin 1875.
Lexikon deutschsprachiger Schriftstellerinnen 1800 - 1945. Hrsg. von Brinkler-Gabler, G. u.a. München 1986.
Le Guin, Ursula. Die Tochter der Fischerin. Küche, Kinder und Romane. Vom Schreiben in Muttermilch. in: Lettre international, 9/90. S. 75 - 80.
Masur, Gerhard. Das kaiserliche Berlin. München/Wien/Zürich 1971.
Mendelsohn, Peter de. Zeitungsstadt Berlin. Frankfurt 1982.
Meyer, Eva. Das Mädchenbild bei Else Ury. Unveröffentliche Diplomarbeit.
Miller, Alice. Das Drama des begabten Kindes. Frankfurt 1983.
Noltenius, Rainer. Alltag, Traum und Utopie. Lesegeschichten - Lebensgeschichten. Essen 1988.
Pappenheim, Berta. Sisyphus-Arbeit. Reisebriefe aus den Jahren 1911-1912. Leipzig 1924.
Pfeiffer, Ernst. Die Juden in Dortmund. Dortmund 1986.
Rathenau, Walther. Staat und Judentum. Eine Polemik. Ges. Schriften Band 1. Berlin 1918
Ribbe, Wolfgang/Schmädecke, Jürgen. Kleine Geschichte Berlins. Berlin 1988.
Richarz, Monika. Jüdisches Leben in Deutschland. Selbstzeugnisse zur Sozialgeschichte. Band I - III. Veröffentlichung des Leo-Baeck-Instituts New York. Stuttgart 1982.
Rogge, Sylvia. Späte Erkenntnis. Das Verhältnis der jüdischen Nesthäkchen-Autorin Else Ury zu Deutschland. In: Tribüne. Zeitschrift zum Verständnis des Judentums. 28. Jg. Hft. III. 1989.
Rotzoll, Christa. Die Frau in der Literatur. Berlin 1980.

Salomon, Alice. Heroische Frauen. Leipzig 1936.
Schoeps, Hans-Joachim. Bereit für Deutschland. Der Patriotismus deutscher Juden und der Nationalismus. Berlin 1970.
Schubert, Helga. Judasfrauen. Berlin 1990.
Seligmann, Rafael. Die jiddische Mamme. Frankfurt 1990.
Serke, Jürgen. Die verbrannten Dichter. Weinheim/Basel 1979.
Sprengler, Peter. Gerhart Hauptmann. Epoche - Werk - Wirkung. München 1984.
Strothmann, Dietrich. Nationalsozialistische Literaturpolitik. Bonn 1963.
Thalmann, Rita. Die Kristallnacht. Frankfurt 1987.
Thalmann, Rita. Frausein im 3. Reich. München 1984.
Voigt-Firon. Das Mädchenbuch im Dritten Reich. Köln 1989.
Wedekind, Frank. Frühlings Erwachen. Textbuch Schauspielhaus Bochum. Spielzeit 1990/91.
Wegweiser durch das jüdische Berlin. Geschichte und Gegenwart. Berlin 1987.
Wolgast, Heinrich. Das Elend unserer Jugendliteratur. Leipzig 1896.
Zahn, Susanne. Töchterleben. Studien zur Sozialgeschichte der Mädchenliteratur. Frankfurt 1983.
Zinnecker, Jürgen. Sozialgeschichte der Mädchenbildung. Weinheim/Basel 1973.

Mein Dank für Hilfe, Geduld, Rat und Kritik gilt
meiner Familie und Barbara Asper (Bielefeld), Sabine Brunner, Sabine Deitmer, Brigitte Ebersbach, Ernest K. Heyman (London), Roswitha Iasevoli, Heidi und Jochen Kasbohm (Berlin), Dr. Monika Richarz (Köln), Sylvia Rogge (Berlin), Gisela Schalck, Aiga Seywald, Joszef Tiyhani-Hirmann (Budapest), Ulla Wendler-Boeck, Ellen Widmaier.

Bildnachweis
Bild I bis Bild XVIII aus dem Familienalbum von Ernest K. Heyman.
Bild XIX bis XXII von H. und M. Brentzel.

... zum Weiterlesen aus dem eFeF-Verlag

Janice und Stephen MacKinnon
Agnes Smedley
Das Leben einer radikalen Frau, die durch ihre leidenschaftlichen Augenzeugenberichte Über die chinesische Revolution in den 30er Jahren Weltruhm erlangte.
Aus dem Amerikanischen
von Helga Bilitewski und Marianne Schulz-Rubach
ISBN 3-905493-07-1

»Smedley gehört zu den außergewöhnlichen Frauen dieses Jahrhunderts.«
Washington Post

»Eine erstklassige Biographie - reich an Details, klar im Ausdruck und bestechend in der Interpretation.«
New York Times Book Review

*

Delphica
Das Gastmahl der Xanthippe
Aufgezeichnet von Vera Prill, Margarethe Rudorff und Erika Slawinski.
Mit einer Nachbemerkung von Pieke Biermann
ISBN 3-905493-10-1

»Ein vergnügliches Streitgespräch der vier berühmten Frauen der Antike, Xanthippe, Sappho, Diotima und Aspasia, die sich im 20. Jahrhundert in einem Café am Kurfürstendamm treffen und scharfzüngig über den Zustand der Welt und die Fehler der Männer sprechen.«
Ilse Ridder-Melchers, Frauenministerin NRW

»Ein Feuerwerk an Klugheit, Witz und Sprachkraft .«
Barbara Dobrick, taz

*

eFeF-Verlag Zürich - Dortmund
CH-8126 Zumikon, Hohenfurren 15
D-4600 Dortmund, Kronprinzenstr. 141

[illegible] bis [illegible] 58 [illegible]
Deine Schürze [illegible] hat Mutti schon mitge-
nommen. Ich glaube auch die Kin-
Stiefel bringe ich jetzt mit. Warum
ist denn Windjacke u. die [illegible]
vom Onkel Hans?
Ich habe heute doch deines Rates schon
2 Hemden mit [illegible] Kragen
gekauft, da die guten alle so [illegible]
Ein Billigeres habe ich mit [illegible] Bo-
gen.
Vater schreibt, er hätte auch ein [illegible]
[illegible]. Aber ich hatte schon besorgt.
[illegible] daß Du mit den Cousinen ein
[illegible] zusammen kommst, ist jetzt
[illegible]. Ich hatte die [illegible]
oder Tante [illegible] Schwester [illegible]
Aber ich habe es abgelehnt. Es regt mich
so sehr auf. Mit Heymanns bin ich
viel zusammen, hätte die gern [illegible]
mal hier bei mir. Aber es geht nicht
wegen der [illegible]
Ich dachte, Tante [illegible] mir [illegible]
wenn ein [illegible] nicht [illegible]
und die [illegible] [illegible] u. [illegible]
[illegible] [illegible] [illegible] [illegible]
[illegible] Rotterdam, [illegible]
[illegible]. Über die [illegible] der [illegible]
bin ich noch gar nicht [illegible]. Mutti
hat große Sehnsucht, u. ich fürchte, daß
Vater den Schritt [illegible], weil er [illegible]
[illegible]